气象行政执法实务教程

（第一辑）

徐丽娜　主　编

气象出版社
China Meteorological Press

内 容 简 介

　　本书根据气象执法实际工作中遇到的真实案例改编而成。囊括了雷电灾害防护案例、施放气球案例、气象信息传播案例与气象探测环境保护案例。所收录案例依照案情介绍、办案经过、案件启示的结构展开，重点剖析相关法律的适用以及执法中需注意的要点。文末收录常用法规，方便查阅使用。

　　本书可供参加气象法治类培训的学员使用，亦可供从事气象法治工作或从事气象法治研究的人员参考。

图书在版编目（CIP）数据

　　气象行政执法实务教程. 第一辑/徐丽娜主编. —北京：
气象出版社，2018.4
　　ISBN 978-7-5029-6772-7

　　Ⅰ.①气…　Ⅱ.①徐…　Ⅲ.①气象—工作—行政执法—
中国—教材　Ⅳ.①D922.17

　　中国版本图书馆CIP数据核字（2018）第091119号

Qixiang Xingzheng Zhifa Anli Jiaocheng（Diyi Ji）
气象行政执法案例教程（第一辑）

出版发行：气象出版社			
地　　址：北京市海淀区中关村南大街46号		邮政编码：100081	
电　　话：010-68407112（总编室）　010-68408042（发行部）			
网　　址：http：//www.qxcbs.com		E-mail：qxcbs@cma.gov.cn	
责任编辑：马　可　张　斌		终　　审：吴晓鹏	
责任校对：王丽梅		责任技编：赵相宁	
封面设计：博雅思企划			
印　　刷：北京中石油彩色印刷有限责任公司			
开　　本：787 mm×1092 mm　1/16		印　　张：17	
字　　数：436千字			
版　　次：2018年4月第1版		印　　次：2018年4月第1次印刷	
定　　价：68.00元			

《气象行政执法实务教程》

编委会

主　编：徐丽娜

副主编：聂　淼

编　委：（以姓氏笔画为序）

丁海芳　卫兆平　王立梅　王　媛

刘可东　刘　伟　刘　娟　张莉萍

聂　淼　徐丽娜　陶　泉

前　　言

　　行政执法是行政权力运作的核心内容之一，应当通过行政法治予以引导和规范。气象行政执法是气象法治建设的重要组成部分。《中共中国气象局党组关于全面推进气象法治建设的意见》（中气党发〔2015〕1号）明确指出，建设高素质的气象法治队伍，需要注意招录、引进法律专业优秀人才，优化气象法治工作队伍人才结构，加强在职气象法治人才培养。

　　中国气象局气象干部培训学院为提高气象执法人员的执法能力，严格规范公正文明执法，适应新形势下对气象执法工作者进行培训、教育的新要求，满足气象执法人员工作与学习要求，总结气象行政执法工作经验，特别组织相关人员编写了《气象行政执法实务教程》（第一辑），供受训学员、执法人员以及从事气象法治工作的人员学习使用。

　　本书共包含雷电灾害防护案例、施放气球案例、气象信息传播与气象探测环境保护案例，涵盖了气象行政执法工作的主要方面。每个案例依照案情介绍、办案经过、案件启示结构展开，重点剖析相关法律的适用以及执法中需注意的要点等问题。为开阔学员眼界，本教程另收录部分与执法活动有关的其他案例。另外，本书末尾附录配有常用气象法律法规，可供读者查阅。

　　本书于编写过程中，得到气象部门各省（自治区、直辖市）气象局政策法规处、基层从事气象行政执法工作人员的大力支持与帮助；承中国气象局发展研究中心主任王志强、中国气象局政策法规司王月宾副司长通阅全稿，惠赐宝贵修改意见；另蒙中国气象局气象干部学院王邦中副院长、教务处张蕾老师诸多指导与帮助，在此一并表示感谢。

　　由于时间紧张，编者水平有限，书中难免存在不足之处，敬请广大读者指正。

编者

2017年8月

目　　录

第三部分　气象信息传播与气象探测环境保护案例

第一部分

雷电灾害防护案例

祁某综合办公楼防雷装置设计
未经审核擅自施工案

一、案情介绍

2012年8月，市民祁某在辽宁省营口市建设的祁某综合办公楼的防雷装置设计未经气象主管机构核准，擅自施工，违反了《防雷减灾管理办法》第十五条的规定。营口市气象局执法人员到施工现场进行了检查，宣传了防雷减灾的有关法律法规，督促其马上补办防雷装置设计审核手续，祁某的代理人答应马上补办。

但一周后，祁某综合办公楼仍未办理防雷装置设计审核，气象局执法人员依法进行了调查取证，并向祁某下达了《责令停止违法行为通知书》，责令其7日内改正违法行为。

到期后，祁某仍未改正违法行为，执法大队申请立案查处，经营口市气象局领导批准，准予立案。执法人员再次对违法事实进行调查取证，依法对其做出警告并处罚款9万元的行政处罚，并送达了《行政处罚先行告知书》和《行政处罚听证告知书》，告知其处罚的依据、内容及其享有的权利等。在执法实践中，如在此期间改正了违法行为且未造成后果的，免于对其处罚。

其后祁某既未改正违法行为，也未申请听证和进行陈述申辩，1个月后，执法人员做出了行政处罚决定，并向该单位送达了《行政处罚决定书》。

祁某在收到《行政处罚决定书》后，既未改正违法行为，也没有缴纳罚款，也未申请复议或提起行政诉讼，3个月后，气象局向其送达了《履行行政处罚决定催告书》。祁某收到催告书后，到营口市行政审批中心气象窗口办理了防雷装置设计审核手续，但未缴纳罚款和加处的罚款，气象局已申请法院强制执行。

二、办案经过

（一）调查取证

营口市气象局在决定行政处罚的过程中，先后两次依法进行了调查取证，并收集了下列证据。

1. 《检查勘验笔录》

执法人员到施工现场调查取证，进行了现场勘验，拍摄施工现场照片，制作了《检查勘验笔录》。证明了防雷装置设计未经气象主管机构核准，擅自施工的违法事实。

2. 营口市行政审批中心气象窗口出具了该建筑物未办理防雷装置设计审核的证明，到建筑主管部门调取了其办理建筑施工手续时所用的主体及其他资料。证明了主体身份和擅自施工的违法事实。

3. 因当事人拒绝接受询问，未制作询问笔录。当事人不配合执法工作，认错态度恶劣。

（二）处理结果

祁某综合办公楼防雷装置未经核准擅自施工一案，证据确凿，事实清楚，执法人员在完成调查取证后，依据《防雷减灾管理办法》第三十四条第三项和《营口市气象局行政处罚自由裁量权实施标准》的规定，认定其造成了公共安全隐患，应从重处罚，拟对其做出警告并处罚款9万元的行政处罚。在依法进行上述一系列告知程序和文书送达程序之后，祁某虽改正了违法行为，但仍不配合缴纳罚款和加处的罚款，考虑其不配合执法工作，认错态度恶劣，执法部门申请法院强制执行。

三、案件启示

本案中，如何最大程度地平衡行政处罚决定的公正和当事人的可接受性，值得思考。当事人对处罚决定的接受程度直接影响案件处理结果的执行难度。

在此案处理过程中，当事人最终改正了违法行为，但在催缴罚款时，由于罚款数额较大，当事人抵触情绪很大，认为已经改正违法行为，且没有造成危害，不应该再缴纳这么高数额的罚款，对本案的结案造成一定的困难。如何解决这个问题？行政执法相对人对处罚额度的质疑涉及比例原则。

比例原则是介于国家权力与公民自由之间的一种目的与手段的考量，可以成为行政合理性的下位原则。比例原则主要适用于行政机关行使行政自由裁量权领域，其基本含义是指行政机关行使自由裁量权时，应在全面衡量公益与私益的基础上选择对行政管理人侵害最小的适当方式进行，不能超过必要限度。

由于行政执法存在自由裁量权，所以要求行政权力主体在法定范围内尽可能合理、适当地做出行政决定，采取行政措施。比例原则作为行政合理性原则的重要组成部分，在我国的行政法学理论界和实务界日益受到重视。

比例原则包括三个子原则，即适当性原则、必要性原则和均衡性原则。

第一，适当性原则，是指所采行的措施必须能够实现行政目的或至少有助于行政目的达成并且是正确的手段。也就是说，在目的与手段的关系上，必须是适当的。

第二，必要性原则，又称最小损害原则，是指在有多种能同时达成行政目的的手段可供选择时，行政机关应选择对行政执法相对人损害最小的手段，即该手段对行政目的的达成是必要的。例如，对于轻微的违反治安管理的行为人，采取警告、罚款或行政拘留等措施均能达到处罚的目的，如果采取警告或罚款可达到制裁和防止其违法效果时行政机关不得施以"行政拘留"的处罚措施。

第三，均衡原则，是指行政主体采取的、为达成行政目的的必要手段，不能给行政执法相对人权益带来超过行政目的之价值的侵害，即行政手段对行政执法相对人权益的损害必须小于该行政目的所实现的社会公共利益，不能超过一定限度。比如，行政执法相对人开发的房地产项目影响了探测环境，气象主管机构只能令其拆除影响探测环境的部分，否则会为了实现行政的目的而造成公民权益的过度损害。

现在各地方政府都在积极优化投资环境，要求减免各类行政事业性收费，尽量少罚款或不罚款。然而，在实际工作中，若不处以罚款，又很难引起违法单位的重视，难以维护气象法律法规的尊严，对社会造成危害的可能性加大。

作者建议，气象主管机构在作处罚决定时，遵循比例原则，结合当地实际情况，考虑行政执法相对人行为的危害程度，最终做出处罚决定，以达到法律效果、社会效果及政治效果的统一。

云南省屏边县某小区工程防雷装置设计图纸未经审核擅自施工案

一、案情介绍

2013年7月3日，云南省红河哈尼族彝族自治州气象局（简称红河州气象局）行政执法支队在执法检查中发现，云南某房地产开发有限公司某分公司新建项目屏边苗族自治县（简称屏边县）某小区工程防雷装置设计图纸未经当地气象主管机构审核，擅自施工，其行为涉嫌违法。红河州气象局立即派出两名执法人员前往现场调查取证，经调查后得知，此工程没有经过防雷装置设计图纸的审核。该工程负责人对其违法行为供认不讳。

为依法处理本案，红河州气象局特别召开了集体讨论会，参加会议人员一致认定，该公司存在违法行为，证据确凿，事实清楚。执法人员多次进行执法宣传、说服教育，并下发《责令停止违法行为通知书》，但该公司拒不履行。红河州气象局依法进行了立案，并先后下发了《行政处罚告知书》《行政处罚决定书》和《行政强制执行催告书》。但是该公司依然对处罚不予理睬并超过法定时限，红河州气象局向蒙自市人民法院申请强制执行，在强制执行过程中，该公司才意识到防雷装置设计图纸审核的重要性，缴纳了罚款，并在规定期限内到屏边县气象局办理了"防雷装置设计图纸审核"行政许可。

二、办案经过

（一）调查取证

红河州气象局在决定下达《行政处罚告知书》的过程中，依法立案调查，并收集了下列证据：

1. 到屏边县气象局负责行政许可工作人员刘某处调查询问笔录，证明云南某房地产开发有限公司某分公司在屏边县新建的某小区工程项目没有办理防雷装置设计图纸报审的相关手续，也没有咨询过。

2. 2013年7月3日，红河州气象局执法人员到云南某房地产开发有限公司某分公司留置送达《防雷装置设计图纸报审通知书》和防雷减灾相关法律法规以及办理防雷装置设计审核需要送审材料的清单，并对该公司人员进行相关法律法规的宣传。

3. 通过工商局等相关部门取得该公司私营企业登记基本信息表。根据上述证据，红河州气象局行政执法人员认定如下事实：该公司于2013年7月未经当地气象主管机构许可，擅自施工新建小区，已涉嫌违反《云南省气象条例》第二十七条和《云南省红河州气象条例》第十三条之规定，建议立案查处。

4. 2013年7月19日，红河州气象局对云南某房地产开发有限公司某分公司进行立案。

5. 执法人员于2013年8月22日11时10分至25分，对某小区项目工程现场施工拍照取证。

6. 2013年8月26日，红河州气象局向云南某房地产开发有限公司某分公司下发《责令停止违法行为通知书》。

7. 2013年8月30日，红河州气象局召开执法讨论会，认定云南某房地产开发有限公司某分公司的违法事实，虽然执法人员多次对该公司进行了宣传和说服教育，但该公司都没停止违法行为。为加强防雷减灾社会化管理，严格执行气象相关法律法规，遂对该公司下达《行政处罚告知书》，给予罚款两万元的处罚。

8. 2013年9月24日，在送达《行政处罚告知书》的过程中，云南某房地产开发有限公司某分公司仍旧对执法人员不予理睬。截至2013年9月28日，云南某房地产开发有限公司某分公司违法行为仍在持续，并且仍未到屏边县气象局办理防雷装置图纸报审相关手续。红河州气象局于9月30日下达《行政处罚决定书》和《红河州罚没收入缴款通知书》，决定如下：责令该公司在2013年10月24日前到屏边县气象局办理某小区工程项目防雷装置设计图纸审核手续；给予罚款两万元。

（二）处理结果

1. 截至2014年3月7日，云南某房地产开发有限公司某分公司某小区工程项目的违法行为依然在持续，红河州气象局下达《行政强制执行催告书》，因该公司在法定期限内未履行行政处罚，根据《中华人民共和国行政处罚法》第五十一条及《中华人民共和国行政诉讼法》第六十五条、第六十六条规定，红河州气象局于2014年3月14日向蒙自市人民法院递交《强制执行申请书》，经蒙自市人民法院审查，于2014年3月28日立案受理。

2. 2014年4月2日下发《云南省蒙自市人民法院行政裁定书》，准予执行红河州气象局《行政处罚决定书》。

3. 2014年5月8日，红河州气象局向云南某房地产开发有限公司某分公司发出执行通知书，责令该公司在收到执行通知书后立即履行缴纳处罚金的义务。

4. 截至2014年6月5日，云南某房地产开发有限公司某分公司未履行缴纳处罚金的义务，蒙自市人民法院下达了《执行裁定书》，裁定划拨云南某房地产开发有限公司某分公司在屏边县农村信用合作联社的存款2万余元。云南某房地产开发有限公司某分公司经蒙自市人民法院执行局强制执行，缴纳了罚款，并在规定期限内到屏边县气象局办理了小区工程的防雷装置设计图纸审核手续，于2014年7月25日结案。

三、案件启示

（一）证据收集应完整

行政主体负有取得具备真实性、合法性、相关性证据的义务。本案在调查取证环节证据完整性可以进一步完善。就证据完整性而论，本案还可以取得如下证据：

一是云南某房地产开发有限公司某分公司负责人许某的身份证明，如身份证复印件、户口簿复印件或警察行政机关的证明文书。

二是现场取证照片中除了可以证明某小区工程正在施工，有违法的事实确实存在外，执法人员还应携带相关执法证件，以证明执法人员是亲到现场进行取证拍照。

（二）法律文书送达应合法

本案采用直接送达方式，应由法人代表签收。云南某房地产开发有限公司某分公司拒绝签字接收。执法人员请屏边县安监局工作人员作为第三方见证留置送达。应在送达回证上记明拒收事由和日期，由送达人、见证人签名或者盖章，把法律文书留在受送达人的住所，即视为送达。

（三）行政处罚流程应规范

气象行政处罚流程一定要规范。填写《气象行政执法立案审批表》审批后立案。进入调查取证阶段，出示执法证件，制作《调查询问笔录》，现场勘验填写《现场勘验检查笔录》，提出行政处罚初步意见送审，制作《气象行政处罚决定书》，当事人在15日内到指定银行缴纳罚款，逾期不执行处罚决定，申请强制执行。立案归档，30日内上报备案。

某公司无资质从事防雷装置设计、施工案

一、案情介绍

2014年4月3日，D市气象局接获某单位举报，称发现一份疑似伪造的防雷装置检测报告。接到举报后，D市气象局立即派出执法人员前往现场进行调查取证。经调查取证后确定如下事实：某公司在未取得防雷工程设计和施工资质的情况下，于2011年与C小学签订防雷工程合同，承担C小学机房防雷装置的设计和施工，并于当年完成设计和施工；2013年某公司伪造C小学机房防雷装置检测报告，交付C小学。

为依法处理本案，D市气象局召开案件讨论会，认定：某公司存在无资质从事防雷装置设计、施工，伪造防雷装置检测报告两项违法行为，证据充分，事实清楚，考虑到该公司积极配合调查，认错态度良好，决定对其罚款60 000元，没收违法所得80 146元。

二、办案经过

（一）调查取证

1. 向C小学了解情况。某公司与校方签订了防雷工程合同，该公司承担了C小学机房防雷工程的设计和施工，完工后校方已支付工程款，该公司某工作人员提供防雷装置检测报告1份。

2. 向D市防雷设施检测所了解情况。D市防雷设施检测所未出具过C小学机房的防雷装置检测报告。

3. 对C小学老师的调查询问笔录。确认C小学机房防雷工程设计和施工系由某公司承担，且机房防雷装置检测报告由该公司提供。

4. 对C小学机房进行现场勘验。确认C小学机房装设了避雷器等防雷装置。

5. 对防雷装置检测报告原件进行核查。确认C小学机房防雷装置检测报告系伪造报告。

6. 对某公司负责人李某的调查询问笔录。该公司承认负责对C小学机房防雷工程进行

设计和施工，且向校方提供虚假的防雷装置检测报告。

7. 向省气象局核实某公司未取得防雷工程设计和施工资质。

（二）处理结果

1. 根据立案调查证据，D市气象局认定如下事实：某公司无资质从事防雷装置设计、施工，伪造防雷装置检测报告，违反《气象灾害防御条例》《防雷减灾管理办法》等法规，应当依法追究法律责任。

2. 案件经过集体讨论，最后认定某公司存在无资质从事防雷装置设计、施工，伪造防雷装置检测报告两项违法行为，决定对其做出以下行政处罚决定：罚款60 000元，没收违法所得80 146元。某公司接受了行政处罚决定，未提起行政诉讼和行政复议。

三、案件启示

（一）案件名称应最大程度体现违法内容。本案中，气象局接获举报线索疑似伪造防雷装置检测报告，立案原因是查明伪造防雷装置检测报告这一事件，随着调查的深入，进一步发现某公司存在无资质从事防雷装置设计、施工违法行为，需要收集更多的证据，并作为同一案件处理。

（二）行政执法中证据应充足。本案中，对于某公司无资质从事防雷装置设计、施工这一违法行为，校方的调查询问笔录、现场勘验结果、防雷工程施工合同等材料基本形成较为完整的证据链，属于证据确凿，事实清楚。本案中，某公司在询问笔录中承认其伪造防雷装置检测报告的违法事实。但从以往的执法经验来看，疑似伪造文书或伪造检测报告案件中，被调查单位、被调查人往往不配合调查，翻供等情况也时有出现。如证据不充足，对违法事实的确认造成了很大难度，最终只能向公安机关报案处理。

（三）需正确处理一案中的多种违法行为。刑法中的"数罪并罚"理论，是指对犯有两种以上罪行的人员，就所犯各罪分别定罪量刑后，按一定原则判决宣告执行。纵观我国的行政法理论，并没有"数罪并罚"规则，也缺乏与之有关的具体规定。有学者认为，在行政执法实务中，对一案中的多种违法行为，可以参照刑法的"数罪并罚"理论，使行政处罚行为更兼具合法性与合理性。即应当根据处罚种类的不同性质，进而确定应当适用的具体规则。

1. 警告、责令停产停业类处罚。当数个法律责任中均同时规定了警告或责令停产停业类处罚时，由于当事人是同一的，因此，对这类行政处罚应当采取吸收原则。

2. 罚款。可以综合考虑当事人的主观过错、违法行为的情节和危害后果等因素，视情况采取合并或限制加重原则。

3．没收违法所得。应当采取合并原则。即将数个违法行为的违法所得予以累加计算。

4．吊销许可证照。应当根据当事人需吊销的证照是否为同一种类，视情况采取吸收或合并原则。

在本案中，某公司存在多种违法行为，一是无资质从事防雷装置设计、施工；二是伪造防雷装置检测报告，即在防雷装置设计、施工中弄虚作假。适用的法条有：

《气象灾害防御条例》第四十五条第一款"无资质或者超越资质许可范围从事雷电防护装置设计、施工、检测的"；第二款"在雷电防护装置设计、施工、检测中弄虚作假的，由县级以上气象主管机构或者其他有关部门按照权限责令停止违法行为，处5万元以上10万元以下的罚款；有违法所得的，没收违法所得；给他人造成损失的，依法承担赔偿责任"。

按《D市气象局关于印发行政处罚自由裁量标准的通知》第二十一款的标准，在规定期限内改正违法行为但承接的工程已开展检测、设计、施工作业的，违法程度严重，可处6万元以上8万元以下罚款。

对某公司违反《气象灾害防御条例》第四十五条第一、第二款行为，决定对其做出以下处罚：一是罚款，综合《自由裁量标准》相关规定，对其处以60 000元罚款；二是没收违法所得，没收金额按合同金额计算为80 146元。

（四）行政处罚应遵循合理、适当原则。在本案中，C小学属于受害方，校方本意是全权委托某公司办理相关防雷事宜，但由于校方对气象法律法规认识不足，未能认识到防雷装置需取得气象主管机构相关审批文件方能施工和投入使用。虽然校方未有主观违法意图，但仍需作为违法主体，承担以下两个违法事实，一是C小学机房防雷装置设计未经有关气象主管机构核准，擅自施工；二是C小学机房防雷装置未经有关气象主管机构验收合格，擅自投入使用。考虑某小学是初犯，对相关法律法规认识不足，也积极配合调查，并表示将按气象主管机构的要求及时改正，故本案中责令其进行整改，不予处罚。

（五）后续法律责任的认定。C小学与某公司之间签订了防雷工程合同，按合同规定，某公司有责任向C小学提供真实可靠的检测报告。C小学可以依法提起诉讼，追究某公司相关责任，要求其赔偿相应损失。

（六）加强气象法律法规宣传与学习，提高气象法律法规的权威性和全社会的气象法律法规意识，正确有效履行气象行政管理职能。

潍坊市某公司建设项目防雷装置设计未经审核擅自施工案

一、案情介绍

2013年5月28日，山东省潍坊市气象局执法人员在房地产项目防雷安全检查中发现，正在建设的某房地产开发项目，没有办理防雷装置设计审核，涉嫌违反《山东省气象灾害防御条例》关于"雷电灾害防护装置施工图设计文件应当符合国家规定的防雷技术规范和标准，并经气象主管机构审核；未经审核或者审核不合格的，不得交付施工"的规定。为维护法律法规尊严，执法人员依据有关气象法律法规，多次上门开展防雷安全宣传，并对该项目违法行为进行立案调查，在事实清楚、证据确凿的情况下，依法作出行政处罚决定，并按程序申请法院强制执行。最终本案以当事人纠正违法行为，履行行政处罚决定中确定的义务而告终。

二、办案经过

（一）调查取证

1. 2013年5月28日，气象行政执法人员当场告知当事人，按照《山东省气象灾害防御条例》规定，新建工程的防雷装置设计文件应当经市气象局审核通过方能施工，违反规定将受到处罚。潍坊市气象局执法人员依法制作了调查询问笔录并向当事人送达了《停止违法行为通知书》，要求其在6月25日前改正违法行为，在防雷装置施工图文件未经审核前暂停施工。但是，当事人没有在规定的时间内停止违法行为，也未办理防雷装置施工图文件设计审核。

2. 2013年7月22日，潍坊市气象局决定对当事人的违法行为进行立案调查。调查中了解到，该房地产开发项目系潍坊某置业有限公司开发建设，当事人承认该项目没有办理防雷装置设计审核，但拒不停止违法行为。执法人员在调查取证后依法向当事人送达了《行政处罚告知书》，当事人3日内没有提出陈述申辩。

3．2013年11月26日，潍坊市气象局决定对当事人进行行政处罚，决定罚款人民币贰万玖仟元整，采取直接送达的方式向当事人送达了《行政处罚决定书》。当事人接到《行政处罚决定书》后，在法定期限内，既未履行义务，也没有申请行政复议或者提起行政诉讼。

4．2014年4月15日，潍坊市气象局向当事人送达了履行《行政处罚决定催告书》。至此，当事人申请因资金紧张暂缓办理防雷装置设计审核。潍坊市气象局对当事人的申请进行了明确的答复，同意当事人缓至5月20日前办理完毕防雷装置施工图设计审核手续。但是，当事人没有在约定的时间内办理防雷装置设计审核。

（二）处理结果

2014年5月26日，潍坊市气象局依法向当地人民法院申请了强制执行，法院进行了受理，认为申请人潍坊市气象局作出《行政处罚决定书》在行政主体、行政权限、违法事实和法律依据方面合法，依法裁定予以强制执行。当事人收到裁定后履行了处罚决定书中确定的义务，纠正了违法行为。

三、案件启示

（一）证据收集应构成完整证据链

调查取证应特别注意三类证据的获取：一是《现场勘验检查笔录》，包括信息要准确，内容要完整。二是现场拍照取证。本案中这两部分没有交代清楚。三是《调查询问笔录》，应对有关部门有关人员特别是负责人进行询问，并做详细记录。未经防雷装置设计审核，擅自施工的事实是重点询问内容。这三类证据相互佐证成为承担法律责任的事实依据。

（二）气象行政执法流程要规范

本案在调查取证环节待完善之处：一是立案调查应当填写《气象行政执法立案审批表》，并报经本级气象主管机构负责人批准后立案。对于立案调查的应有专人负责，及时进行调查确证。本案办案经过中未提及《气象行政执法立案审批表》一事。二是执法人员应当通知当事人到场进行现场勘验检查，无正当理由拒不到场的，承办人员在笔录中记明情况。勘验检查的情况记入《现场勘验检查笔录》，当事人应当签名或者押印。三是调查取证结束后，申请召开行政会议进行案件讨论，达成共识形成处罚告知书和听证告知书。

行政处罚告知书应由气象主管机构负责人审查，并提出处理意见。对于处罚数目较大的案件，应实施听证告知。四是行政处罚案件应当一案一档，由案件承办人员将案件的有关材料立卷归档。

（三）行政处罚决定一经送达便具有法律效力。就本案的当事人而言，开始时能够自觉办理防雷装置设计审核，后来不办了也无人问津，执法人员检查发现后告知也不纠正，对处罚告知置之不理，收到处罚决定后不予履行，法院裁定强制执行后方知当初应当遵法守法。同时，当事人和执法人员都曾认为，办理了防雷装置设计审核，便可以申请撤销行政强制及处罚。但经办案法官的指导后才知晓行政处罚决定书一经送达便具有法律效力，不容更改。

（四）气象防雷社会管理在国家行政审批制度改革的背景下，适应防雷体制改革的需求，坚持依法履行职责，强化防雷减灾安全管理。按照法定权限、法定程序和审批时限，规范防雷装置设计审核和竣工验收行政审批行为，建立健全防雷法律法规标准体系，加强事中事后安全监管，依法行政，切实履行气象防雷社会管理职能。

（五）加强气象行政执法队伍能力建设。完善市局气象行政执法支队，县局气象行政执法大队机构、人员、编制、装备及经费保障措施，对气象行政执法支队的主要职责予以明确，强调建立和规范执法队工作制度、程序和工作流程，做好执法支队基本业务建设和管理，支队主要负责气象行政许可工作的协调管理、指导，及对气象法律、法规的执行情况进行监督检查，及时发现、制止和纠正违反气象法律、法规的行为。特别加强执法队伍专业知识和执法能力的培养。定期开展气象法律法规知识和气象行政执法模拟培训，进一步加强与执法协作部门的交流和业务"切磋"，开展"岗位练兵""技能比武"，提高实战经验。

（六）加强气象法律法规宣传。在全社会微信、微博、LED大屏等进行法治标语的宣传，从不同侧面、不同视角，多层面加大对《宪法》和《中华人民共和国气象法》及其配套法律法规的宣传，扩大社会影响，有效地宣传和普及气象法律法规知识，彰显气象工作依法行政、依法管理和公共服务职能，促进地方气象事业的健康发展，提高公众的气象法制意识和法律素质。只有全社会树立法治意识，树立依法发展气象事业理念，努力营造良好的气象法治环境，气象部门才能做好防雷安全监管和气象行政执法工作，为人民生命财产安全和经济社会发展提供保障。

某公司编造防雷工程资格证骗取行政许可案

一、案情介绍

2011年7月13日，市民杨某向某省气象局书面举报某市某公司变造防雷工程资格证，骗取行政许可。7月25日下午，杨某本人到省气象局举报，要求：依法撤销某公司防雷工程专业设计和施工资质证书；依法撤销某公司违法取得的防雷工程设计审核和竣工验收许可证书。8月，杨氏兄弟向相关媒体，实名举报了某公司涉嫌盗用其二人的《防雷工程资格证书》（以下简称防雷资格证），非法实施"挂靠"行为，并参与了数十个项目的防雷工程投标和施工工作。其后，某市一些媒体也作了报道，在社会造成一定的负面影响。

在中国气象局和某省纪委的指导下，某省气象局严肃查处了某公司变造防雷工程资格证，骗取行政许可案件。7月25日当天，省气象局党组召开会议，决定成立"7·25"事件调查组，对某公司涉嫌冒用防雷资格证有关问题进行调查。

经过调查组连日对相关档案的查阅对比，据实查明某公司存在冒用杨氏兄弟防雷资格证的事实。某公司负责人承认对杨氏兄弟防雷资格证有伪造涂改的事实，通过涂改造假获得行政许可。

2012年4月19日，某市气象局对某公司伪造事实清楚、证据确凿的69宗防雷工程项目发出《处罚决定书》和1份缴款通知书，共处罚款138万元人民币（每宗2万元）。2012年5月29日，某公司不服处罚，向某市某区人民法院提起行政诉讼。某市某区人民法院判决驳回原告某公司的诉讼请求。2012年6月8日，某市中级人民法院受理了杨某（原告）提出的行政诉讼，告某气象局行政不作为。市中级人民法院判决驳回原告杨某的诉讼请求。

二、办案经过

（一）调查取证

7月25日，省气象局党组召开会议，决定成立"7·25"事件调查组，对某公司涉嫌冒用防雷资格证有关问题进行调查。第一时间以重大事项向中国气象局报告。在行政处罚的过程中，依法进行了立案调查，并收集了下列证据：

1. 市民杨某向某省气象局书面举报材料；杨某本人到省气象局举报的笔录。杨某到某省气象局纪检组做问询笔录。

2. 相关档案。

3. 某公司负责人的调查笔录。

4. 省司法鉴定中心的鉴定结果证明。

5. 气象行政执法案件讨论记录。

根据以上证据，某省气象局认定如下事实：据实查明某公司存在冒用杨氏兄弟防雷资格证，骗取行政许可的事实。

（二）处理结果

1. 依法撤销某公司防雷工程专业设计和施工资质证书。

2. 2012年4月19日，某市气象局对某公司伪造事实清楚、证据确凿的69宗防雷工程项目发出《处罚决定书》和1份缴款通知书，共处罚款138万元人民币（每宗2万元）。

3. 根据《关于印发〈中国气象局关于实行领导干部问责的实施细则（试行）〉的通知》（气发〔2009〕381号）第六条问责条款等有关规定，省气象局给予省防雷减灾办副主任潘某和魏某免职处理、调整工作岗位；某市气象局给予该市防雷减灾办主任邓某通报批评、调整工作岗位，给予某区防雷减灾办主任陈某通报批评、调整工作岗位；与某公司负责人有直接亲属关系，并为某公司提供便利的某分所原所长侯某（编外人员）被辞退处理。

三、案件启示

某公司长期冒用或变造防雷资格证，骗取防雷行政许可能够得逞，既有制度上的缺失，也有监管上的不足，破坏了行政许可的公正性，严重损害了部门声誉和形象，敲响了警钟，引发深刻反思。

（一）少数基层气象部门防雷社会管理存在的问题

1. 缺乏规范的资质认定管理办法和认定程序。

2. 重要的基础原始信息数据缺乏必要的保护措施。

3. 资质管理工作和对防雷公司的日常监督管理工作脱节。

4. 存在挂靠、转租资质情况。

5. 市场混乱，市场竞争在不依法、不规范的监督管理情况下演变为挂靠竞争、低价竞争。

6. 监督管理工作有待加强。

7. 特殊行业的防雷施工企业管理难于实施，以气象主管机构颁发的防雷专业资质承接行业防雷工程（如电力、铁路、移动、电信等），但拒不接受气象主管机构管理。

8. 防雷工程资格管理制度建设滞后，管理手段落后。

9. 防雷工程资质备案没有严格按照相关规定条件备案。

（二）加强防雷社会管理，促进防雷减灾事业健康发展

1. 强化依法行政

一是提高依法行政意识，增强工作人员责任感。防雷工作人员要充分认识依法管理防雷、保障社会公共安全和人民福祉，促进经济建设和社会发展中的重大责任，防雷减灾工作规范化管理的重要意义。加大宣传教育力度，增强全体工作人员的政治意识、大局意识、责任意识、法纪意识。通过加强防雷专业知识学习和技能培训，扎实提升履行岗位职责的能力。

二是完善行政执法制度。规范行政执法程序，明确执法步骤、环节和时限；推进行政执法责任制，完善行政执法案卷评查、评议考核、监督巡查、责任追究等配套制度；完善行政执法人员年度评议考核制度；严格执行罚缴分离和收支两条线管理制度。

三是规范行政执法行为。及时查处违法行为，杜绝有案不查、查处不力等行为；严格依照法定程序执法，遵守行政执法告知、听证、回避等规定，保障行政执法相对人的合法权利；坚持文明执法，综合运用政策辅导、走访约见、规劝提示、信用公示、警示告诫、行政建议等方式，将气象行政指导与服务贯穿于气象行政执法全过程。

2. 完善政策法规建设

适时推进地方立法工作，突出重点，科学立项；完善工作机制，加强立法协调工作；开门立法，提升立法质量；突出特色，符合地方需求，具有可操作性。

3. 加快推进防雷减灾体制改革

一是简政放权，强化防雷减灾安全管理。通过明确政府、部门、企业在防雷减灾安全管理中的相关责任，制定防雷减灾安全管理权力清单和责任清单等方面来构建防雷减灾安全责任体系。

二是开放市场，规范防雷减灾服务市场监管。制定和完善法规标准，推动防雷装置检测、防雷工程等服务向社会全面开放。同时加强事中事后监管，依法履行防雷减灾安全监管职能。

三是提升能力，满足经济社会发展需求。加强雷电监测和预报预警基础业务建设，提高雷电预报预警精细化水平，积极发展防雷减灾专业专项服务，提高服务产品的针对性和

专业化水平。

四是完善机制，推进防雷减灾工作政事企分开。明确防雷减灾管理机构、防雷减灾事业单位、参与防雷减灾服务市场竞争的企业的职责界面，各司其职，确保防雷减灾管理、业务、市场监管等方面相互促进、相得益彰。

4．加强防雷队伍建设，强化风险防控措施

一是加强案例警示教育，筑牢思想道德防线。二是加强定期的岗位交流。三是加强重点领域、重点岗位环节监督。四是加强廉政风险防控信息化建设。

大连市某电机股份有限公司拒绝
接受防雷装置检测案

一、案情介绍

2014年6月6日，辽宁省大连市气象局接到大连市雷电防护中心举报，大连市某电机股份有限公司以经济效益不好为由，拒绝防雷装置年度安全检测。

大连市气象局行政执法人员依据大连市人民政府（2003第31号令）《防雷减灾管理办法》等相关要求，于2014年6月6日、7日两次到该公司宣传并告知防雷减灾和防雷安全检测方面的法律法规，要求该公司对已投入使用的防雷装置必须进行安全检测，避免因雷电而引发的安全事故发生，但该公司拒不执行相关法律法规，拒绝对已投入使用的防雷装置进行防雷安全检测。

2014年6月8日，经大连市气象局行政执法支队全体人员集体讨论，决定申请立案调查。2014年6月11日执法人员依法对该公司进行了调查问询，并限其在6月21日前改正违法行为，但该公司在法定时间内既未向行政机关说明情况，也未按要求改正违法行为，完成防雷装置安全检测工作。2014年6月22日，经行政执法支队全体人员集体讨论，并报请大连市气象局批准，于2014年6月24日向该公司下达了《行政处罚先行告知书》《听证告知书》。该公司在接到《行政处罚先行告知书》《听证告知书》后，于2014年7月1日主动到大连市气象局，就未按规定开展防雷装置安全检测进行了陈述，并以书面形式说明原因，承认了拒绝防雷安全检测的违法行为，表示要积极配合检测部门做好防雷检测工作，请求行政机关对其免予行政处罚。2014年7月15日该公司改正了违法行为，完成了防雷装置安全检测工作，取得了防雷安全检测报告。

由于该公司违法行为轻微并及时纠正，没有造成危害后果，经研究，大连市气象局于2014年7月19日，依法对大连某电机股份有限公司做出了警告的行政处罚决定。

二、办案经过

（一）调查取证

大连市气象局行政执法支队依法对涉案公司进行了立案调查，并在调查过程中收集了下列证据：

1．调查询问笔录

2014年6月11日执法人员依法对该公司进行了调查问询，制作了调查询问笔录。确认了违法使用防雷装置的事实——未依法对防雷装置进行年度安全检测。

2．《责令停止违法行为通知书》

执法人员对涉案公司下达了《责令停止违法行为通知书》，限其在6月21日前改正违法行为。证明执法行为符合法定程序，且该公司经责令对防雷设备进行安全检测后仍拒不执行相关法律法规。

3．《行政处罚先行告知书》《听证告知书》

证明执法行为符合法定程序，向当事人告知了法定权利。

（二）处理结果

本着处罚与教育相结合的原则，依据《中华人民共和国行政处罚法》第二十七条第四项"违法行为轻微并及时纠正，没有造成危害后果的，不予行政处罚"和《气象局行政处罚自由裁量权执行标准》第一项"防雷行政管理类"中"违法行为轻微并及时纠正，没有造成安全隐患的，不予行政处罚"，经研究，大连市气象局依法对大连某电机股份有限公司做出了警告的行政处罚决定。

三、案件启示

该案是一起典型的拒绝防雷检测案例。此案的办理，为大连市气象部门依法开展防雷安全工作奠定了很好的基础。在实际执法工作中，只有做到"适用法条正确、程序合法、证据确凿、文书规范、方法适当"，才能把案件办实，才能更好地维护气象部门依法履行社会管理的权威性。此案有以下五个方面值得借鉴。

（一）立案前宣传教育是重要环节

防雷执法要牢固树立"和谐、理性、文明、规范"执法的新理念，要以国家相关法律法规为依据，以宣传、说服、教育为前提，发现违法行为后，首先采取宣传教育的方式履行告知义务，然后对违法单位下达《责令停止违法行为通知书》限期改正，既给了当事人改正违法行为的机会，也为后期案件查处提供了充分证据。执法人员要不断加强对防雷法律法规的学习，做到在执法现场，能够准确地向当事人宣讲有关防雷法律法规的章、节、条、款，在填写执法文书时能够熟练准确，这是做好防雷执法工作的技术保证。

（二）调查取证要完整详尽

行政执法过程中，调查取证环节最为关键，也是最难的环节。办案执法人员始终坚持文明执法，耐心取证。调查询问笔录、现场勘验的内容要详细记录清楚，内容涉及执法人员的身份、询问地点、被询问人姓名、告知行政执法相对人的权利、法定代表人、现场勘验情况、取证照片等；对违法行为的认定要有充分地法律依据，因此违法证据的收集要保证完整性，做到环环相扣。

（三）执法过程中必须严格遵循执法程序

按照行政法正当程序原则，依据《中华人民共和国行政处罚法》等相关法律法规，立案调查、现场勘验、问讯笔录制作、案件集体讨论、案件处理审批，以及执法文书送达等执法行为，每一步都要依法定程序进行，要注重每一个细节，可以加以音像材料做补充证明；避免工作不细致而损害行政执法相对人的法定权利，或被行政执法相对人提起行政诉讼，造成执法工作前功尽弃，行政处罚无效的后果。例如，依据《中华人民共和国行政处罚法》第三十一条，行政机关在作出行政处罚决定之前，应当告知当事人作出行政处罚决定的事实、理由及依据，并告知当事人依法享有的权利。本案中，执法人员向涉案公司送达了《行政处罚先行告知书》《听证告知书》，向行政执法相对人先行告知了行政处罚决定的事实、理由、依据，并充分告知对方有陈述辩解的权利，给了其及时向当地气象局陈述、纠正违法行为的机会。

（四）办案过程中准备工作要充足

案件查处要有预案，可以选择"戏剧式"和"沙龙式"。"戏剧式"是以现实法律关系为背景，进行角色分工，寻找漏洞，加以完善和修复，以期气象行政执法精益求精，万无一失。"沙龙式"，是以涉案的法律、事实、证据、程序诸方面各抒己见，相互辩论，寻找更佳方案。它不但能提高执法人员的法理水平，同时也提高了执法人员的执法技巧。

（五）处罚结果应准确，处罚依据应充分，自由裁量权的行使要合乎情理

值得指出的是，按照《中华人民共和国行政处罚法》规定，行政处罚应有法定依据且

遵守法定程序；同时，《中华人民共和国行政处罚法》也赋予了行政主体行政处罚自由裁量权，使其在法律、法规规定的原则和范围内有选择余地的处置权利。行政执法自由裁量权的行使，要合乎情理，目的正当，符合法理要求，必须根据客观实际情况和法律精神及自己的理性判断加以灵活处理，做到"相同情况相同处理，不同情况不同处理"。

本案中，"已有防雷装置，拒绝进行检测"这一违法行为和"未造成安全隐患或危害结果"的违法情形，涉及的法律依据包括：

1.《中华人民共和国行政处罚法》第二十七条第四项："违法行为轻微并及时纠正，没有造成危害后果，不予行政处罚。"

2.《防雷减灾管理办法》第三十五条："由县级以上气象主管机构按照权限责令改正，给予警告，可以处1万元以上3万元以下罚款。"

3.《气象局行政处罚自由裁量权执行标准》第一项"防雷行政管理类"中，"违法行为轻微，经教育，主动纠正违法行为，未造成安全隐患，不予行政处罚"。

4.《气象局行政处罚自由裁量权执行标准》第一项"防雷行政管理类"中，"违法行为一般，初次违法，未在规定期限内改正违法行为，已造成安全隐患的，但未造成危害后果的，给予警告，处0.9万元以上，2.1万元以下罚款"。显然，本案执法者对行政执法相对人给予"警告"的行政处罚决定幅度处于"警告且罚款"和"不予行政处罚"之间，在法律、法规的规定范围内合理行使了行政处罚自由裁量权。

执法者本着《中华人民共和国行政处罚法》处罚与教育相结合的原则，行政处罚是法律制裁的一种形式，但又不仅仅是一种制裁，它兼有惩戒与教育的双重功能。处罚不是目的，而是手段，通过处罚达到教育的目的。行政机关在行政处罚的适用中应当始终坚持教育与处罚相结合。充分考虑到本案的实际情况——违法者违法情节轻微，在执法者两次宣传告知法律法规阶段拒绝配合进行防雷装置检测，但在接到《行政处罚先行告知书》《听证告知书》后态度积极，主动纠正违法行为，配合检测部门做好防雷检测工作，且未造成安全隐患或危害后果，因此，为了起到教育警示作用，予以警告、未处以罚款。罚款是行政处罚的一种手段而非目的，通过严格的执法活动让当事人认识错误，达到教育和改正违法行为的目的效果更好。

新疆维吾尔自治区某公司风电机组及相关设施防雷装置拒绝年检案

一、案情介绍

2012年6月4日，新疆维吾尔自治区布尔津县气象局在防雷安全检查中查明，某风电公司风电机组未进行防雷装置年检，执法人员要求该公司按国家相关规定进行防雷装置年检，该公司称已进行防雷装置年检。但未能提供具有相应资质的防雷装置检测机构出具的检测报告并拒绝办理防雷装置年检手续，布尔津县气象局于2012年8月10日对该公司违法行为进行立案查处。

布尔津县人民法院于2013年6月14日举行听证，在听证会召开前某风电公司到布尔津县气象局承认其违法事实，并主动缴纳罚款，同时请求布尔津县气象局撤销强制执行申请，及时进行整改。布尔津县气象局鉴于对方已承认违法事实，并主动接受处罚和整改，向布尔津县人民法院提出同意撤销强制执行申请书，至此，本案结案。

二、办案经过

（一）调查取证

布尔津县气象局在决定进行行政处罚的过程中，依法进行了立案调查，并收集了下列证据。

1. 气象行政执法调查询问笔录

对某风电公司安全生产负责人进行了气象行政执法调查询问并制作询问笔录。该公司称已进行防雷装置年检，但未能提供具有相应资质的防雷装置检测机构出具的检测报告，并拒绝办理防雷装置年检手续。

2. 气象行政执法案件讨论记录

该公司经布尔津县气象局执法人员多次宣传教育，仍以各种理由拒绝办理防雷装置年检。布尔津县气象局决定进行立案查处。

　　根据以上证据，布尔津县气象局认定如下事实：经过执法检查某风电公司风电机组未进行防雷装置年检，多次进行执法，督促办理相关手续，该公司总是找各种理由拒绝办理防雷装置年检手续，决定对该公司进行行政处罚责令整改、罚款3万元。

（二）处理结果

　　布尔津县人民法院于2013年6月14日举行听证，在听证会召开前，某风电公司到布尔津县气象局承认其违法事实，并主动缴纳罚款，同时请求布尔津县气象局撤销强制执行申请，并愿补办防雷检测有关手续。鉴于此，布尔津县气象局同意撤销强制执行申请，并结案。

三、案件启示

（一）违法行为主体需要正确认定

　　本案在调查取证的过程之中，布尔津县气象局确认，某风电公司风电机组未进行防雷装置年检。该公司虽然获得了山西某公司新疆分公司提供的《接地电阻预防性试验报告》，但没有取得《防雷装置安全性能检测报告》。由此可知，本案中某风电公司风电机组防雷装置在投入使用后未进行防雷装置年检。可依照法条有，中国气象局《防雷减灾管理办法》第十九条：投入使用后的防雷装置实行定期检测制度。防雷装置应当每年检测一次，对爆炸和火灾危险环境场所的防雷装置应当每半年检测一次。以及第三十五条："违反本办法规定，有下列行为之一的，由县级以上气象主管机构按照权限责令改正，给予警告，可以处1万元以上3万元以下罚款；给他人造成损失的，依法承担赔偿责任；构成犯罪的，依法追究刑事责任：

　　1. 应当安装防雷装置而拒不安装的；

　　2. 使用不符合使用要求的防雷装置或者产品的；

　　3. 已有防雷装置，拒绝进行检测或者经检测不合格又拒不整改的；

　　4. 对重大雷电灾害事故隐瞒不报的。

　　由此可知，本案中某风电公司风电机组防雷装置在投入使用后未进行防雷装置定期检测，违反了相关的法律规定。

（二）行政权力运行中的谦抑与手段的必要

　　行政法上的比例原则，指的是行政权的运行应当合理、适当。关于这一原则，本案中所反映出的侧面是作为处罚结果的手段与惩戒的目的之间关系上是否合理与适当。对于本原则，可以从如下三个更为细化的角度进行把握：

1．目的上的适当。这是指行政处罚的做出，其目的不在于单纯的惩罚，更不在于增加财政收入，而是在于维护行政法上良好的秩序。除此以外，行政处罚所针对的被处罚人还须是法律上适合的以及可能的——即作为被处罚人的相对人适格问题。

2．手段上的必要。这是指在各种处罚的手段当中，应当适用能有效达到行政目的的对相对人损害最小的手段。对此，行政法学上也称之为"损害最小原则"或者是"必要性原则"。反映到本案中，如果仅仅就手段的适当这个角度而论，某风电公司在布尔津县人民法院举行听证会召开前，到布尔津县气象局承认其违法事实，并主动缴纳罚款，同时请求布尔津县气象局撤销强制执行申请，并愿补办防雷检测有关手续，如果按照处罚决定书处罚金额加上3个月的滞纳金，罚款数额远不止这些，出于方方面面的考虑，对该风电公司的行政处罚可谓合理、适当。

（三）依照法定程序办事，保证行政执法的可接受性

正义不仅要实现，而且要以看得见的方式实现。行政执法程序确定了办事的步骤和程序，还具有增强最终结果的可接受性和行政机关公信力的作用。本案中，某风电公司风电机组防雷装置在投入使用后未进行防雷装置年检，在气象执法人员多次执法督促后，该公司却总是找各种理由推诿并拒绝检测，为加强布尔津县防雷安全监管、依法规范防雷装置检测工作，布尔津县气象局对该公司进行了行政处罚决定并申请法院强制执行。本案中，现场询问笔录、现场勘验检查笔录等法律文书均符合法定程序的要求，从形式上保证了行政处罚决定的公正性和可接受性。

（四）执法程序和适用法律应更明确

本案中的执法程序在办案过程中有些简化。完善的办案程序应为：执法人员出示行政执法证件表明身份；现场查清违法事实，制作检查、调查笔录；告知违法事实、处罚依据、当事人权利；听取当事人陈述和申辩；制作《气象行政处罚决定书》，填写现场处罚决定书，举行听证会。本案中提到执法人员要求该公司按国家相关规定进行防雷装置年检。未能具体指出什么法律法规，做出处罚决定时也未能引用具体法条。在实际的行政执法过程中，执法人员应该非常熟悉法条并正确运用法条，明确告知当事人，根据《防雷减灾管理办法》第四章第十五条"防雷装置实行定期检测制度。防雷装置检测为每年一次对爆炸危险环境的防雷装置可以每半年检测一次"，必须进行防雷装置检测，否则是违法行为。根据《防雷减灾管理办法》第三十五条规定，做出处罚决定。本案在处理过程中，在执法文书上需要填写的相关法律名称没有填写清楚、全面，也从侧面反映出强化执法人员专业知识和执法能力，提升执法水平，培养一支具有专业知识的高素质的执法队伍，是气象部门正确高效履行气象行政执法职能的关键。

新疆房地产公司防雷装置设计
未经审核擅自施工案

一、案情介绍

2014年5月26日，新疆维吾尔自治区气象局执法总队在检查乌鲁木齐市区新建项目防雷安全时，发现某房地产公司位于头屯河区的某小区在建工程项目存在未经防雷装置设计审核擅自施工建设的嫌疑。为避免此项目因雷电而引发安全事故，依据相关法律法规，告知该公司应于15日内办讫防雷设计审核相关事项。

为了进一步调查、取证，执法人员进行了现场登记。2014年9月22日，执法人员再次进行执法检查时查明：该公司某小区在建工程项目所属3号地2、3号楼高层商住楼，1、2号楼高层公寓楼，4号地1号楼高层住宅楼、2号楼商业楼等子（分）项目均未经过防雷装置设计审核，擅自施工。执法人员进行现场勘验检查取证，下达《责令整改通知书》。

2014年10月15日执法人员查证，涉事公司在规定期限内并未落实整改，即：上述子（分）项目在未取得《防雷装置设计核准意见书》的情况下仍在施工。执法人员现场拍照，制作《现场勘验检查笔录》，并前往涉事公司会晤相关负责人，并对行政执法相对人进行了调查询问取证，下达了《责令停止违法行为通知书》。随后涉案公司提交书面材料陈述理由并说明有关情况。

2014年10月28日，鉴于涉案公司拒不改正的事实，执法总队召开案件专题会，决定申请上级召开案件讨论会。

2014年11月3日，新疆维吾尔自治区气象局召开案件讨论会，决定对涉事公司给予警告，8项违法子（分）项目分别处以9万元罚款。

2014年11月13日，执法人员送达《行政处罚告知书》《听证告知书》，遭到拒绝签收；执法人员对文书留置送达并邮寄送达。

2014年11月17日，涉案公司申请举行听证会。

2014年11月28日，新疆维吾尔自治区气象局如期举行听证会。会上，涉案公司对案件本身未提出质疑，双方就延长整改期限达成共识。

2014年12月22日，涉案公司派员携带涉案项目防雷核准文件，申请撤案。

2014年12月24日，新疆维吾尔自治区气象局会议决定，对涉案公司免于行政处罚。

二、办案经过

（一）调查取证

新疆维吾尔自治区气象局依法调查，收集了以下证据。

1.《新疆维吾尔自治区气象行政执法检查记录表》

新疆维吾尔自治区气象局执法总队例行检查，填写《新疆维吾尔自治区气象行政执法检查记录表》进行登记，要求行政执法相对人办理防雷设计审核事项。通过该证据可以初步认定有违法嫌疑。

2.《现场勘验检查笔录（1）》

执法人员对现场施工和防雷装置设计审核情况进行检查登记取证，由现场负责人员签字确认。该证据用以证明该公司存在未经防雷装置设计审核擅自施工的违法事实。

3.《责令整改通知书》《立案审批表》

该证据可以证明案件处理符合法定程序。

4.《调查询问笔录（2）》

执法人员在取得了上述证据的基础之上，前往公司会晤相关负责人，调查询问取证。经过再次取证，确认了以下事实：某小区在建工程项目所属子（分）项目均未经过防雷装置设计审核，擅自施工。

5.现场拍照（30张）

该证据可以证明涉事房地产公司位于头屯河区的某小区在建工程项目及所属子（分）项目未经防雷装置设计审核（核准），在擅自施工建设。此外，结合证据4可证明该公司经责令整改后仍不改正。

6.《责令停止违法行为通知书》

该证据可证明执法活动符合程序要求且该公司经责令整改后仍不改正。

7.《处罚告知通知书》《听证告知书》

执法总队召开案件专题会，申请召开行政会议讨论案件。召开行政会议决定发出《行政处罚告知书》《听证告知书》。该证据可以证明执法行为符合法定程序要求，且向当事人告知了法定权利。

8.《案件讨论记录》《听证会记录》

该证据可以证明涉案公司对案件本身未提出质疑，双方就延长整改期限达成共识。

（二）处理结果

在听证会上，双方就延长整改期限达成共识。当事人办结涉案项目防雷装置设计审核事项，提交核准文件，申请撤案。鉴于当事人提高了思想认识，积极落实整改，办结了涉案项目《防雷装置设计核准书》，改正违法行为；经行政会议研究决定，免予行政处罚。

三、案件启示

（一）违法主体需要正确认定

本案在调查取证过程中认定：位于头屯河区的某小区在建工程项目为某房地产公司所开发，拥有所建项目的产权，所以认定其为违法主体。总包方是受业主方委托，承担项目的设计、施工、监理工作，不属于违法主体，但具有违法连带责任。

（二）执法要文明，取证要耐心，证据要确凿，形成的证据链要完整

本案现场取证（施工地）共4次，辅助取证（公司）2次。行政执法过程中，取证环节最为关键，也是最难的环节。办案执法人员始终坚持文明执法，耐心取证。一是执法要出示证件，亮明身份；二是坚持文明用语，书面往来，最大诚意地沟通；三是取证文书必须签字、画押，形成效力；四是调查询问要动之以情，晓之以理，营造积极向上的工作氛围；五是执法人员要表现出足够的耐心和诚意，争取最大化的效率；六是调查取证要不拘泥于一种形式，积极开动脑筋、发散思维，集中精力争取到最好的理解和工作配合。

检查和调查取证，最重要的三类证据需要取全、取准确；证据确凿，形成的证据链需完整。

一是制作《现场勘验检查笔录》，信息准确，内容完整，无大的偏颇和失误。本案中《现场勘验检查笔录》载明了：时间、地点、行政执法相对人（责任人信息）、所建项目、包括子（分）项目、开工和预计竣工时间、设计的防雷类别（须为三类以上）、目前施工状况、是否办理了防雷装置设计审核事项（查无核准文件）等。

二是现场要拍摄照片，排版打印。其中，作为主要对象，施工现场标志牌、正在施工的子（分）项目施工现状等都要拍照取证。查阅相关文件，并复制。

三是制作《调查询问笔录》。一般调查询问选择的对象为工程部（项目部）、公司前期部、公司分管领导人等。《调查询问笔录》一般为格式化，须按照固定的格式填写。询

问的内容应当包括被调查人身份、职责，项目的建设情况，办理防雷设计审核的情况（特别是：未经防雷装置设计审核，擅自施工的事实），项目管理责任人的身份确认，相关管理规定告知等。

值得注意的是：三类证据需相互关联、相互印证。现场检查笔录载明的是主要违法事实和主要信息。调查询问笔录、图片和文件材料作为辅助证据，必须印证上述违法事实和信息。最后，各类证据形成一个相对完整的证据链，直指行政执法相对人已经构成了违法的事实。依据相关法律、法规和规章的某条某款某项，取得的证据足以证明这些违法事实需承担怎样的法律责任。

（三）执法流程要严谨，执法行为应规范，执法环节需闭合

行政执法需要专业化，达到专业化的水平。一般地，执法人员进行执法检查和案件调查时，须严格遵守执法流程、规则。譬如本案，在第一次检查时要初步认定其涉嫌违法，将违法的事实、根据等信息完整采集，登记于《执法检查记录表》《现场勘验检查笔录》。所下达的《责令整改通知书》，依据以上违法事实证据及相关法律责任条款。执法行为中的检查登记、勘验检查和下达文书均需规范化、程序化，努力做到严谨、准确、无疏漏，并避讳随意更改、缺失贻误。

掌握了违法证据后，需要确定案件承办人。承办人适时填写《立案审批表》，办理立案手续。

调查取证结束后，承办人应当及时向主管领导汇报，申请召开行政会议进行案件讨论。行政会议形成决定后再实施行政处罚告知和听证告知。听证会的环节不可省略，尤其是本案属于大额罚款，承办人更应当向当事人主动说明其拥有的权利，并努力劝解其提出听证申请。

本案中承办人在送达《行政处罚告知书》时曾遭到涉事公司综合部人员的拒签。承办人将文书留置送达并拍照。由此留置送达也受到了拒绝。承办人为确保送达有效，采取邮寄送达作为补救。当当事人提出听证申请之后，处罚告知送达被印证有效。至此，处罚告知、听证告知环节与调查取证、其后可能的处罚决定等其他执法环节形成闭合，确保了执法流程的完整性。值得执法人员注意。

（四）处罚是一种教育手段，提高认识、改正错误才是目的

本着《中华人民共和国行政处罚法》处罚与教育相结合的原则，行政处罚是法律制裁的一种形式，但又不仅仅是一种制裁，它兼有惩戒与教育的双重功能。处罚不是目的，而是手段，通过处罚达到教育的目的。行政机关在行政处罚的适用中应当始终坚持教育与处罚相结合。

　　本案中即便当事人最终改正了违法行为，但作为行政机关依然可以事后追究其前期的违法责任，并做出行政处罚决定。充分考虑到本案的实际情况，本案在完成调查取证和实现了处罚告知之后，当事人提出听证，达成共识并积极办理防雷设计核准事项，未造成后果损失和社会负面影响，故会议决定免于实施行政处罚。

合肥市某药业有限公司防雷装置竣工验收许可案

一、案情介绍

2014年7月18日上午10时，安徽省合肥市某药业有限公司工作人员程某到合肥市人民政府政务服务中心气象窗口办理该公司新建的1号、2号生产厂房的防雷装置竣工验收许可。气象窗口及时受理，仔细核查，经过打证、发证、归档等流程依法准予行政许可，大约20分钟后程某从气象窗口领取了该项目的《气象行政许可决定书》和《防雷装置验收意见书》。

二、办案经过

按照合肥市人民政府政务服务中心自2012年6月起实行的标准化服务流程的要求，办理防雷装置竣工验收许可时，应在政务服务中心审批系统中记录每个流程环节办理的时间。该案依照表1所示流程办理。

表1　防雷装置竣工验收办理时间矩阵流程

流程		受理	审核	打证	发证	归档	作业时间（分钟/件）	承诺时限
责任人		杨某	张某 王某	李某	周某	徐某		
作业步骤	1	前台受理					5	1小时
	2		后台审核审批				10	1小时
	3			后台打证			5	1小时
	4				发证		3	1小时
	5					归档	2	1小时
合计							25	1天

（一）受理

气象窗口前台工作人员现场接收程某提交的书面申请材料，逐一登记申请时间、申请人、申请事项、提交的材料情况。经查，申请人提交的申请材料齐全且符合法定形式，决定予以受理。前台工作人员在《防雷装置竣工验收申请书》中的"办理结果"一栏签"同意办理"字样并签名盖章（合肥市气象局行政许可专用章），并告知申请人办件需要的大概时间，请其在前台休息区等候。同时，前台工作人员按规定在《防雷装置竣工验收风险防控措施执行单》的"受理、初审"环节签名。

（二）核查

完成受理后，书面申请材料移交至后台工作人员进行复审，通过"安徽省防雷技术服务系统"核查该项目前期的防雷装置设计审核等相关资料。核实无误后，后台工作人员按规定在《防雷装置竣工验收风险防控措施执行单》的"复审"环节签名，并将申请材料移交至窗口负责人（即代表审批机关负责人行使审批权力的"首席代表"）。

（三）审批

窗口负责人再次核查无误后，在《防雷装置竣工验收风险防控措施执行单》的"审批"环节签字同意，返回后台工作人员制作《气象行政许可决定书》（一式二份）和《防雷装置验收意见书》。

（四）发证（处理结果）

前台工作人员复核《气象行政许可决定书》和《防雷装置验收意见书》后递交给申请人程某，程某在《气象行政许可决定书》的"领取人"一栏签名后领取了该项目的《防雷装置验收意见书》。前台工作人员按规定在《防雷装置竣工验收风险防控措施执行单》的"发放"环节签名。

（五）归档

前台工作人员将办理结果录入"合肥市政务服务中心审批系统"和"合肥市政务信息公开系统"，通过合肥市人民政府信息公开网向社会公示。后台工作人员及窗口负责人整理书面材料，制作"防雷装置竣工验收许可档案"，并按规定在《防雷装置竣工验收风险防控措施执行单》的"整理归档"环节签名。

至此该项许可办理结束，整个办理时间约20分钟。

三、案例启示

（一）政务服务中心气象窗口"一站式"服务模式

本案行政审批采取政务服务中心气象窗口"一站式"办理模式，主要依据《气象行政许可实施办法》（中国气象局第17号令）第十六条：气象行政许可需要气象主管机构内设的多个机构办理的，该气象主管机构应当确定一个机构统一受理气象行政许可申请。建立气象行政许可服务窗口的气象主管机构，由该服务窗口负责统一受理气象行政许可申请，统一送达气象行政许可决定。

按照以上条文中"统一受理"的要求，气象行政许可服务窗口须设"首席代表"，持有"合肥市气象局行政许可专用章"，能够代表审批机关负责人行使审批权力。此案发放的《防雷竣工验收意见书》，按照正常流程需由合肥市气象局防雷工作管理科室核查、分管局长进行审批，现统一由窗口人员办理，符合《中华人民共和国行政许可法》的便民、高效原则。

（二）优化审批流程、提高办事效率

防雷装置竣工验收审批事项的流程为申请—受理—发证，法定时限10个工作日。按照合肥市人民政府优化办事流程的要求，合肥市气象局简化申请材料，优化服务流程，将该项许可缩短为1个工作日审批，由承诺件改为即办件，大大缩短办案时间。

本案为即办件，申请人即在办事窗口等待办理结果，因此，在《防雷装置竣工验收申请书》的"办理结果栏"中签字盖章，可代替《行政许可申请受理通知书》，简化"受理"流程。《气象行政许可决定书》（一式二份）需申请人签字领取，可代替《送达回证》，简化"送达"流程。此外，《防雷装置设计核准意见书》、施工单位资质证等申请材料可在"安徽省防雷业务系统"进行核实，故不再要求申请人提供复印件等书面材料，尽可能减少申请人提供此类重复材料。此举明显提高了审批办理效率，受到了申请人的一致好评。2015年年初，气象窗口在市效能办"加强服务窗口效能建设、争创群众满意服务窗口"活动测评中，荣获"合肥市群众满意窗口"表彰。

（三）强化气象行政审批廉政风险防控

行政审批环节是廉政风险防控的重要节点，在优化审批流程的同时确保廉政风险防控措施不放松。通过将《防雷装置竣工验收风险防控措施执行单》嵌入到审批流程，从受理环节开始就启动廉政风险防控，在审查受理条件、做出受理决定、初审、复审、审批、发

证等环节均有工作人员现场签字。由于《防雷装置竣工验收风险防控措施执行单》流程与办案流程一致，所以既可保证办件效率，也可做到廉政风险防控。

（四）案卷整理归档需符合要求

1．文书格式必须规范

提供给申请人的《防雷装置竣工验收申请书》《防雷装置整改意见书》等格式文本依据《防雷装置设计审核和竣工验收规定》（中国气象局21号令）。

2．入卷材料需按照办理流程顺序编入

入卷的案卷材料中可反映出办案流程是否规范，办件的时间是否符合办件期限规定，申请人提供的办件材料是否齐全且符合法定形式等。

3．按规范标准整理档案

一事一卷，每个建筑项目归为一卷，使用统一规范的卷宗封面。一卷一号，卷内目录填写规范，卷内材料有页码，装订整齐且纸张无破损，卷内文字应当使用蓝黑色、黑色钢笔或签字笔，当事人提供的材料使用圆珠笔的，入卷应予复印等。

4．加强电子档案的归档整理

随着行政许可权力运行数据电子化、流程标准化、办理网络化、监督实时化的发展，电子档案的信息量更大（如建设项目的防雷设计电子图纸等资料），具有方便查阅、保存的优势。因此，在整理书面案卷的同时也应做好电子档案整理。

（五）开展执法案卷评查，规范行政审批行为

优秀的案卷可以反映气象行政许可工作的规范。合肥市气象局一直以来都十分重视行政执法案卷的规范管理，按照安徽省气象局要求，全市采用全省统一的服务指南和防雷行政许可告知单、《防雷装置设计核准意见书》和《防雷装置验收意见书》等许可文书。合肥市气象局以合肥市人民政府法制办每年一度的执法案卷评查工作为抓手，依照合肥市人民政府法制办和中国气象局政策法规司制定的行政许可案卷评查内容和标准，从自身开始规范。同时，市局针对县（市）局案卷管理开展不定期检查，推动全市气象行政许可案卷的规范，促使各县（市）局气象行政许可工作的行为规范、服务优质。

（六）严格管理，不断提高窗口工作人员业务水平

窗口是政府部门为民服务的前台，气象窗口工作人员的一言一行都代表着气象局的形象。窗口工作人员严格执行行政服务中心制度和服务标准，自觉接受政务服务中心、单位、办事群众的监督，认真行使权力。合肥市气象局定期邀请法律专家开展《中华人民共和国行政许可法》《中华人民共和国气象法》等法制讲座，增强工作人员理论水平。同

时，注重对气象窗口人员的管理和监督，不定期进行明察暗访，督促窗口工作人员做到规范服务、优质服务。图1为合肥市防雷装置竣工验收许可办理流程，可供参考。

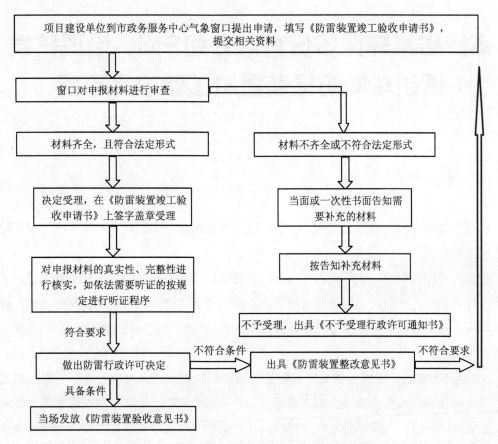

图1　合肥市防雷装置竣工验收许可办理流程图

福建省某环保股份有限公司PM$_{2.5}$治理研发试验车间防雷装置竣工验收许可案

一、案情介绍

福建省某环保股份有限公司PM$_{2.5}$治理研发试验车间为一栋地上六层地下一屋钢筋混凝土框架结构厂房。

根据防雷相关标准，该行政许可项目的防雷保护措施应按三类防雷建筑物设计，工程利用基础钢筋作接地网，利用建筑物所有砼柱主筋作引下线，防雷接地、保护接地、弱电接地共用一接地网，工频接地电阻设计要求不大于1欧姆，采用ϕ12毫米圆钢在屋面易受雷击的部位敷设接闪带。

2014年12月8日，受福建省某环保股份有限公司法定代表人的委托，李某来到福建省龙岩市行政服务中心管理委员会市气象局窗口，申请办理PM$_{2.5}$治理研发试验车间防雷装置竣工验收行政许可，并当场提交申报材料：《防雷装置竣工验收申请书》；《防雷装置设计核准意见书》；《防雷装置检测报告》；防雷产品测试报告；防雷产品合格证；防雷产品安装记录；施工单位的资质证书及施工人员的资格证书；防雷装置竣工图纸；申请单位的授权委托书、经办人身份证。

气象窗口对申报材料的进行了初步审查，认为申请人提交的材料齐全且符合法定形式，予以受理；审批部门经过对申报材料的审核，认为该项目防雷装置符合验收要求，同意出具防雷装置验收意见书，并当场送达。

二、办案经过

（一）受理

窗口工作人员对李某提交的申报材料进行了初步审查，认为申请人提交的材料齐全且符合法定形式，决定给予受理，出具受理通知书并当场送达。

（二）审核

申请人申请开通了绿色通道服务，龙岩市气象局审批科立即组织对送审材料进行审核，压缩办件时限。经审核，该项目的防雷装置按照核准的施工图完成施工，安装的防雷装置（接闪带、屋面接闪带工频接地电阻、接地排、MEB（总等电位联结）、楼梯扶手、竖井接地扁钢等工频接地电阻、接地测试点工频接地电阻、屋面消防管、爬梯等工频接地电阻）符合设计要求，电源防浪涌保护器具有出产合格证，安装记录齐全，检测报告中结论合格。

需要注意的是，在审核检测报告时，应着重核查以下几方面：

1．项目名称需一致

防雷装置竣工验收申请书上的申请项目与防雷装置设计核准意见书上的项目名称以及检测报告上的项目名称要一致。

2．检测报告需在有效期内

申请单位提出许可申请时，提交的检测报告必须是由具有资质的检测机构提供的有效期内的检测报告，检测报告若超过有效期，申请单位需重新提交有效的检测报告。

3．检测结论需全部符合设计要求

申请单位提交的检测报告中，所有的检测结论都必须符合设计要求。检测结论中若有不符合设计要求的事项，负责验收的气象主管机构提出整改要求，申请单位整改后重新申请竣工验收。

4．浪涌保护器合格证型号与检测报告上的型号需一致

申请单位提交的浪涌保护器合格证上的规格型号需与检测报告上的型号一致，合格证上的检验日期应该早于检测报告上的检测日期。

（三）办结（处理结果）

该申请人提交了符合法定要求的全部申请材料，该项目防雷装置符合验收要求，审批部门同意出具防雷装置验收意见书。

窗口工作人员根据审核意见立刻制作防雷装置验收意见书并当场送达，业主单位的经办人签收了送达回证。该行政许可项目当天办结。

三、案件启示

（一）行政许可权力运行中无偿原则的必要

行政许可无偿原则，指的是行政机关作为行使国家行政权力的国家组织，其所有的行政活动均不以盈利为目的，其维持正常组织运转所需的经费，均由国家财政予以充分保障。因此，在理论上，行政行为（依法征收税款行为除外）都不得再向纳税人收取任何名目的费用。

关于本案例中许可无偿原则，表现在行政许可的设定和实施及其各个阶段，具体从以下两个角度把握。

1. 在行政许可的设定上，根据《中华人民共和国行政许可法》规定："行政机关实施行政许可，依照法律、行政法规收取费用的，应当按照公布的法定项目和标准收费。"因此，行政许可的收费只有法律、行政法规才有权予以设定，其他任何规范性文件皆不得设定，否则即为无效。至今，没有一部法律、行政法规规定防雷装置竣工验收需要收取费用。

2. 在行政许可的实施上，主要表现：一是申请人提出申请无须缴费，许可机关提供的申请书格式文本也是无偿提供的。本案例中，许可机关龙岩市气象局无偿提供申请书格式文本。同时，龙岩市气象局在行政许可受理通知书中也作了明确说明"不需要缴费"。二是在对许可申请进行审查过程中，申请人不承担任何费用，提出听证也不必缴费，即使许可机关发放许可证件也不应收取工本费。龙岩市气象局在审查过程中没有收取任何费用，包括工本费。三是行政机关在实施许可中，不得向申请人提出购买指定商品、接受有偿服务等不正当要求。在办理许可中，不得索取或者收受申请人的财物，不得谋取其他利益。龙岩市气象局在办理许可时，亦严格贯彻无偿原则。四是许可机关在对行政许可事项进行监督检查时，不得巧立名目收取任何费用，不得索取或者收受被许可人的财物。

行政机关遵循行政许可无偿原则具有重要意义。一是被许可人因为无偿获得许可从而减轻了经济负担。二是行政机关因为许可无偿而失去了创设许可的利益驱动，从而有利于减少许可，深化了审批制度改革。同时，公务人员也因许可无偿的约束而降低了腐败的概率，合乎气象行政许可中的公开、公平、公正的原则，从而有利于维护政府的形象。

（二）行政许可效率原则的有效运用

行政许可效率原则，是指行政许可机关不仅应当按照法定程序在规定的时限内及时办理行政许可事项，不得无故拖延，而且必须以最小的许可管制成本（即用最短的时间、最少的人力、财力和物力，以及最少的损害等）来实现既定的行政管理目标，使社会效益最大化。行政许可机关在具体的许可实施过程中，应当责任到人，简化内部办事程序，避免相互推诿扯皮。严格遵守法定的时限要求，杜绝拖延和超期不办情形。

本案中，根据相关法律法规，该行政许可项目的法定时限为10个工作日。为贯彻行政许可效率原则，提升审批效率，龙岩市气象局对办理防雷装置竣工验收时限进行承诺，许可项目在5个工作日内办结，极大缩短的办理时限。如果当事人申请开通绿色通道服务，办理时限再压缩，将缩短为3个工作日。案例中当事人申请了绿色通道服务，龙岩市气象局依法当天就给予了行政许可，正是遵循行政许可效率原则的体现。

（三）行政许可便民原则的贯彻执行

行政许可便民原则，指行政机关为申请人提供便捷的服务。一是在申请行政许可的方式上，既可以是申请人自己亲自去行政机关提出申请，也要允许申请人委托代理人代为申请。二是在申请受理方面，许可机关对符合要求的应当立即受理。对不符合条件的应当告知其需要补正之处并允许当场更正，如果没有告知则视为已经受理。对不属于自己职责范围的应当立即告知申请人相关情况。三是在审查过程中，需要许可机关内设多个机构办理的，应当确立一个机构统一受理和送达许可决定。需要两个以上行政机关分别实施的，则应确定一个机关统一受理或者联合办理、集中办理。

市气象局许可窗口入驻龙岩市行政服务中心，体现的是便民原则。市气象局对纳入行政服务中心管理委员会的行政许可事项全部授权到位，直接由审批科负责审核签批，减少了审批环节，杜绝了"体外循环"，避免了办事人员两头跑，又极大方便了群众。

（四）检测报告的核实工作需规范

1. 检测报告的现场核实工作亟待开展

根据《防雷减灾管理办法（修订）》规定：负责验收的气象主管机构接到申请后，应当根据具有相应资质的防雷装置检测机构出具的检测报告进行核实。符合要求的，由气象主管机构出具验收文件。不符合要求的，负责验收的气象主管机构提出整改要求，申请单位整改后重新申请竣工验收。目前，该行政许可没有进行现场核实，均依据检测报告的结论予以出具防雷装置验收意见书。在深化行政审批制度改革，全面放开检测资质的大环境下，防雷装置的现场核实工作亟待开展。

2. 检测报告的内容需进一步规范

《防雷减灾管理办法（修订）》规定：出具检测报告的防雷装置检测机构，应当对隐蔽工程进行逐项检测，并对检测结果负责。检测报告作为竣工验收的技术依据，检测报告中却没有隐蔽工程验收的相关记录。因此，技术服务机构对检测报告的内容需进一步规范。同时，行政机关也要加强事后监管，强化对技术服务机构的监督管理。

上海市金山区气象局开展危险化学品
行业防雷安全专项整治行动案

一、案情介绍

2015年8月12日，位于天津市滨海新区塘沽开发区的天津东疆保税港区瑞海国际物流有限公司所属危险品仓库发生爆炸，造成极其严重的人民生命及财产损失。上海市金山区是中国七大化工园区之一。为保障金山区的社会稳定和城市安全运行，金山区气象局决定开展危险化学品行业防雷安全专项整治行动，于2015年8月24日—9月1日对该区9个乡镇、工业区内的83家生产、储存危险化学品企业的易燃易爆场所进行了执法检查，完成了专项整治行动的第一阶段工作。之后进行第二阶段的监督整改工作，整个行动方案于2016年5月底前结束，期间完成这些企业的防雷安全闭环式管理。

二、办案过程

（一）行动发起

2015年8月13日，"8·12"天津港爆炸事故后的第一个工作日，上海市金山区气象局立即召开了局务会议，初步确定开展全区范围内的防雷安全专项整治行动。由于该局自2004年以来一直参与区内其他安全管理部门，如消防、安监、质监等部门主导的联合执法行动，且在近几年也有过小规模的自主专项检查行动，有较为成熟的气象执法基础和经验，故决定主导开展此次执法检查。会议对此次行动做了初步的要求：一是行动总体目标，即要实现区内危险化学品企业的防雷安全闭环式管理。二是行动的第一阶段时间节点，该局自加压力，要求务必在9月3日世界反法西斯战争暨中国抗日战争胜利70周年大阅兵之前完成。三是寻求支持，在检查对象如此众多、执法人员不足的情况下，要想在如此短的时间内完成任务，只有寻求全市气象执法力量和区内安全生产管理部门的帮助。在明确以上三点后，该局领导立即向上海市气象局及金山区人民政府领导汇报情况，获得了同意开展行动的指示，同时上级领导也对行动提出了要求和建议。基于行动的复杂性和紧迫性，该局领导当即决定召开专项行动专家研讨会，于当日下班前将会议通知发送至各有关单位并电话确认与会人员。

（二）专家研讨会

2015年8月17日上午，上海市金山区气象局召集市气象局政策法规处，市防雷中心，金山、奉贤、松江、青浦、闵行、嘉定区气象局的行政执法人员，以及金山区安监局、各镇安全办的安全管理专家召开了研讨会，明确了专项行动各要素：

一是确认行动对象。经区安监部门专家的建议，本次专项行动应突出重点，把全区范围内一旦发生雷击事故将造成严重影响的，生产、存储危险化学品的企业作为本次专项行动的对象。

二是确认行动主体及分工协作。首先明确部门责任，根据《中华人民共和国气象法》《中华人民共和国安全生产法》《防雷减灾管理办法》及《上海市实施〈中华人民共和国气象法〉办法》，明确金山区气象局作为县级气象主管部门，为此次行动的主导部门，上海市气象局、其他区县气象局、上海市防雷中心、金山区安监系统协助参与执法行动。其次明确派出人员要求，即各级气象局应派出具有执法资格的人员作为行政执法人员，市防雷中心应派出具有专业技术资格的人员作为技术认定人员，区安监部门尽量派出具有执法经验的工作人员作为协助人员。

三是确定了专项行动阶段任务和时间节点。行动分为两个阶段。第一阶段为现场检查阶段，需要将企业存在的防雷安全隐患，尤其是易造成火灾、爆炸等严重次生事故的防直击雷及感应雷方面的问题检查出来，提醒企业引起重视，有条件的立即整改，暂时没有条件的应做好整改计划，并在雷电发生期间注意防雷安全。这一阶段应在9月2日之前结束，确保9月3日阅兵活动之前不再突发有社会影响的安全生产事故。第二阶段为落实整改阶段，金山区气象局下发正式的法律文书，责令企业在规定时间内完成整改，初步计划在2015年底完成。

研讨会结束后，立即形成会议纪要，并发送至各有关单位。

（三）专项整治行动开始

2015年8月18日，该局下发了金气发〔2015〕27号《关于开展我区危险化学品行业防雷安全整治的通知》，明确了整治行动的各项部署，标志着行动正式开始。金山区安监部门于当天提供了全区合法正常开工的生产、存储危险化学品企业名单共计83家，以及这些企业的规模、地址、联系人、涉及危险品类别、化学品注意事项及紧急情况应对措施等，方便了行动的开展。

（四）细化第一阶段行动计划

2015年8月19—21日，金山区气象局细化制订了第一阶段行动计划。一是根据各单位提交参加行动的人员名单，以及83家企业的规模及地址，排出每个检查小组的检查对象。每个检查小组至少包括2名具有执法资格的执法人员，2名具有专业技术能力的技术人员。金山区气象局全员参与，派出2名执法人员和10名检查人员，上海市气象局法规处及其他区县气象局派出12名执法人员，上海市防雷中心派出6名技术人员，按照每天3个检查小组、每组4人以上的配置标准进行。金山区安监部门共派出13人次参与本次行动。二是确认现场检查装备是否充分。检查装备包括车辆、仪器、服装、安全帽、护目镜、防毒面具、电工鞋等设备。三是制订现场检查的文书格式。

（五）现场执法检查

2015年8月24日—9月1日，检查小组开展了对83家企业的现场执法检查。检查过程如下。

1. 检查组在不事先告知企业的情况下直接到达厂区，向当值企业安全干部说明来由及出示执法证件，在得到企业认可后进入厂区的办公区域，检查企业最近一期的防雷装置年度检测报告，并听取企业防雷措施方面的工作情况汇报。

2. 检查组在穿戴好防护设备、了解并遵守企业各项安全生产制度后，进入生产、存储危险化学品的区域进行检查。

3. 在现场检查完成后，向企业告知在检查中发现的问题，初步确定落实整改事宜，以及要求其在整改完成前应注意雷电天气时的防雷安全。

4. 填写现场检查记录表，将发现的问题及告知情况如实记录，作为本次检查的现场执法记录案卷。检查组和被查企业安全干部签字确认后，本次检查结束。

（六）初步统计提交简报

经初步统计，被检查的83家企业全部进行了防雷装置年度安全检测，现场检测未查出严重防雷安全隐患，但其中61家企业存在轻微防雷安全隐患，同时有12家企业明确表示将进行产业结构调整，整体外迁或不再从事危险化学品行业的经营。金山区气象局于2015年9月2日以简报形式，向上海市气象局及金山区安委办作了信息上报，并在金山区气象局官方网站贴出通讯稿。

（七）进行资料汇总并开始推进第二阶段工作

2015年9月7日起，金山区气象局整理了83家企业的现场检查记录表，并进行了电子化处理。研究分析了每一家企业发现的问题，制作了《责令整改通知书》，并择时发出。下一步开始第二阶段工作，督促需要整改的企业，在年底前完成整改工作。

三、案件启示

（一）体现气象部门社会管理职能

目前，气象行政审批是最能体现气象社会管理职能的工作，而类似此次的安全执法检查原来并不多。加强防雷执法检查，管好防雷，证明防雷安全事关社会稳定，能够体现气象部门的社会管理职能。

（二）加强防雷事中、事后监管

目前气象部门存在重行政审批、疏于事中、事后监管的问题。根据现行的《中华人民共和国气象法》及有关法律法规，气象部门应对投入使用后的防雷装置进行事中、事后监管，尽量多地安排执法力量进行后续监管。本次专项执法行动其实质就是一次针对危险化学品企业的事后监管行为。危险化学品企业是最具危险性、雷电防护等级较高的企业。在完成这部分企业的防雷安全闭环式管理后，将很大程度上消除出现较为严重雷击灾害事故的可能性，保障了防雷安全。

（三）破除层级、地域、部门限制，整合执法力量

单个气象局的执法力量确实相当有限，很难在短时间内开展有影响力的执法行动，所以要争取多方的力量支持。在气象系统内部，要争取集体执法力量支持，有效开展此类行动。同时防雷工作技术性较强，还需要邀请技术部门的介入，增强执法行动的准确性和技术权威性，让企业心悦诚服。而外部门的支持，如安监、消防部门的支持和协助，也是必不可少的。

（四）兼顾稳定与发展，实行人性化执法

人性化执法是执法的深化和完善，是执法态度、服务方式等发生变化的外在表现，实质上是执法工作的优化和执法质量的提高，是政治文明在执法领域的生动体现。在此次行动中，金山区气象局发现多数企业虽然存在一定的防雷安全隐患，但基本防直击雷装置均有效，只是一些细节部分的遗漏。但由于危险化学品企业自身的安全要求，在生产期间不允许出现烧焊等明火现象，若强行要求企业立即整改，一则停产造成的损失将非常大，二则违规动火反而会引发更大的安全生产隐患。同时小部分企业因金山区产业结构调整，在

年底前将实施整体外迁，强行要求其整改可能激化企业和政府间的矛盾。结合当地气候实际，9月份起发生雷电现象也比较少，故再三权衡之下，要求企业在冬季停产检修期间完成整改，于明年雷雨季节到来之前完成防雷年度安全检测，并将检测报告报备至金山区气象局。

金山区气象局始终认为，社会管理和行政执法的目的是实现社会和谐，必须兼顾稳定和发展。在实体经济下滑的背景下，政府部门在确保安全的同时，应尽可能地帮助企业度过"寒冬"。人性化执法既达到了执法目的，也充分考虑了企业的实际情况，体现了气象部门的社会责任，也获得了社会的尊重。

鹤岗市某公司加油加气站防雷装置
"未批先建、未验先投"案

一、案情介绍

2015年3月2日10时许，黑龙江省鹤岗市气象局从鹤岗市安全生产委员会办公室公函获悉，鹤岗市某公司加油加气站防雷装置未进行定期检测且存在等电位连接不规范的问题。2015年3月2日13时30分，鹤岗市气象局立即派出三名执法人员到该公司进行现场调查、取证。

鹤岗市气象局高度重视此事，为依法处理本案，先后召开多次专题会议，集体研究鹤岗某公司加油加气站防雷安全相关问题。根据我国现行的相关法律、法规、规章，鹤岗市气象局认定：鹤岗市某公司加油加气站存在防雷装置设计未经审核而擅自施工和防雷装置未经验收而擅自投入使用两项违法行为，事实清楚、证据确凿。考虑到鹤岗市某公司的特殊性（公益事业），且该公司已认识到问题的严重性、能够积极主动做好防雷问题、安全隐患的整改，并且没有造成重大影响和危害后果，会议最终决定不予行政处罚。该公司补办了防雷装置设计审核、竣工验收相关行政审批手续，防雷技术整改工作均已完成。

二、办案经过

（一）调查取证

鹤岗市气象局在决定不予行政处罚的过程中，依法进行了调查取证，并收集了下列证据。

1. 对鹤岗市某公司加油加气站及其负责人进行了现场勘查和询问，制作《气象行政执法现场勘验检查笔录》《气象行政执法调查询问笔录》《责令限期整改通知书》和《防雷技术整改通知》，证明鹤岗市某公司加油加气站存在防雷装置设计未经审核而擅自施工和未经验收而擅自投入使用这两项违法事实，经防雷技术人员现场检查该站存在等电位连接不规范的安全隐患。

2. 鹤岗市某公司的高层领导多次与鹤岗市气象局法规科、鹤岗市防雷中心沟通，并于3月10日递交了《关于暂缓行政处罚的申请》。证明该公司已经认识到问题的严重性，阐述了整改存在的客观不利因素，并承诺了整改完成时间。

3. 气象行政执法案件讨论记录。证明了鹤岗市某公司积极配合完成防雷设施安全隐患的整改，并补办了改（扩）建工程的防雷装置设计审核与竣工验收的行政许可，没有造成危害后果，最终决定不予行政处罚。

（二）处理结果

针对鹤岗市某公司加油加气站防雷装置"未批先建、未验先投"一案，鹤岗市气象局领导组织了由法规科、综合办公室、防雷中心等科室相关人员参加的"行政执法案件分析会"，进行了集体讨论，参加会议人员一致认定鹤岗市某公司加油加气站存在"防雷装置设计未经审核而擅自施工"和"防雷装置未经验收而擅自投入使用"两项违法行为，事实清楚、证据确凿。考虑到鹤岗市某公司的公益事业属性，且积极配合防雷安全隐患的整改事项，并补办了防雷装置设计审核与竣工验收的行政许可，会议最终决定不予行政处罚。

三、案件启示

（一）行政执法须坚持"以事实为依据，以法律为准绳"的原则，查清违法事实，正确适用法律

在此违法案件中，经鹤岗市气象局执法人员现场对某公司加油加气站负责人询问得知，该公司于2013年10月对原已废弃的加油站进行了改建，为推广新能源产品，同时新建了加气站。办理相关审批手续过程中，在办理建设用地行政许可时遇到困难便停滞不前，其他手续也就一直拖着没有办理，包括规划、消防、防雷等相关行政许可均未办理。

鹤岗市气象局经现场勘查核实，认定该公司加油站、加气站防雷装置是典型的"未批先建、未验先投"，在履行防雷安全主体责任上存在过失，违反了《防雷减灾管理办法》第三章第十五、十六、十七条之相关规定。"第十五条：防雷装置的设计实行审核制度。县级以上地方气象主管机构负责本行政区域内的防雷装置的设计审核。符合要求的，由负责审核的气象主管机构出具核准文件；不符合要求的，负责审核的气象主管机构提出整改要求，退回申请单位修改后重新申请设计审核。未经审核或者未取得核准文件的设计方案，不得交付施工。第十六条：防雷工程的施工单位应当按照审核同意的设计方案进行施工，并接受当地气象主管机构监督管理。在施工中变更和修改设计方案的，应当按照原申

请程序重新申请审核。第十七条：防雷装置实行竣工验收制度。县级以上地方气象主管机构负责本行政区域内的防雷装置的竣工验收。"

《防雷减灾管理办法》第七章第三十四条规定："防雷装置设计未经当地气象主管机构审核或者审核未通过，擅自施工的；防雷装置未经当地气象主管机构验收或者未取得验收文件，擅自投入使用的，由县级以上气象主管机构按照权限责令改正给予警告，可以处5万元以上10万元以下罚款。"据此，气象行政执法人员当场下达了《责令限期改正通知书》，要求该公司立即停止违法行为，并及时补办防雷装置设计审核和防雷装置竣工验收的相关手续；鹤岗市防雷中心技术人员经过现场检查、检测，对防雷安全存在的问题提出了技术整改意见，下达了《防雷装置安全隐患整改通知》。

经过现场的询问调查和现场勘查，认定了鹤岗市某公司加油加气站的违法事实清楚。

（二）行政处罚要在合法的前提下，根据客观实际情况和法律精神灵活处理，合理行使自由裁量权

对此案件，鹤岗市气象局组织召开会议认为，鹤岗市某公司加油加气站防雷装置存在未经气象主管机构进行设计审核而擅自开工建设和未经竣工验收擅自投入使用的事实，必须采取必要的行政或法律措施。此次会议研究决定：该公司经营范围属社会公用事业，且具有一定的公益性，市政府高度重视该公司业务的正常运营，为此，处理此案的原则是"管理从严、处罚从宽，主动服务、消除隐患"，即：一方面要严格依法依规帮助该公司尽快排除防雷安全存在的问题和隐患，做到程序上合法，又要注意此事件的社会影响，避免耽误该公司业务正常运营，干扰市民的正常活动；要求政策法规科组织行政执法人员对该公司违法行为依法进行处罚，针对该公交公司存在的防雷安全问题提出整改意见，及时按照行政执法程序做好督办落实，确保该公司不出现防雷安全责任性事故；同时，会议要求市防雷中心立即组织防雷专业技术人员对该公司加油加气站防雷安全进行系统、全面的检查检测，对有关方面提出的事项逐一核实，并提出防雷安全技术整改意见；市防雷中心要提高主动服务意识，针对该公司存在的各类防雷安全问题要安排专人做好跟踪指导和技术服务，确保该公司能够在雷雨期到来前完成各项整改工作。

按照鹤岗市人民政府指示精神，鹤岗市气象局通过会议的集体讨论，对鹤岗市某公司加油加气站的违法行为处理合法合理，合法为严格依照气象法律法规对其违法事实做出了相应的处罚决定，合理为对其违法行为提出系统的解决方法及意见并帮助其完成整改事项达到防雷安全的标准。

（三）整改过程需要气象部门依法监督、主动服务

在对该公司的违法行为做出行政处罚和技术整改后，鹤岗市人民政府和鹤岗市气象局

先后召开会议进行工作部署。鹤岗人民市政府于2015年4月1日下午召开会议，要求各相关行政管理部门加快行政审批事项的办理工作；鹤岗市气象局于2015年4月2日再次召开了会议，研究市该公司加油、加气站防雷装置设计审核与竣工验收相关事宜；2015年4月14日，鹤岗市气象局致函该公司，要求其尽快办理加油站加气站防雷审批相关手续；截至2015年4月30日，该公司已经补办了防雷装置设计审核、竣工验收相关行政审批手续，《防雷装置安全隐患整改通知》所列整改项目均已整改完成。

该公司在整改期间，鹤岗市气象局行政执法人员多次到该公司进行监督检查和提供政策咨询服务，市防雷中心技术人员也多次到现场提供技术整改业务指导。同时，该公司积极主动准备防雷装置设计审核和竣工验收的相关送审材料，并积极与防雷业务部门技术人员沟通，行动十分积极，使得该公司的防雷装置设计审核、防雷装置竣工验收的行政许可手续和防雷技术整改工作得以顺利完成。

（四）对本案件的几点延伸思考

1. 气象行政执法，需要在"法""理""情"三者间寻求平衡

气象部门在履行法律所赋予的社会管理职责时，还不同程度地存在着管理力度弱和有"真空"地带的现象；同时，当气象行政执法案件在涉及与国计民生、社会稳定密切相关的单位或是当地政府有维护地方局部利益的倾向时，气象部门的行政执法工作会面临更加巨大的压力。本案例中，鹤岗市气象局在处理某公司违法行为时，执法者本着《中华人民共和国行政处罚法》处罚与教育相结合的原则，行政处罚是法律制裁的一种形式，但又不仅仅是一种制裁，它兼有惩戒与教育的双重功能。处罚不是目的，而是手段，通过处罚达到教育的目的。行政机关在行政处罚的适用中应当始终坚持教育与处罚相结合。确立了"管理从严、处罚从宽，主动服务、消除隐患"的原则，在"法""理""情"三者间寻求平衡、协调统一，最终达到了法律效果与社会效果的统一，符合法治建设的基本思想。

2. 防雷安全如何加强监管、杜绝"真空"、减少"死角"是一个值得探讨的问题

从地方政府层面，强化部门协作、开展联合执法、实行并联审批、实现信息共享，可以在很大程度上提升气象部门的社会管理能力；从气象部门自身层面，加强气象执法队伍建设、加大执法经费投入、拓展信息获取渠道、加强政务公开、建立激励机制等措施可以在一定程度上减少气象部门在社会管理中的"死角"；从社会公众层面，加大气象法制宣传力度、完善监督举报机制等措施可以从一定程度上降低"真空"地带存在的可能性。

3. 提高气象行政管理能力需要协调好各方面的关系

导致气象部门行政执法效力弱、社会管理力度低的原因是多方面的。法律所赋予气象部门的行政权力弱、执法效率低、法律强制力在气象执法中难以发挥作用，以及执法队伍相对较弱、执法水平不高等主客观原因只是一方面，更深层次的原因则是社会依法办事的

法律意识不高、法治观念淡薄、对气象法规的重视程度不够。在这种形势下,鹤岗市气象局通过与各行业、各系统的市级行政主管部门建立良好的协作合作关系,加强部门配合,进行挂钩式执法,形成了"政府主导、部门合作、齐抓共管"的防雷安全管理模式,以气象部门管理为主,其他部门管理为辅,在合作中及时沟通、获得支持,逐步提高气象部门依法行政能力。

大理白族自治州某房地产公司"街心花园"项目防雷装置设计未经审核擅自施工案

一、案情介绍

2008年2月22日，大理白族自治州气象局执法人员在防雷安全执法检查时，发现由大理某房地产开发有限公司正在建设的"街心花园"项目防雷装置设计未经当地气象主管机构核准就擅自施工，同日执法人员向当事人下达了《防雷安全检查通知书》，责令当事人于2008年3月7日前到大理白族自治州气象局办理相关手续。3月7日下午大理白族自治州气象局执法人员再次电话告知当事人若逾期不来办理相关手续将立案查处，但直至3月11日当事人仍未办理相关手续。

大理白族自治州气象局对其进行立案调查，认定该房地产公司存在防雷装置设计未经审核擅自施工的违法事实，经执法案件讨论会研究，于3月19日向当事人下达了《行政处罚告知书》，先行告知该公司对其予以警告、处以罚款人民币2万元整的行政处罚，并责令该公司于2008年4月10日前补办"街心花园"工程防雷装置设计图纸审核手续。于3月31日下达了《行政处罚决定书》：责令该公司补办"街心花园"项目防雷装置设计图纸审核手续；处以罚款2万元。

2008年6月，由于该公司对执法单位的行政处罚不予理睬，根据法定时限大理州气象局向大理市人民法院申请强制执行。在强制执行过程中，该公司才意识问题的严重性，认识到防雷装置设计审核对避免安全隐患的重要性。

二、办案经过

（一）调查取证

大理白族自治州气象局在决定行政处罚的过程中，依法进行了调查取证，并收集了下列证据。

1.《防雷安全检查通知书》

发现不符合防雷安全相关规定事项后，首先采取通知方式告知行政执法相对人防雷安全规定。该证据证明对方在接到通知书后明知道在建项目不符合防雷装置设计审核相关法律规定，仍不停止违法行为的事实。

2.《调查询问笔录》

3月11日，大理白族自治州气象局两名执法人员到大理某房地产公司"街心花园"项目部开展调查询问并做了笔录，确定该项目开工时间。同日，两名执法人员到大理市气象局和大理白族自治州气象局对负责行政审批的相关人员开展调查询问并做了笔录，确定该项目开工前未到当地气象主管机构开展防雷装置设计审核工作。

根据上述证据，大理白族自治州气象局行政执法人员认定该房地产公司存在如下违法事实：该公司"街心花园"项目防雷装置设计未经当地气象主管机构核准擅自施工，已涉嫌违反《防雷减灾管理办法》第十五条："防雷装置的设计实行审核制度。县级以上地方气象主管机构负责本行政区域内的防雷装置的设计审核。符合要求的，由负责审核的气象主管机构出具核准文件；不符合要求的，负责审核的气象主管机构提出整改要求，退回申请单位修改后重新申请设计审核。未经审核或者未取得核准文件的设计方案，不得交付施工。"《防雷装置设计审核和竣工验收规定》第五条："防雷装置设计未经审核同意的，不得交付施工。"《云南省气象条例》第二十七条："经有关主管部门委托，对新建、改建的建筑物、构筑物防雷设施图纸进行审核、施工质量监督和竣工验收。"建议立案查处。

3.《行政处罚告知书》

大理白族自治州气象局召开执法案件讨论会，认定大理某房地产公司的违法事实，虽然执法人员多次对该公司进行了宣传和说服教育，但该公司都没停止违法。为加强防雷减灾社会化管理，严格执行气象相关法律法规，一致同意对其进行处罚，并对该公司送达《行政处罚告知书》，先行告知该公司对其予以警告、处以罚款人民币2万元整的行政处罚；责令该公司于2008年4月10日前补办"街心花园"工程防雷装置设计图纸审核手续。

4.《行政处罚决定书》

大理某房地产公司相关人员签收了《行政处罚告知书》后，直到3月31日，该公司没有提出听证申请，且未到大理市气象局和大理白族自治州气象局陈述辩解或履行办理防雷装置图纸报审相关手续的义务。大理白族自治州气象局向当事人下达了《行政处罚决定书》。

大理白族自治州气象局执法人员通过第三方人员见证方式向该房地产公司下达《行政处罚决定书》，处罚决定如下：责令该公司补办"街心某某花园"项目防雷装置设计图纸审核手续；处以罚款2万元。

证明执法行为符合法定程序，向行政执法相对人先行告知了行政处罚决定的事实、理由、依据，并告知对方有陈述辩解的权利。

（二）处理结果

直至2008年6月，该公司对执法单位的行政处罚不予理睬，大理白族自治州气象局分管行政执法的局领导带领相关行政执法人员到大理市法院行政庭反映该房地产公司不履行执法单位行政处罚的行为，并请法院对其进行强制执行。

三、案件启示

（一）行政执法过程中证据完整性有待进一步加强

依照行政诉讼法关于具体行政行为做出时证明责任的分配，行政主体负有取得具备真实性、合法性、相关性证据的义务。

本案在调查取证环节还存在证据链单薄的不足之处，就证据完整性而论，本案还应该完善如下证据：

1. 大理某房地产公司负责人许某的身份证明，如身份证复印件、户口簿复印件或公安机关的证明文书。

2. 现场取证照片中除可以证明"街心花园"工程正在施工，有违法的事实确实存在外，还应有佩戴执法证的执法人员的身影，以证明执法人员是亲到现场进行取证拍照。

根据有关法律规定，按照证据的不同表现形式，把行政处罚证据分为以下几种：书证、物证、视听资料、证人证言、当事人的陈述、鉴定材料、勘验笔录、现场笔录等。

书证是以其所载文字、符号、图案等表达出的思想内容以证明案件事实的书面材料，可分为原本、正本、副本、记录本、影印件和译本。比如门面租赁合同、前置许可证件及文件批复件、营业执照等，均属于书证范畴。在书证的收集过程中，应注意以下问题：一是尽量提供原件，提供原件确实有困难的，可以提供与原件核对无误的复印件、照片、节录本；二是提供由有关部门保管的书证原件的复制件、影印件或者抄录件的，应当注明出处，经该部门核对无异后加盖其印章；三是提供报表、图纸、会计账册等书证的，应当附有说明材料。

（二）克服文书送达困难，严格遵守法定送达程序

在资料送达的过程中，企业拒绝签字接收，所以必须得找见证人一起送达。大理白族自治州气象局执法人员在送达《行政处罚决定书》时请大理市安监局工作人员作为第三方

见证留置送达。

（三）通过严格执法，适用法律和单位职能得到了进一步明确

本案中，出现了"同一管辖区域存在两家不同行政部门同时对防雷减灾工作进行管理"的问题，造成互为前置和职能交叉，不利于对建筑施工领域的规范管理。

建设部门多年来一直涉足防雷事宜，给当地企业造成了很大困惑，企业明知根据法律法规是应该到当地气象局办理相关手续，但是基于各种原因，却前往建设部门办理。而气象部门在地方上某种程度属于权力相对弱势部门，部分企业认为"即使不到气象部门办理相关手续，气象部门也无可奈何"。所以只有通过严格执法才能引起政府和企业对气象执法的重视，维护气象法律法规的尊严和权威，保障社会防雷安全，避免因人为疏忽造成的雷电事故隐患。

某置业公司培训基地项目防雷装置设计未经审准擅自施工案

一、案情介绍

2012年3月21日，C市气象局两名执法人员对某置业公司建设的"Q服务外包创业服务基地外包培训中心"项目进行现场检查，发现该建设项目防雷装置设计未经气象主管机构审核核准，并在未取得《防雷装置设计核准意见书》的情况下擅自施工，违反了《中华人民共和国气象法》《气象灾害防御条例》《H省雷电灾害防御条例》《防雷减灾管理办法》（中国气象局第24号令），以及《防雷装置设计审核和竣工验收规定》（中国气象局第21号令）等有关法律法规，随即下达了《限期办理防雷装置设计审核行政许可手续通知书》。之后C市气象局执法人员多次到该公司进行有关法律法规的解释和宣传，该单位均未予理睬，继续违法施工。C市气象局遂依法对其予以行政处罚，并向法院申请了强制执行。

二、办案经过

（一）调查取证

执法人员在C市气象局决定予以行政处罚的过程中，依法进行了立案调查，并收集了下列证据：

1. 对某置业公司工程部负责人的气象行政执法调查询问笔录和现场勘验检查笔录，证明该公司"Q服务外包创业服务基地外包培训中心"项目的违法事实。

2. 《行政处罚告知书》《行政处罚决定书》及邮寄送达的国内特快专递邮件详情单和邮件查询单，直接送达《催告书》的送达回证，证明C市气象局履行的送达程序。

3. 气象行政执法案件讨论记录，证明该公司未履行法律义务，未要求陈述、申辩和听证。

根据以上证据，C市气象局认定如下违法事实：该公司建设的"Q服务外包创业服务基地外包培训中心"项目未经气象主管机构审核核准，在未取得《防雷装置设计核准意见书》的情况下擅自施工。

（二）处理结果

C市气象局对某置业公司开发的Q培训基地项目防雷装置设计未经核准擅自施工行政处罚案，经集体讨论，一致认为该案违法事实清楚、证据确凿、适用法律法规准确、程序正当合法，且该公司拒不纠正错误、停止违法行为，决定予以行政处罚，并适用了C市气象行政处罚自由裁量权基准，依程序向法院申请了强制执行。

三、案件启示

（一）行政执法过程中证据完整性有待进一步加强

依照行政诉讼法上关于具体行政行为做出时证明责任的分配，行政主体负有取得具备真实性、合法性、相关性证据的义务。本案在调查取证环节还存在证据链单薄的不足之处。就证据完整性而论，本案至少还应该取得如下证据：该公司工程部负责人杨某的身份证明，如杨某的身份证复印件、户口簿复印件或公安机关的证明文书。该证据用以证明调查笔录中被调查人杨某的真实身份，从而证明案件证据的可靠性。

（二）行政权力运行中的谦抑与手段的必要

行政法上的比例原则，指的是行政权的运行应当合理、适当。对于本原则，可以从如下三个更为细化的角度进行把握：

1. 目的上的适当。这是指行政处罚的做出，其目的不在于单纯的惩罚，更不在于增加财政收入，而是基于维护行政法上良好的秩序。除此以外，行政处罚所针对的被处罚人还须是法律上适合的以及可能的——即作为被处罚人的相对人适格问题。

2. 手段上的必要。这是指，在各种处罚的手段当中，应当适用能有效达到行政目的的对相对人损害最小的手段。对此，行政法学上也称之为"损害最小原则"或者是"必要性原则"。反映到本案中，考虑到该公司在规定期限内拒不改正违法行为的，决定予以行政处罚，并适用行政处罚自由裁量权基准，与其违法行为性质、情节以及危害性相适应，可谓合理、适当。

3. 价值上的合乎比例。这是从宏观的角度对行政处罚进行观察所提出的要求。即，行政处罚所追求的目的与处罚所带来的效果（无论是对被处罚人的不利效果还是对受害人甚至对公共利益的有利效果）而言，二者必须处于恰当的、合乎比例的状态之中。如果行政法所欲达成的公共利益甚微而对相对人采取了十分严重的处罚手段，就与本项原则不符。

（三）依照法定程序办事，从细节着手，保证行政执法的可接受性

正义不仅要实现，而且要以看得见的方式实现。行政执法程序确定了办事的步骤和顺序，还具有增强最终结果的可接受性和行政机关公信力的作用。本案中，建设项目防雷装置设计未经气象主管机构审核核准、在未取得《防雷装置设计核准意见书》的情况下擅自施工，违反了国家有关法律法规规定，扰乱了社会秩序，给社会造成了安全隐患与不安定因素。为维护社会公平公正、消除社会不稳定因素，让相对人能够理解并认识到其行为的违法和危害性，对该违法行为予以惩罚。另外，本案现场笔录的制作以及其他各证据的收集等均符合法定程序的要求，从形式上保证了行政处罚决定的公正性和可接受性。

（四）本案仍需要完善的一些地方

一是审批表没有引述具体适用的法律规定条文。

二是询问笔录和现场勘验检查笔录未精准到几时几分。

三是既已向法院申请了强制执行，也收到法院执行结案通知书，但未看到罚款票据，结案报告和结案审查表也未提及。

以上均说明执法水平有待进一步提升的余地，对此需要引起足够重视。

某房地产开发集团有限公司机电城防雷装置设计未经审核开工建设案

一、案情介绍

2012年6月5日，Y市气象局行政执法人员在雷电灾害防御安全执法检查中发现某房地产开发集团有限公司开发建设的机电城工程项目的防雷装置设计未经审核，擅自交付施工，造成违法事实。当即向该公司下达了执法检查通知书，并告7日内办理防雷设计核准书等相关手续，并取得核准书备查，但该公司迟迟未办理。为此，Y市气象局依据执法程序，先后下发了执法情况调查表、《责令停止违法通知书》《处罚告知书》《听证告知书》，直至该公司认识到违法的严重性，积极配合办理相关手续，履行了法律义务，执行完毕。

二、办案经过

（一）调查取证

Y市气象局针对某房地产开发集团有限公司开发建设的机电城工程项目存在的违法行为，依法进行了立案调查，并收集了下列证据：

1. 2012年9月26日，对某房地产开发集团有限公司前期部业务主管杨某的调查询问笔录及现场勘查图片。证明截至9月26日该公司建设的机电城工程项目的防雷装置设计未经审核，擅自交付施工。

2. 2012年10月9日，对Y市政务服务中心气象窗口首席代表的调查询问笔录。证明截至10月9日该公司开发建设的机电城工程项目的防雷装置设计未经审核，擅自交付施工。

3. 2012年10月10日，对Y市雷电防护技术中心副主任、图审部负责人的调查询问笔录。证明截至10月10日该公司开发建设的机电城工程项目的防雷装置设计未经审核，擅自交付施工。

4．2012年10月11日，对N自治区雷电防护技术中心副主任、图审部负责人的调查询问笔录。证明截至10月11日该公司开发建设的机电城工程项目的防雷装置设计未经审核，擅自交付施工。

根据以上证据，Y市气象局认定如下事实：某房地产开发集团有限公司违反了中国气象局《防雷减灾管理办法》第十五条，中国气象局《防雷装置设计审核和竣工验收规定》第五条，《N自治区气象灾害防御条例》第二十二条，《N防雷减灾管理办法》第十三条、第十九条、第三十一条的规定，涉嫌防雷装置设计未经审核擅自交付施工的违法行为，应当依法追究其法律责任。

（二）案情处理结果

2012年9月13日经集体讨论决定，拟对该公司上述行为进行立案查处，当日Y市局分管领导签发同意立案查处。

根据《中华人民共和国行政处罚法》第二十三条、第三十一条，中国气象局《防雷减灾管理办法》第三十四条第三款；《防雷装置设计审核和竣工验收规定》第三十二条第三款，《N自治区防雷减灾管理办法》第三十二条第三款之规定，2012年11月22日经集体研究并经主管领导同意，决定对某房地产开发集团有限公司开发建设的机电城工程项目做出行政处罚。

1．下达《行政执法行政处罚告知书》，给予开发建设的多层小商铺罚款1.9万元的行政处罚；给予开发建设的高层建筑楼罚款2.9万元的行政处罚，同时下达《行政执法行政处罚听证告知书》。

2．责令改正，限该公司15日内到Y市气象局（Y市政务服务中心气象窗口）申请办理并取得机电城工程项目的《防雷装置设计核准书》，履行防雷装置设计审核的法定义务。

但在执行法律程序过程中，某房地产开发集团有限公司认识到违法行为的严重性，积极与雷电防护中心联系，报送了防雷装置设计相关资料，并承诺要积极配合，履行防雷装置设计审核的法定义务。Y市气象局经讨论决定，鉴于该公司认识到了违法的严重性，积极配合办理相关手续，履行了法律义务，本着教育与处罚相结合的原则，某房地产开发集团有限公司防雷装置设计未经审核擅自交付施工的违法行为，暂不做出行政处罚的决定。

2013年1月21日某房地产开发集团有限公司依法取得了机电城工程项目的《Y市建（构）筑物防雷装置设计核准书》。

三、案件启示

（一）扩大执法影响力，与相关部门开展联合执法

在此案件中，为了加大执法力度，在发现该公司的违法行为后，气象局积极与市安监局沟通、协商，及时对某房地产开发集团有限公司进行联合执法检查，对后期本案的立案、调查、处罚等起到了至关重要的推动作用。

（二）Y市气象局执法队及时查阅法律依据，集体讨论应对措施，执法环节准备周密，应对措施得当

针对该案件，Y市气象局执法队及时查阅相关法律法规及条款，集体讨论案情，认真分析，依据执法程序，依法立案，先后下发了执法情况调查表，《责令停止违法通知书》《处罚告知书》《听证告知书》，尤其在下达行政执法《行政处罚告知书》时，与法律顾问一并研究案情及法律条款，做到行政处罚依法、依规、公平、公正。

（三）加强法制宣传，营造良好的执法氛围

在本案件中，发现该公司违法行为后，Y市气象局执法队及时介入，进行法律法规讲解、宣传，但该公司一直表示不知道有这些法律义务和要求，也不明白为什么他们的建设项目要和气象沾边，所以开始态度很强硬，一度拒绝配合调查。Y市气象局下达《行政执法行政处罚告知书》后，该公司还提交了《行政处罚听证申请书》及《行政处罚听证异议书》。最终在解读了相关法律条款后，该公司主动提出撤销异议书，并依法履行义务。因此，做好法制宣传对于执法工作来说是必不可少的重要内容，通过广泛的宣传让社会、群众知道气象为什么执法，为谁执法，知道气象执法的必要性和重要性。

辽宁省鞍山市某石油经销公司
拒绝办理防雷装置检测案

一、案情介绍

2013年8月8日，辽宁省鞍山市气象局行政执法支队在开展全市爆炸和火灾危险场所防雷安全大检查时发现鞍山市某石油经销有限公司经营加油站的防雷装置时，没有按规定每半年开展一次防雷装置定期检测工作（中国气象局第24号令《防雷减灾管理办法》第十九条规定："投入使用后的防雷装置实行定期检测制度。防雷装置应当每年检测一次，对爆炸和火灾危险环境场所的防雷装置应当每半年检测一次。"），于是对其开展执法检查。

鞍山市气象局依法对该公司的违法行为予以立案查处，要求其加油站限期开展防雷装置检测。但该公司拒绝在限期内改正违法行为。于是，鞍山市气象局对该公司予以罚款2.5万元的行政处罚。该公司对鞍山市气象局做出的行政处罚决定不服，提起行政诉讼。该案经铁东区人民法院一审（鞍山市气象局胜诉）和鞍山市中级人民法院二审（该公司撤诉）后，该公司缴纳了罚款并按规定开展了防雷装置定期检测。

二、办案经过

（一）调查取证

鞍山市气象局行政执法过程中，认为该公司违法事实清楚，依法进行立案调查，收集了以下证据。

对该公司负责人进行了调查询问笔录。了解该公司未开展防雷装置定期检测的理由和违法事实证据。

该公司负责人拒绝签署鞍山市气象局执法人员当场送达的《气象行政执法责令停止违法行为通知书》。执法人员当场拍照，证明鞍山市气象局执法人员当场送达《责令停止违法行为通知书》，要求其限期改正，立即开展爆炸和火灾危险环境场所防雷装置定期检测，停止违法行为。但该公司负责人拒绝在《气象行政执法送达回证》上签字。

（二）处理结果

由于行政执法相对人在限期内拒绝开展防雷装置定期检测，鞍山市气象局认定其构成拒绝开展防雷装置定期检测违法行为，证据确凿，事实清楚，程序合法，按照《防雷减灾管理办法》的有关规定给予其警告并处2.5万元的罚款。

行政执法相对人在收到行政处罚先行告知书后向鞍山市气象局提出了陈述申辩，不承认其行为是拒绝开展防雷装置定期检测，只是因为鞍山市防雷中心的防雷装置检测收费高而无法办理。对此，鞍山市气象局给予其答复，告知其鞍山市防雷中心是独立事业法人，依法独立承担法律责任，按照辽宁省物价局的防雷检测收费标准收取检测费用，如对其防雷检测收费有异议，可以向鞍山市防雷中心索取收费依据，或向物价部门反应，由物价部门予以界定，鞍山市气象局没有发现其有乱收费的行为，该公司不能以收费高作为拒不办理防雷装置定期检测的合理理由。由于行政执法相对人在收到答复后仍不改正，鞍山市气象局对其送达了《气象行政处罚决定书》。行政执法相对人在收到行政处罚决定书后向鞍山市铁东区人民法院提起了行政诉讼，法院一审判决驳回原告的诉讼请求，维持鞍山市气象局的处罚决定。行政执法相对人随即向鞍山市中级人民法院提起上诉，经法院法庭晓明利害，行政执法相对人主动撤诉，缴纳了罚款，并按规定开展了防雷装置定期检测。

三、案件启示

1. 对于"拒绝"办理防雷装置定期检测的界定

《防雷减灾管理办法》第三十五条第三款的规定："已有防雷装置，拒绝进行检测或者经检测不合格又拒不整改的；由县级以上气象主管机构按照权限责令改正，给予警告，可以处1万元以上3万元以下罚款。"这个法条的使用前提是行政执法相对人"拒绝"。

但是在实际工作中，极少有单位或个人承认自己是拒绝办理的，都是用各种借口托词来解释没有办理或者无法办理的原因。而气象部门也很难辨认其所说理由的真伪，一般情况下对其之前一段时间（少则几个月多则几年）未办理的防雷装置定期检测也较难予以处罚，只能限期其立即补办。但是透过本案，从立法层面上来看，对于"拒绝"的认定没有明确的解释，即没有时间的限制也没有程度的限制，导致对于拒绝的理解更多是靠当事人的主观理解。

"拒绝"这个行为的认定很模糊，不便于基层执法人员操作。鉴于目前严峻的安全生产形势，至少在爆炸和火灾危险场所的防雷装置检测方面，在立法层面上仍予以补充修改，不能只追究"拒绝"这一行为，对于之前没有按期办理防雷装置检测这一行为，也应予以追究。由于对爆炸和火灾危险场所未办理防雷装置定期检测这一事实，只要行政执法相对人无法出具合法有效的检测报告就能够直接认定了，并且对这类违法行为的处罚效果要比对"拒绝办理"这一行为的处罚效果更加具有震慑力。因为《防雷减灾管理办法》并没有规定不按时办理防雷装置定期检测会受到处罚，所以不办理防雷装置定期检测本身是没有违法成本的，只要在气象部门发现后立即在限期内办理就可以免于处罚了。

这种修改是有上位法依据的。《中华人民共和国安全生产法》（2014年修正）第九十六条："生产经营单位有下列行为之一的，责令限期改正，可以处5万元以下的罚款；逾期未改正的，处5万元以上20万元以下的罚款，对其直接负责的主管人员和其他直接责任人员处1万元以上2万元以下的罚款；情节严重的，责令停产停业整顿；构成犯罪的，依照刑法有关规定追究刑事责任：未对安全设备进行经常性维护、保养和定期检测的。"如能在防雷减灾管理办法中增加此类关于易燃易爆场所防雷装置检测的相关条款，将很大程度上督促了爆炸和火灾危险场所按时、及时办理防雷装置检测，进而也减少了安全隐患和行政执法相对人未及时办理的托词，使得基层执法工作更好开展。

2. 行政执法相对人对于气象执法不理解，认为气象执法"既当运动员又当裁判员"

鞍山市防雷中心是鞍山市人民政府成立的地方编制的自收自支事业单位，是独立法人，依法依资质开展防雷装置检测业务，按照物价部门的标准收取检测费。由于其是独立法人，依法可以独立承担法律责任，收费问题与本案中鞍山市气象局对该公司拒不在限期内办理防雷装置检测予以行政处罚无关，属另一法律关系。加油站是易燃易爆场所，必须每半年办理一次防雷装置检测。庭审时行政执法相对人请求法院认定鞍山市防雷中心是鞍山市气象局直属事业单位，继而请求法院认定鞍山市气象局的执法是为了维护其自身利益，"既当运动员又当裁判员"。鞍山市气象局向法庭出示鞍山市防雷中心的组织机构代码证等证件，证明其是独立法人，依法承担与其有关法律关系，鞍山市气象局作为上级业务主管，在日常工作中没有发现其有乱收费的行为，也没有收到物价部门关于其存在乱收费行为的认定，行政执法相对人也从未拿出鞍山市防雷中心有乱收费行为的实质证据，故请求法院对行政执法相对人的这个观点不予采纳。最终法院认可防雷中心是气象部门的下属事业单位，但也是独立法人，行政执法相对人所提出的收费问题与气象部门的行政处罚不属于同一法律关系，支持了气象部门的观点。

3. 要确保行政执法相对人能够自主选择防雷装置检测单位的权力

经过本案，鞍山市气象局在随后的对其他单位有关防雷安全案件的执法过程中，从与行政执法相对人的调查询问到送达的各类执法文书，均显著提示行政执法相对人只要能够向鞍山市气象局出示由中国境内具有防雷装置检测资质单位出示的合法有效的检测报告即可，并在送达文书上告知行政执法相对人如何查询辽宁省内和其他省具有防雷检测资质的单位方式方法。虽然绝大部分单位还是选择由鞍山市防雷中心对其进行检测，但是此种做法在法律程面上既能够给予行政执法相对人足够的选择权，也能够有效规避防雷技术服务机构与行政主管机关之间的关系问题。

上饶市某投资有限公司夏日广场项目
违反防雷装置设计审核法规案

一、案情介绍

2015年5月15日，江西省上饶市气象局执法人员俞某、赵某在防雷安全检查过程中发现，上饶某投资有限公司的夏日广场项目建筑物防雷装置未经气象主管机构核准，擅自施工。执法人员当场对该投资有限公司发出《整改通知书》，限其在20个工作日内整改到位，但该公司未在规定时间内进行整改。此后，上饶市气象局执法人员多次告知催促该投资有限公司按规定办理防雷装置设计审核有关手续，但该公司始终没有按规定办理。

2015年8月12日，上饶市气象局依法予以立案查处。2015年8月19日，上饶市气象局对上饶某投资有限公司发出《责令停止违法行为通知书》，限其在2015年8月28日前予以改正或申请防雷装置设计审核，但该公司未在规定时间内改正违法行为，也未申请防雷装置设计审核。2015年10月27日，上饶市气象局对上饶某投资有限公司发出《行政处罚告知书》和《听证告知书》。随后，该投资有限公司主动申请了上饶夏日广场项目防雷装置设计审核，按规定要求提供了有关材料，2015年12月3日，夏日广场项目完成了防雷装置设计审核，取得了上饶市气象局许可的《防雷装置设计核准意见书》。上饶市气象局通过集体讨论决定对上饶某投资有限公司免于处罚，案件执行完毕，违法行为得到纠正。

二、办案经过

（一）调查取证

上饶市气象局行政执法支队在决定免于行政处罚的过程中，依法进行了立案调查，并收集了以下证据。

1. 对某投资有限公司开发主管张某和机电部主管张某分别进行了调查询问记录，并拍摄了现场照片。

2. 对夏日广场项目现场施工情况进行了现场勘验检查记录，该投资有限公司开发主管张某和机电部主管张某在现场勘验检查过程中在场见证。

3. 在上饶市工商行政管理局查询记录了上饶某投资有限公司的企业信息。

4. 进行了两次案件讨论记录，分别就此案处罚决定和免于处罚决定进行了集体讨论。

根据以上证据，上饶市气象局认定如下事实：某投资有限公司夏日广场项目的建筑物防雷装置，未经气象主管机构核准，擅自施工，应当依法追究其法律责任。

（二）处理结果

上饶某投资有限公司的夏日广场项目违反防雷装置设计审核法规一案，通过集体讨论，参加会议人员一致认为：该公司违法行为事实清楚，证据确凿，违反了中国气象局《防雷装置设计审核和竣工验收规定》，应予处罚。但是，考虑到该公司主动补办了防雷装置设计审核有关手续，违法行为得到纠正，所以最终决定免予处罚。

三、案件启示

（一）在气象行政执法过程中，考虑到行政执法相对人没有造成危害，上饶市气象局对上饶某投资有限公司发出《行政处罚告知书》和《听证告知书》后，该投资有限公司主动申请了上饶夏日广场项目防雷装置设计审核，按规定要求提供了有关材料，完成了防雷装置设计审核，取得了上饶市气象局许可的《防雷装置设计核准意见书》。应当坚持处罚与教育相结合的原则，尽可能通过宣传教育，使公民、法人或其他组织自觉守法，改正违法行为，遂免予处罚。

（二）加大执法检查力度，及时发现各种违法行为并予以查处解决，打破行政执法相对人等、拖、推，甚至不了了之的做法，维护气象法律法规的权威和尊严。

（三）行政处罚不是行政执法的最终目的，通过规范的执法程序、适当的执法行为，行政执法相对人了解气象有关法律法规，主动认识错误，改正违法行为，才能达到更好的执法效果。

内蒙古某风力发电公司风电场
防雷减灾工作违法案

一、案情介绍

2011年5月10日，通辽市气象行政执法大队在检查中，发现内蒙古某风力发电有限公司所属风电场防雷装置未进行年度定期检测。通辽市气象局决定立案，对其开展调查。经调查，该公司所属风电场已吊装并网运行的风机和附属设施防雷装置不仅未进行年度定期检测，同时该公司风电场的全部防雷装置未进行设计审核便擅自施工，而且在竣工未验收的情况下便擅自投入使用等违法行为，执法人员决定并案查处。该公司收到法律文书后，改正了违法行为，接受了防雷装置年度检测，申请办理了防雷装置设计审核和竣工验收行政许可审批。

二、办案经过

（一）调查取证

1．通辽市气象行政执法大队于2011年5月11日专程抵达该公司风电场，现场进行了检查，发现该风电场全部吊装风机和其他附属设施的防雷装置均未按照法律法规要求进行年度定期检测，同时未向当地气象主管机构申报防雷装置设计审核，且未在并网运行前向当地气象主管机构申请竣工验收便违法投入生产。在现场，执法队员向风电场负责人何某详细了解了具体情况，并做了询问调查笔录，同时向其宣讲有关法律法规，依法向该公司下达了《气象行政执法责令停止违法行为通知书》，期限整改。

2．通辽市气象行政执法大队多次催办，该公司依旧置之不理。通辽市气象行政执法大队于2011年8月3日专程抵达某公司通辽办公地点，与该公司办公室主任进行了沟通，但该主任以各种理由推卸责任，并阻碍执法人员寻找其公司上级领导，执法人员再次对该公司办公室主任进行了法律法规宣教，按照法律程序下达了《气象行政执法行政处罚告知书》。

此行的目的主要是告知该公司风电场存在违法运行事实，同时警示其余所属风电场同样存在违法运行嫌疑，并告知该公司违反了《内蒙古自治区防雷减灾管理办法》规定，根据《内蒙古自治区防雷减灾管理办法》第三十九条规定，责令该公司7日内完成整改，并告知针对该风场将处以罚款，同时告知该公司陈述、申辩、听证等权利和义务。

3. 该公司依然对此违法行为置之不理，无视《行政处罚告知书》。鉴于该公司严重违法行为，通辽市气象局于2011年10月11日，正式下达了《气象行政执法行政处罚决定书》。同时附带了函告，告知该文书属于法律法规处罚文书，要求在15日内到通辽市非税收入管理局缴纳罚款，到期不缴纳罚款，将加处滞纳金。

（二）处理结果

该公司收到法律文书后，认识到违法行为的严重性和将会产生的后果，改正了违法行为，接受了防雷装置年度检测，申请办理了防雷装置设计审核和竣工验收行政许可审批。

三、案件启示

本案例主要讲述了防雷管理中出现的问题，反映该公司主要负责人安全意识淡薄，对安全生产工作存在侥幸心理，对法律法规掌握不够，同时对防雷管理工作存在异议。

防雷检测资质方面，2010年4月1日起施行的《气象灾害防御条例》第二十四条要求："从事电力、通信雷电防护装置检测单位的资质证由国务院气象主管机构和国务院电力或者国务院通信主管部门共同颁发。"当事人对当地检测机构未取得共同颁发资质提出过质疑，执法人员根据《气象灾害防御条例释义》进行了解答。

此规定有两方面含义：一是电力、通信行业的雷电防护装置必须按规定进行检测；二是从事电力、通信雷电防护装置检测的单位的资质证由国务院气象主管机构和国务院电力或者国务院通信主管部门共同颁发。释义明确，此处的"电力、通信雷电防护装置"是指变电站、枢纽机房等专业性、安全性有特别要求的专项设施的雷电防护装置，不包括电力、通信部门的建筑物以及铁塔、基站等一般性设施或其他安装在公共场所的设施的雷电防护装置。《气象灾害防御条例释义》虽然不能作为法律法规来使用，但是释义中的解释是可以用来解读法律法规的。

由此可见，首先该单位只要不按规定进行检测即可给予行政处罚；其次，风力发电机的雷电防护装置属"安装在公共场所的设施的雷电防护装置"，且气象部门对其检测部分属低压部分，当地气象主管机构检测资质符合法律法规要求，所以气象主管机构对该公司执法合法，行政处罚有效。

总之，防雷管理工作是法律法规赋予气象部门的法定管理职能。我们要从自身建设入手，通过提升能力进一步强化管理能力，加强气象法律法规宣传，逐步通过社会需求提升社会形象。做到"有为才有位"是推进气象事业和谐稳定发展的关键。

某公司诉西安市气象局防雷管理行政处罚案

一、案情介绍

2014年4月至2015年7月，陕西省西安市气象局处罚某公司违法施工案，经行政处罚听证、西安市人民政府行政复议、未央区人民法院一审、西安市中级人民法院二审，最终胜诉。本案虽案情简单，但历时长，程序完整，西安市气象局依法严格执法，应诉措施得当，对处理类似案件有较好的示范作用。

二、办案经过

1. 2014年4月，西安市气象局在防雷安全检查中发现某公司工程项目防雷装置未经设计审核即交付施工，执法人员遂拍照取证，就有关情况进行询问。西安市气象局作出立案，下发《责令停止违法行为通知书》，并告知行政执法相对人需补办行政许可手续。

2. 截至规定日期，该公司仍未补办手续，西安市气象局决定下发处罚告知书，作出罚款5万元的处罚决定，并告知其权利，该公司提出了听证申请。听证中该公司对处罚依据和处罚幅度进行了申诉。西安市气象局采纳了行政执法相对人意见，并下调处罚金额为2.9万元，重新下发处罚决定书。

3. 某公司收到处罚决定，于2014年8月15日向西安市人民政府申请行政复议；10月20日，西安市人民政府维持行政处罚决定；11月6日，该公司又向未央区人民法院提起行政诉讼。2015年1月，西安市未央区人民法院一审判决驳回该公司的诉讼请求；2月，该公司向西安市中级人民法院提出上诉；7月14日，西安市中级人民法院二审判决驳回上诉，维持原判。

三、案件启示

1. 本案中，某公司对处罚幅度进行了申诉，西安市气象局采纳了行政执法相对人意见，并下调处罚金额为2.9万元，重新下发处罚决定书。行政执法相对人对处罚额度的质疑涉及比例原则。

比例原则是介于国家权力与公民自由之间的一种目的与手段的考量，可以成为行政合理性的下位原则。比例原则主要适用于行政机关行使行政自由裁量权领域，其基本含义是指行政机关行使自由裁量权时，应在全面衡量公益与私益的基础上选择对行政管理人侵害最小的适当方式进行，不能超过必要限度。

由于行政执法存在自由裁量权，所以要求行政权力主体在法定范围内尽可能合理、适当地做出行政决定，采取行政措施。比例原则作为行政合理性原则的重要组成部分，在我国的行政法学理论界和实务届日益受到重视。

比例原则包括三个子原则，即适当性原则、必要性原则和均衡性原则。

第一，适当性原则，是指所采取的措施必须能够实现行政目的或至少有助于行政目的的达成并且是正确的手段。也就是说，在目的———手段的关系上，必须是适当的。

第二，必要性原则，又称最小损害原则，是指在有多种能同时达成行政目的的手段可供选择时，行政机关应选择对行政执法相对人损害最小的手段，即该手段对行政目的的达成是必要的。本案中，如果采取处罚2.9万元罚款可达到制裁和防止其违法效果时，就不得施以更重的处罚措施。

第三，均衡原则，是指行政主体采取的为达成行政目的的必要手段，不能给行政执法相对人权益带来超过行政目的之价值的侵害，即行政手段对行政执法相对人权益的损害必须小于该行政目的所实现的社会公共利益，不能超过一定限度。比如，行政执法相对人开发的房地产项目影响了探测环境，气象主管机构只能令其拆除影响探测环境的部分，否则会为了实现行政的目的而造成公民权益的过度损害。

2. 转变行政管理方式，认真履行气象管理法定职责

行政审批事项取消和下放后，如何管好这项事务？在国家加强安全生产监管的形势下，涉及公共安全的防雷、施放气球行政管理职责是否履行到位？

目前绝大多数地方政府已将防雷安全列入安全生产重点范围进行监管，并明确气象主管机构的安全生产职责，这将倒逼我们必须强化防雷安全监管，以确保重点领域乃至全社会的防雷安全。但从实际来看，气象社会管理是存在漏洞的，以防雷检测服务为例，政事界限模糊、服务替代管理、管理让位服务的现象依然存在。新一轮行政审批改革以来，强调加强事中事后监管，要求我们必须转变身份，从管理者角度加强执法巡查、执法检查，避免出现管理缺位现象。加快建设权责明确、行为规范、监督有效、保障有力的行政执法体制，要严格规范公正文明执法。

此案中通过执法检查发现了违法行为，及时制止并查处，依法履行了气象职责，取得了良好的社会效果。

3．增强依法办事能力，全面提高气象管理水平

"加强党内法规制度建设，完善党内法规制定体制机制，形成配套完备的党内法规制度体系，运用党内法规把党要管党、从严治党落到实处，促进党员、干部带头遵守国家法律法规。"党的十八届四中全会明确提出全面推进依法治国的总目标和基本原则，要求我们党依法执政、依规治党。

相对于新形势、新要求，部分领导干部依然未把法治建设摆到重要议事日程，不善于或者不会运用法律手段管理气象工作，依法办事意识和能力不强的问题还比较突出。领导干部需要认真学习，做尊法学法守法用法的模范。

西安市气象局从2013年起，聘请专业律师担任法律顾问，为规范性文件制定、重大决策、行政复议处理提供专业法律意见。同时，该局注重加强法律知识日常培训，加大法治宣传教育力度，在全局上下营造了依法办事的良好氛围。本案中，西安市气象局能够积极复议答复、出庭应诉，与政府法制机构和法院保持良好的沟通、互动，及时得到上级指导。

4．加强执法队伍建设，依法规范气象社会活动

随着社会公众法律意识和维权观念不断增强，对执法人员素质和业务能力提出了新的更高的要求。受制于机构设置、编制、经费等问题，气象执法力量长期不足，不适应加强事中事后监管的要求。减少层次、整合队伍、提高效率、合理配置执法力量是依法规范气象社会活动、提高执法水平的有效途径。

近年来，陕西省气象局按照中国气象局的要求，加强执法队伍规范化建设。本案中，西安市气象局集合全市执法力量，组建了一支专职执法队伍，对全市违法行为进行查处。该队伍人员相对稳定，执法经验丰富，执法专业水平相对较高，该案经行政复议、行政诉一审、行政诉二审均能维持气象局的处罚决定，说明在执法过程中不存在瑕疵，执法队伍经得起实战考验。

昆明市某房地产开发公司未办理
防雷装置设计审核擅自施工案

一、案情介绍

云南省昆明市某房地产开发有限公司未办理防雷装置设计审核擅自施工行政处罚案件是昆明市气象局于2011—2012年办理的案件。涉案的建设工程已经在住建部门办理"施工许可证"，因未履行"防雷装置设计审核"，擅自施工，昆明市气象局对其违法行为作出了行政处罚决定。

本案在审理过程中涉及气象与住建两部门管辖权限争议，《气象灾害防御条例》第二十三条对气象防雷管理权的影响，昆明市气象局行政执法程序和法律适用，案件是否超过行政处罚追究时效等诸多问题，得到云南省社会各界广泛关注。最后昆明市气象局胜诉。

二、办案经过

（一）调查取证

昆明市气象局于2011年8月19日接到昆明市雷电灾害防御中心李某、王某口头举报，称昆明某房地产开发有限公司位于迎风路与复兴路交汇处的"月季花园"项目未办理"防雷装置设计审核"行政许可，已开工建设。

针对举报情况，昆明市气象局开展调查。于2011年12月19日对该项目建设情况实地勘查拍摄照片，发现该项目防雷装置确已开工建设。经委托昆明市雷电灾害防御中心现场测量确认，该项目属于应当办理"防雷装置设计审核"的项目。建设单位昆明某房地产开发有限公司已取得昆明市住建局颁发的"施工许可证"，但未到昆明市气象局办理过"防雷装置设计审核"行政许可。2012年1月到云南省气象局、盘龙区气象局调查，确认该项目防雷装置也未在云南省气象局、盘龙区气象局办理"防雷装置设计审核"行政许可。

通过调查昆明市规划局的建设项目行政审批公示资料，昆明市气象局确认"月季花园"项目的建设方为昆明某房地产开发有限公司。依据《昆明市雷电灾害防御管理办法》第十二条第一款："防雷装置设计实行审核制度。建设单位应当按照国家规定，将建设工程防雷装置设计文件和相关材料报送县（市）区气象主管机构审核。"办理"防雷装置设计审核"行政许可的责任在建设方，违反法律规定后也应由"月季花园"项目建设方承担责任。

以上事实均有证据证明。《昆明市雷电灾害防御管理办法》第十二条规定，未经审核或者审核不合格的防雷装置设计方案，建设单位不得开工建设。昆明某房地产开发有限公司开发建设的"月季花园"项目的防雷装置未办理"防雷装置设计审核"行政许可即开工建设，已有违法事实存在。

（二）处理结果

昆明市气象局对该案调查取证后，按昆明市人民政府和上级气象主管部门的要求，在下达行政处罚决定之前，前后多次对原告开展了法律法规宣传和教育，送达《行政审批告知书》，并在行政处罚前召开案件听证会，充分保障昆明某房地产开发有限公司合法权益。

在多次宣传和教育无果的情况下，昆明市气象局对昆明某房地产开发有限公司下达《行政处罚决定书》。

（三）行政复议与行政诉讼

本案行政执法相对人昆明某房地产有限公司认为，已在住建部门办理"施工许可证"，无需再办理气象部门"防雷装置设计审核"行政许可，因而聘请云南省人民政府法律顾问万某代理此案，向昆明市人民政府提出行政复议，昆明市人民政府作出维持昆明市气象局做出的行政处罚决定。

本案行政执法相对人昆明某房地产有限公司不服，决定遂向呈贡区人民法院提起行政诉讼。

昆明市气象局在云南省住建厅、昆明市住建局、昆明恒基审图公司均支持昆明某房地产有限公司的意见，支持该公司提起行政复议和诉讼，并作为行政复议和诉讼的第三人在复议时和法庭上支持昆明某房地产有限公司的情况下，依靠一支理论功底扎实、训练有素的执法队伍，克服重重困难，积极应诉，法院经认真审理判决维持昆明市气象局作出的行政处罚决定。

昆明某房地产开发有限公司在行政诉讼判决书下达后，主动到昆明市气象局承认错误，学习防雷减灾法律法规，缴纳罚款，并补办了"防雷装置设计审核"行政许可。

三、案件启示

昆明市气象局胜诉，在昆明市乃至云南省建设工程领域引起不小的震动，总结诉讼过程中的做法有如下几个方面经验。

（一）毫不退却，坚决执法，声张气象部门防雷管理权限

昆明市气象局为此召开专题会议，统一全局思想，从人员、装备等各方面保障执法工作。

（二）做足功夫，完善执法，不打无准备之仗

昆明市气象局多年培养出一支法律专业素质较高的执法队伍，办理过多件较有影响的气象行政执法案件。对于本案，昆明市气象局局长高度重视。昆明市气象行政执法支队队长组织执法人员认真研究案情，在调查取证、执法程序、适用法律上精益求精，做好完全的准备。

（三）主动向社会媒体公布案情，避免在舆论中被动

昆明市气象局在案件行政复议和诉讼时，主动及时召开新闻发布会，公布案情，20余家省内外媒体采访、100余家媒体新闻转载，避免了昆明某房地产开发有限公司利用媒体向气象部门施压，做到公开、透明。

第二部分

施放气球案例

温州市某单位未按照批准时限
擅自施放系留气球案

一、案情介绍

2014年1月8日下午，浙江省温州市智慧城管网站提醒：气象局有一条待处理信息。城市管理问题信息表显示：在府东路（由锦江路至市府路），某市场附近109米处擅自悬挂气球。温州市气象局执法人员根据网站提供的文字和图片信息，确认为温州市气象局管理范围内的待处理事项。

经取证，温州某公司2014年1月8日15时42分37秒在温州市府东路（锦江路至市府路）某商品购物节上，共施放6只红色灯笼系留气球，每只球的直径约2米。

经调查，该公司2014年1月8日上午曾到温州市气象局审批窗口提请系留气球施放作业审批，批准的施放时间为2014年1月9日至11日，共3天。

经核实，温州市气象局执法人员认定该公司涉嫌未按照申请批准的时间施放系留气球，属于未按照批准时限擅自施放系留气球案件。

温州市气象局于2014年1月8日立案。2014年1月13日10时45分至11时20分，温州市气象局执法人员葛某、王某在温州市气象局对该公司法人代表孔某进行了问询取证，并制作了调查（问询）笔录，取证时出示了两人的执法证件。

2014年2月24日15时，温州市气象局召开案件集体讨论会。会议由主管副局长主持，参加会议人员一致认定该公司未按批准违法施放系留气球之行为，证据确凿，事实清楚。考虑到该公司负责人孔某认错态度良好，并已有进行作业审批的意愿，只是当天预报风力偏大，不符合作业条件未获审批。当下午风力减弱时，该公司提前进行作业施放，但未造成严重危害后果。因此，温州市气象局最终决定对该公司给予警告处罚。

二、办案经过

（一）调查取证

温州市气象局在决定对该公司警告处罚过程中，依法进行了立案调查，并收集了下列证据：

1. 温州市人民政府数字化城市管理信息系统的《城市管理问题信息表》显示2014年1月8日温州某公司在温州市府东路（锦江路至市府路）某商品购物节上，共施放6只红色灯笼系留气球。

2. 温州市气象局执法支队人员2014年1月8日15时42分37秒查实：在温州市府东路（锦江路至市府路）某商品购物节上，共施放6只红色灯笼系留气球，每只球的直径约2米（有拍摄的照片为证据），此时施放的系留气球的时间节点未在温州市气象局行政审批批准的作业时间内。

3. 温州某公司在《温州市升放无人驾驶自由气球或者系留气球审批表》中申请施放时间为2014年1月9日8时，收回时间为2014年1月11日。

4. 温州市气象局在《温州市升放无人驾驶自由气球或者系留气球审批表》中批复意见为："根据1月8日7时温州气象台发布的天气预报，同意在1月9日施放，施放时间为2014年1月9日至11日，共3天。

5. 2014年1月8日当天下午起草《立案审批表》，并经温州市气象局法制机构和机关负责人审批，进行立案查处。

6. 2014年1月13日上午，在气象局五楼办公室，该公司法人代表孔某接受了温州市气象局执法人员葛某和王某的的调查（询问），并填写了《调查（询问）笔录》。

7. 案件集体讨论。在违法事实证据证据确凿，违法原因已经查明的情况下，为了慎重决策，2014年2月24日15时，由温州市气象局分管局领导牵头，局法规处、执法支队执法人员参加的情况下对温州某公司违法施放系留气球的案件进行了集体讨论，形成《案件讨论记录》。

（二）处理结果

温州市气象局认为，某公司能够按照《施放气球管理办法》要求申请施放气球作业审批，有进行审批的意愿，虽未按照施放气球时限开展施放活动已造成安全隐患，但未造成危害后果，鉴于该公司认识态度较好，决定按照《温州市气象局行政处罚自由裁量权执行标准》，给予警告。

三、案件启示

（一）违法行为主体需要正确认定

本案在调查取证的过程之中，行政机关应当确认违法施放的6只系留气球系的公司，并由该公司法人代表对相关内容确认。

（二）取证要恰当

该公司申请了施放气球作业审批，但其施放气球活动时与《温州市施放无人驾驶自由气球或者系留气球审批表》中气象局批准的施放时间节点不一致，因此，以涉嫌未按照批准的申请擅自施放系留气球活动作为调查取证关键点。

（三）处罚条款引用要适当

该公司具有施放气球资质证，也进行了获得施放气球作业审批，虽未按照批准的申请时间施放气球属于违法行为，造成了安全隐患，但未造成严重的危害后果。参照有关法律法规规定，温州市气象局决定给予警告处罚。

《通用航空飞行管制条例》第四十三条规定："违反本条例规定，升放无人驾驶自由气球或者系留气球，有下列情形之一的，由气象主管机构或者有关部门按照职责分工责令改正，给予警告；情节严重的，处1万元以上5万元以下罚款；造成重大事故或者严重后果的，依照刑法关于重大责任事故罪或者其他罪的规定，依法追究刑事责任：未经批准擅自升放的；未按照批准的申请升放的；未按照规定设置识别标志的；未及时报告升放动态或者系留气球意外脱离时未按照规定及时报告的；在规定的禁止区域内升放的。"

《施放气球管理办法》第二十八条规定："违反本办法规定，有下列行为之一的，由气象主管机构或者有关部门按照职责分工责令改正，给予警告；情节严重的，处1万元以上5万元以下罚款；造成重大事故或者严重后果的，依照刑法关于重大责任事故罪或者其他罪的规定，依法追究刑事责任：未经批准擅自施放的；未按照批准的申请施放的；未按照规定设置识别标志的；未及时报告异常施放动态或者系留气球意外脱离时未按照规定及时报告的；在规定的禁止区域内施放的。"

（四）审批更加人性化

由于气象预报存在与实际的差异性，特别是对施放气球作业较为敏感的天气时，行政审批时应当及时参考现实天气情况及时审批。如案发时的天气预报情况：1月7日的天气预报显示8日风力较大，不可施放；1月8日的天气预报显示8日当天风力小于4级，可以施放。为使施放气球审批更加与实际相结合，如再遇此类情况，允许当天上午审批，下午施放；或者当天审批，当天施放。

（五）自由裁量权引用要适当

自由裁量权指行政执法机关及其工作人员在法律事实要件确定的情况下，在法律授权的范围内，依据立法的目的和公正、合理的原则，自行判断行为条件，自行选择行为方式和自由作出行政决定的权力，其实是行政机关依据一定的制度标准和价值取向进行行为选择的过程，一般与行政行为，是国家赋予行政机关法律法规规定的幅度、范围内有一定选择余地的处置权力。由于我国幅员辽阔，各地情况千差万别，法律法规的规定不可能穷尽一切可能。因此，行政机构的自由裁量权的使用上要以事实为依据，以法律法规规定为准绳，考虑到当地违法事件的是客观因素等用好自由裁量权。

温州市气象局为进一步规范全市气象行政许可、行政处罚行为，促进行政权力公开透明运行，保障公民、法人和其他组织的合法权益，2014年11月决定再次对《温州市气象行政执法裁量权执行标准》进行修订。决定对于"违反施放气球作业规定的"，"初次违法，在规定期限内改正违法行为，未造成安全事故的"等情况给予警告。

（六）执法文书应当规范

根据中国气象局2007年下发的《气象行政执法文书（式样）》，规定气象部门行政执法文书八类共27种。

第一类，立案类文书。立案审批表。

第二类，调查取证类文书。调查询问笔录以及笔录续页、现场勘验检查笔录（含当事人陈述、申辩材料）、鉴定委托书、执法鉴定意见书。

第三类，先行登记保存证书类文书。证据登记保存审批表、证据登记保存通知书、解除证据登记保存审批表、解除证据登记保存通知书。

第四类，听证类文书。听证告知书、听证笔录。

第五类，行政处罚先行告知文书。责令停止违法行为通知书、行政处罚告知书、行政处罚通知书。

第六类，审查、决定类文书。案件讨论记录、行政处罚决定审批表、行政处罚决定书、现场处罚决定书、案件移送书。

第七类，送达、执行类文书。送达回证、强制执行申请书。

第八类，结案归档类文书。结案报告、结（销）案审查表、备案表、执法案卷（首页）、卷内目录。

本案在立案执法规程中，运用了《（温州市气象局）行政处罚事先告知书》《（温州市气象局）执法文书送达回证》文书，与中国气象局颁布的气象行政执法文书中相关文种意思相同但不准确，中国气象局颁布的类似文书应当为《气象行政处罚告知书》和《气象行政执法送达回证》。

由此可见，气象部门在执法过程中注意，执法单位运用的文种应当符合规定，不应自我根据执法需要杜撰文种，这样显得气象部门行政执法工作随意性较强，非常不严肃。

（七）案卷归档应按时间顺序

从本案的归档情况看存在以下问题。

1. 案卷封面不规范

正确的案卷封面：

<table>
<tr><td colspan="5" align="center">气象行政执法
案卷</td></tr>
<tr><td>案件
类别</td><td colspan="4">气象设施和气象探测环境保护类</td></tr>
<tr><td>案由</td><td colspan="4">某市某单位（或某人）破坏气象探测设施案</td></tr>
<tr><td>处理
结果</td><td colspan="4">1. 限期恢复原状
2. 罚款×万×仟×佰元整（大写）</td></tr>
<tr><td>立案日期</td><td>××××年××月××日</td><td>结案日期</td><td colspan="2">××××年××月××日</td></tr>
<tr><td>归档日期</td><td>××××年××月××日</td><td>保存期限</td><td colspan="2"></td></tr>
<tr><td colspan="2" align="center">归档号　　年　　号</td><td colspan="2" align="center">本卷共件页</td><td align="center">案件承办人：</td></tr>
</table>

注：1. 不予立案的有关文书另卷保存；

2. 保存期限，包括短期、长期和永久。简易程序类和无行政处罚类采用短期保存；行政处罚类采用长期保存；重大行政处罚类采用永久保存。

本案的案卷封面：

<table>
<tr><td colspan="2" align="center">（温州市气象局）
案卷封面</td></tr>
<tr><td>类别：</td><td>违法施放气球案</td></tr>
<tr><td>案号：</td><td>2014年01号</td></tr>
<tr><td>案由：</td><td>未按照批准的申请擅自施放系留气球案</td></tr>
<tr><td>当事人姓名或名称：</td><td>温州市某公司</td></tr>
<tr><td>立案时间：</td><td>2014年1月8日</td></tr>
<tr><td>处罚内容：</td><td>警告</td></tr>
<tr><td>结案时间：</td><td>2014年3月20日</td></tr>
</table>

办理结果:	办理完毕	
执法单位:	温州市气象局	
承 办 人:	葛某、王某	
卷内共有	17页	
归档时间:	2014年3月25日	
保存期限:	长期	

2. 案卷目录不规范

正确的案卷目录:

卷内目录

序号	文书材料 原编字号	日期	标题	页码	备 考
1	×气立案(某某)某号	××××-××-××	立案审批表	1	
2		××××-××-××	调查询问笔录	2~4	
3		××××-××-××	现场勘查检查笔录	5	
4	×气存(某某)某号	××××-××-××	证据登记保存通知书	6	
5	×气解(某某)某号	××××-××-××	解除证据登记保存通知书	7	
6		××××-××-××	案件讨论记录	8~9	
7	×气罚告(某某)某号	××××-××-××	行政处罚告知书	10	
8	×气罚(某某)某号	××××-××-××	行政处罚决定书	11~12	
9		××××-××-××	送达回证	13	
10		××××-××-××	结案审查表	14	
11					
12	……	……			

本案的案卷目录:

序号	文书名称	文 号	形成日期	页次	备 注
1	行政处罚决定书		2014年3月11日	1	
2	送达回证		2014年3月12日	2	
3	城市管理问题信息表及现场施放系留 气球照片		2014年1月8日	3	
4	系留气球审批表		2014年1月8日	4	
5	立案审批表		2014年1月8日	5	

续表

序号	文书名称	文　号	形成日期	页次	备　注
6	调查（问询）笔录		2014年1月13日	6-7	
7	工商营业执照复印件		2014年1月13日	8	
8	施放气球资质证复印件		2014年1月13日	9-10	
9	法定代表人身份证复印件		2014年1月13日	11	
10	案件集体讨论笔录		2014年2月24日	12-13	
11	行政处罚事先告知书		2014年3月5日	14	
12	送达回证		2014年3月6日	15	
13	案件处理内部审批表		2014年3月11日	16	
14	行政处罚案件结案报告		2014年3月20日	17	

3. 该案件在行政执法过程中缺少《行政处罚审批表》《结案报告》和《结（销）案审查表》，分别用《案件处理内部审批表》和《行政处罚案件结案报告》替代，且该《行政处罚案件结案报告》与中国气象局规定的要求格式不同。

4. 该案件归档案卷目录存在顺序错误，应当按照时间顺序排例，先排立案申请表，行政处罚决定书应当按照办案时间节点排列，不应当放在档案卷目录上首。

5. 案卷归档目录只列正规的执法过程中的文书，不列取证的材料，取证的材料应当作为《立案审批表》的附件按时间顺序附在其后。

6. 《立案审批表》缺少立案编号，其处罚文号编写也不符合要求。如《立案审批表》应当立案编号，如本案立案文书编号应为温气立案〔2014〕01号。

7. 一些执法文书运用不规范。对于预先通知书，应为《温州市气象行政执法告知书》，而非《行政处罚事先告知书》。在对当事人下达行政处罚前气象局内部应有相应的程序，应填写气象行政执法《行政处罚决定审批表》而非《件处理内部审批表》。气象行政执法《结案报告》非温州气象局的《行政处罚案件结案报告》，其格式和要点均不相同，此外，还存在用《结案报告》代替《结（销）》案审查表》的作用。

北京市某公司违法施放气球案

一、案情介绍

2014年4月30日15时许，北京市朝阳区气象局执法人员进行五一劳动节前施放气球安全检查，在检查某电器城（A店）与某电器城（B店）施放气球作业审批单时，发现两家电器城出示的审批单扫描件完全相同。执法人员立刻联系施放气球企业某文化发展有限公司经理曹某，经询问曹某称由于两家电器城相距很近，为了方便只进行了一家店的施放气球审批。

为依法处理本案，北京市朝阳区气象局召开集体讨论会。参加会议人员一致认定该公司违法施放系留气球之行为，事实清楚，证据确凿，会议最终决定对该公司进行警告行政处罚。

二、办案经过

（一）调查取证

北京市朝阳区气象局执法人员决定进行警告行政处罚的过程中，依法进行了立案调查，并收集了下列证据：

1. 经过认真比对，证明两家电器城使用的施放气球作业审批单扫描件完全相同。

2. 对施放气球企业经理曹某的现场勘验检查笔录以及对施放气球企业法人吴某的调查询问笔录。证明两家电器城的系留气球是该公司施放以及施放气球企业承认只对两家电器城中的一家进行了施放气球审批。

根据以上证据，北京市朝阳区气象局认定如下事实：该公司于2014年4月30日15时许在北京市朝阳区某电器城（A店）与某电器城（B店）进行施放气球作业时使用同一施放气球作业审批单，应当依法追究其法律责任。

（二）处理结果

北京市朝阳区气象局对该公司违法施放气球一案，通过集体讨论，参加会议人员一致认定：该公司使用同一施放气球作业审批单对两家电器城进行施放气球作业之行为，事实清楚，证据确凿，违反了《施放气球管理办法》第十三条规定，依据《施放气球管理办法》第二十八条第二项规定，做出警告行政处罚决定。

三、案件启示

（一）违法行为主体需要正确认定

本案在调查取证的过程之中，行政机关确认8只系留气球虽是作为两家电器城宣传所用，而施放气球公司是气球的所有者与施放者，是服务合同的行为上给付义务的履行主体。即，依照中国气象局《施放气球管理办法》第十三条：施放气球活动实行许可制度。施放气球单位施放无人驾驶自由气球至少提前5天、施放系留气球至少提前3天向施放所在地的设区的市级气象主管机构或者其委托的县级气象主管机构（以下简称许可机构）提出申请，并按要求如实填写《施放气球作业申报表》，提供《施放气球资质证》原件及复印件等材料。

有义务取得事前批准的主体应为履行行为上给付义务的施放气球公司。作为服务购买者的电器城也没有法律上的监督义务，检查广告公司资质、许可取得与否。由此可知，本案应确认施放气球公司为违法主体，而不是电器城。

（二）行政执法过程中证据完整性有待进一步加强

依照行政诉讼法上关于具体行政行为做出时证明责任的分配，行政主体负有取得具备真实性、合法性、相关性证据的义务。本案在调查取证环节还存在证据链单薄的不足之处，本案至少还应该取得如下证据：

1. 两家电器城提供的施放气球作业审批单（扫描件）照片。从而证明违法主体的违法行为。

2. 系留气球施放现场的照片。本证据用以证明可能违法的事实确实存在。

3. 气球违法性的勘验笔录。依照国务院《通用航空飞行管制条例》三十一条第三款："本条例所称系留气球，是指系留于地面物体上、直径大于1.8米或者体积容量大于3.2立方米、轻于空气的充气物体。"所以本案中施放的气球是否违法即容积是否大于3.2立方米，直径是否大于1.8米，仍然需要行政机关予以证明。

（三）行政权力运行中的谦抑与手段的必要

行政法上的比例原则，指的是行政权的运行应当合理、适当。关于这一原则，本案中所反映出的侧面是作为处罚结果的手段与惩戒的目的之间关系上是否合理与适当。对于本原则，可以从如下三个更为细化的角度进行把握：

1. 目的上的适当。这是指行政处罚的做出，其目的不在于单纯的惩罚，更不在于增加财政收入，而是在于维护行政法上良好的秩序。除此以外，行政处罚所针对的被处罚人还须是法律上适合的以及可能的——即作为被处罚人的相对人适格问题。

2. 手段上的必要。这是指，在各种处罚的手段当中，应当适用能有效达到行政目的的对相对人损害最小的手段。对此，行政法学上也称之为"损害最小原则"或者是"必要性原则"。反映到本案中，如果仅仅就手段的适当这个角度而论，考虑到该公司拥有施放气球资质，施放气球符合安全要求且当事人认错态度良好，依照《施放气球管理办法》第二十八条："违反本办法规定，有下列行为之一的，由气象主管机构或者有关部门按照职责分工责令改正，给予警告；情节严重的，处1万元以上5万元以下罚款"做出警告处罚的决定，与其违法行为性质、情节以及危害性相适应，可谓合理、适当。

3. 价值上的合乎比例。这是从宏观的角度对行政处罚进行观察所提出的要求。即，行政处罚所追求的目的与处罚所带来的效果（无论是对被处罚人的不利效果还是对受害人甚至对公共利益的有利效果）而言，二者必须处于恰当的、合乎比例的状态之中。如果行政法所欲达成的公共利益甚微而对相对人采取了十分严重的处罚手段，就与本项规定不符。

（四）依照法定程序办事，从细节着手，保证行政执法的可接受性

正义不仅要实现，而且要以看得见的方式实现。行政执法程序确定了办事的步骤和顺序，还具有增强最终结果的可接受性和行政机关公信力的作用。本案中，如果仅仅因为两个施放气球作业点使用同一施放气球作业审批单而处以数万元罚款，对相对人的权益会造成明显而严重的影响。作出一个行政处罚决定固然容易，但是要保证相对人能够理解并认识到其行为的违法和危害性，从而消除不稳定的社会因素，还需要从细节处着手。另外，以本案为例，执法文书的制作等均符合法定程序的要求，从形式上保证了行政处罚决定的公正性和可接受性。

（五）行政许可更需严谨

本案中由于两个电器城距离很近，使用的施放气球作业审批单上施放气球地点信息和地图无法准确判断具体位置，给施放气球公司两电器城使用同一审批单的机会，如果不是执法人员认真核对审批单，很可能无法发现此违法行为。在今后的施放气球审批中除了基础信息认真核对，应对施放地球地点核对更严格。

西宁市某广告有限公司未经许可
擅自施放系留气球案

一、案情介绍

2012年3月29日青海省西宁市气象局两名执法人员在检查中发现五四大街某银行开业庆典活动施放系留气球12只，执法人员出示了执法证，对值守人员进行了调查取证，现场不能出示审批手续。此系留气球为某广告有限公司施放。

西宁市气象局行政执法队经调查，确认：该次系留气球施放活动由某广告有限公司实施，施放系留气球活动未经许可。违法事实清楚、证据确凿，并依法对其作出行政处罚决定。

二、办案经过

（一）调查取证

1. 2012年3月29日，西宁市气象局两名执法人员对现场进行了勘验检查和拍照取证。

2. 2012年3月30日，西宁市气象局对西宁某广告有限公司发出了气象行政执法通知书，要求该公司法人代表到西宁市气象局行政执法队接受调查。3月31日，该公司有关人员携带有效证件及申辩材料到西宁市气象局行政执法队接受了有关调查询问。

根据以上证据，西宁市气象局认定如下事实：该公司于2012年3月29日未经许可，擅自施放系留气球，应当依法追究其法律责任。

（二）处理结果

2012年4月10日，经西宁市气象局执法人员集体讨论，一致认定：西宁某广告有限公司违法施放系留气球，证据确凿，事实清楚，违反了中国气象局《施放气球管理办法》，应给予行政处罚。

2012年4月13日，西宁市气象局给西宁某广告有限公司发出了《行政处罚决定书》，作出了给予警告的行政处罚决定。

三、案件启示

1. 西宁某广告有限公司具备施放气球资质，但未经许可擅自施放气球，其行为违反了《通用航空飞行管制条例》和《施放气球管理办法》，应该给予行政处罚，由于该公司能够认识到自己的错误，认错态度良好，违法行为并未造成严重后果，符合《气象行政处罚办法》及《气象行政处罚自由裁量权管理办法及气象行政处罚自由裁量权指导标准》有关从轻处罚的规定，因此，西宁市气象局决定给予某广告有限公司警告处罚。

2. 在办理案件过程中，执法人员将法律宣传与行政执法并举，通过气象法规规章的宣传和教育，提高行政执法相对人的气象法律意识，让其从内心对自己的违法行为有了清晰的认识，从而使行政执法相对人主动端正态度，及时纠正违法行为，配合案件的调查、取证和记录工作，这是此案处理比较顺利的重要原因。

本案中，对于行政执法相对人的违法行为是处以警告还是较大数额的罚款处罚涉及行政法上的比例原则。

比例原则是介于国家权力与公民自由之间的一种目的与手段的考量，可以成为行政合理性的下位原则。比例原则主要适用于行政机关行使行政自由裁量权领域，其基本含义是指行政机关行使自由裁量权时，应在全面衡量公益与私益的基础上选择对行政管理人侵害最小的适当方式进行，不能超过必要限度。

由于行政执法存在自由裁量权，所以要求行政权力主体在法定范围内尽可能合理、适当地做出行政决定，采取行政措施。比例原则作为行政合理性原则的重要组成部分，在我国的行政法学理论界和实务界日益受到重视。

如果对该公司处以数万元罚款，对行政执法相对人的权益会造成明显而严重的影响。作出行政处罚决定固然容易，但是要保证行政执法相对人能够理解并认识到其行为的违法和危害性，执法人员还需要从细节处着手，执法不仅依据法律条文，还要依据法律原则以及法律目的和法律条文背后所隐含的法律精神、法律价值。西宁市气象局运用人性化执法手段，注意行政执法工作细节问题，既维护了法律的严肃性和权威性，又保证了行政执法相对人接受行政处罚后的执行效果，从而消除不稳定的社会因素，妥善处理了此次施放气球违法案件，实现了良好的行政执法效果。

南昌市某茶庄违法施放系留气球案

一、案情介绍

2011年10月19日上午9时30分许，江西省南昌市气象局接获群众举报，称南昌市某茶庄正在施放两只系留气球，其行为疑为违法。接到举报后，南昌市气象局立即派出两名执法人员前往现场调查取证。经调查后得知，这两只系留气球系为庆祝开业所放。该茶庄负责人黄某对其违法行为亦供认不讳。在执法人员进行批评教育并责令停止违法行为后，茶庄负责人黄某当即停止施放气球。

为依法处理本案，南昌市气象局特别召开集体讨论会。参加会议人员一致认定该茶庄违法施放系留气球之行为，证据确凿，事实清楚。考虑到该茶庄负责人黄某认错态度良好，积极采取补救措施改正违法行为，没有造成危害后果，会议最终决定不予行政处罚。

二、办案经过

（一）调查取证

南昌市气象局在决定不予行政处罚的过程中，依法进行了立案调查，并收集了下列证据：

1. 对茶庄负责人黄某的气象行政执法调查询问笔录。证明两只系留氢气气球系某广告公司所有以及茶庄负责人黄某的认错态度。

2. 气象行政执法案件讨论记录。证明该茶庄负责人黄某认错态度良好，积极采取补救措施改正违法行为，没有造成危害后果。

根据以上证据，南昌市气象局认定如下事实：该茶庄于2011年10月18日上午9时30分许未经许可，擅自于其门前施放两只系留氢气气球以用于开业庆典，应当依法追究其法律责任。

（二）处理结果

南昌市气象局就该茶庄违法施放系留氢气气球一案，通过集体讨论，参加会议人员一致认定：该茶庄违法施放系留氢气气球之行为，证据确凿，事实清楚，违反了中国气象局《施放气球管理办法》，应予处罚。但是，考虑到该茶庄负责人黄某认错态度良好并且及时拆除了气球，没有造成危害后果，所以最终决定不予行政处罚。

三、案件启示

（一）违法行为主体需要正确认定

本案在调查取证的过程之中，行政机关确认被违法施放的两只系留氢气气球系某广告公司所有。该公司虽然获得了市交管局和市城管委的审批，但是没有取得气象局的批准。

由此可知，本案中茶庄方是合同法上服务合同的服务购买主体，也是价金的支付者；而该广告公司作为该两气球的所有者与施放者，是服务合同的行为上给付义务的履行主体。中国气象局《施放气球管理办法》第六条："对施放气球单位实行资质认定制度。未按规定取得《施放气球资质证》的单位不得从事施放气球活动。"第十三条："施放气球活动实行许可制度。施放气球单位施放无人驾驶自由气球至少提前5天、施放系留气球至少提前3天向施放所在地的设区的市级气象主管机构或者其委托的县级气象主管机构（以下简称许可机构）提出申请，并按要求如实填写《施放气球作业申报表》，提供《施放气球资质证》原件及复印件等材料。"因此，有义务取得资质并获得事前批准的主体应为履行行为上给付义务的广告公司。作为服务购买者的茶庄也没有法律上的监督义务，检查广告公司资质、许可取得与否。

由此可知，本案中作为当事人的该茶庄不仅不是违法主体，而恰恰应该称为合同利益受损的"被害人"。

（二）行政执法过程中证据完整性有待进一步加强

依照行政诉讼法上关于具体行政行为做出时证明责任的分配，行政主体负有取得具备真实性、合法性、相关性证据的义务。本案在调查取证环节还存在证据链单薄的不足之处。姑且不论案件最终处置是否得当，仅就证据完整性而论，本案至少还应该取得如下证据：

1. 该茶庄的营业证照复印件。本证据可以表示茶庄的名称、经营范围、法定代表人。从而证明案件主体上的适格性。

2. 茶庄负责人黄某的身份证明，如黄某的身份证复印件、户口簿复印件或警察行政机关的证明文书。该证据用以证明上述茶庄营业证照上所载法定代表人确系调查笔录中被调查人。

3. 系留气球施放现场的照片。本证据用以证明可能违法的事实确为存在。

4. 气球违法性的勘验笔录。《通用航空飞行管制条例》三十一条第三款："本条例所称系留气球，是指系留于地面物体上、直径大于1.8米或者体积容量大于3.2立方米、轻于空气的充气物体。"该两气球是否违法即容积是否大于3.2立方米，直径是否大于1.8米，仍然需要行政机关予以证明。

5. 违法行为补救措施的证据。本案处理结果为鉴于违法主体及时采取补救措施且违法情节与后果轻微，所以不予处罚。但，就算轻微与否属于裁量上自由形成的空间，可是违法行为补救措施采取与否却是一个完全客观的事件。所以，需要对其进行取证。对此，可以采取拍照的方式。

（三）行政权力运行中的谦抑与手段的必要

行政法上的比例原则，指的是行政权的运行应当合理、适当。关于这一原则，本案中所反映出的侧面是作为处罚结果的手段与惩戒的目的之间关系上是否合理与适当。对于本原则，可以从如下三个更为细化的角度进行把握：

1. 目的上的适当。这是指行政处罚的做出，其目的不在于单纯的惩罚，更不在于增加财政收入，而是在于维护行政法上良好的秩序。除此以外，行政处罚所针对的被处罚人还须是法律上适合的以及可能的——即作为被处罚人的相对人适格问题。

2. 手段上的必要。这是指，在各种处罚的手段当中，应当适用能有效达到行政目的的对相对人损害最小的手段。对此，行政法学上也称之为"损害最小原则"或者是"必要性原则"。反映到本案中，如果仅仅就手段的适当这个角度而论，考虑到茶庄负责人及时拆除气球且违法情节和后果轻微，依照《中华人民共和国行政处罚法》第二十七条第二款："违法行为轻微并及时纠正，没有造成危害后果的，不予行政处罚"做出不予处罚的决定，与其违法行为性质、情节以及危害性相适应，可谓合理、适当。

3. 价值上的合乎比例。这是从宏观的角度对行政处罚进行观察所提出的要求。即，行政处罚所追求的目的与处罚所带来的效果（无论是对被处罚人的不利效果还是对受害人甚至对公共利益的有利效果）而言，二者必须处于恰当的、合乎比例的状态之中。如果行政法所欲达成的公共利益甚微而对相对人采取了十分严重的处罚手段，就与本项规定不符。

（四）依照法定程序办事，从细节着手，保证行政执法的可接受性

正义不仅要实现，而且要以看得见的方式实现。行政执法程序确定了办事的步骤和顺

序，还具有增强最终结果的可接受性和行政机关公信力的作用。本案中，如果仅仅因为偶尔施放两个系留气球而处以数万元罚款，对相对人的权益会造成明显而严重的影响。作出一个行政处罚决定固然容易，但是要保证相对人能够理解并认识到其行为的违法和危害性，从而消除不稳定的社会因素，还需要从细节处着手。另外，以本案为例，现场笔录的制作等均符合法定程序的要求，从形式上保证了行政处罚决定的公正性和可接受性。

（五）适用法律需要进一步明确

本案在处理过程中，通观执法案卷材料，不论是立案事由还是结案报告、结案审查表，都没有引述具体适用的法律规定条文。这种做法与行政行为的明确性要求不符，也从侧面体现了执法水平有待提升的余地。对此需要引起重视。

第三部分

气象信息传播与气象探测环境保护案例

陕西省宝鸡市某酒店违法发布气象信息案

一、案情介绍

2014年11月15日上午9时30分，陕西省宝鸡市气象局在开展气象执法检查中发现，宝鸡市某酒店大堂显示屏正在转播、转载气象预报，其行为涉嫌违法。宝鸡市气象局执法人员前往现场拍照取证，并在该酒店办公室进行调查取证。经调查后得知，该天气预报系从网上获取，其行为属于违法转播、转载天气预报。该酒店办公室主任索某对其违法行为亦供认不讳。在执法人员进行批评教育并责令停止违法行为后，该酒店停止了违法行为。

为依法处理本案，宝鸡市气象局执法大队将该酒店违法行为上报市局。经市局执法领导小组会议决定，该酒店违法转播、转载天气预报的行为，证据确凿，事实清楚。会议最终决定立案查处。

二、办案经过

（一）调查取证

宝鸡市气象局执法大队依法进行了立案调查，并收集了下列证据：

1. 对该酒店办公室负责人索某进行了调查询问，制作了气象行政执法调查询问笔录。证明了该酒店违法转播、转载气象预报的事实。

2. 现场进行了照相，取得了违法现场照片。用以证明该酒店存在利用显示屏进行违法转播、转载气象预报的行为。

3. 气象行政执法案件讨论记录。证明该酒店办公室负责人索某认错态度良好，积极采取补救措施改正违法行为，没有造成危害后果。

根据以上证据，宝鸡市气象局认定：该酒店于2014年11月15日上午9市30分，未经许可利用显示屏擅自转播、转载天气预报的行为，事实清楚、证据确凿，应当依法追究其法律责任。

（二）处理过程及结果

1. 2014年12月8日，宝鸡市气象局执法大队依据《中华人民共和国气象法》第三十八条、《陕西省气象条例》第三十二条，《气象预报发布与刊播管理办法》第十条规定，对该酒店下达了《气象行政执法行政处罚告知书》，拟给予该酒店违法行为处以9 000元罚款。

2. 2014年12月11日，该酒店法人代表杨某在宝鸡市气象局执法大队进行了陈述和申辩，表示该酒店对相关气象法律法规不知情，并表示及时改正违法行为。

3. 2014年12月26日，宝鸡市气象局行政执法领导小组对该酒店违法转播、转载天气预报一案，通过集体讨论，参加会议人员一致认定：该酒店违法转播、转载天气预报之行为，证据确凿，事实清楚，违反了《中华人民共和国气象法》第三十八条、中国气象局《气象预报发布与刊播管理办法》第十条规定，应予处罚。但是，考虑到该酒店负责人及时改正违法行为，没有造成危害后果，所以最终决定不予行政处罚。

三、案件启示

（一）对当前违法转播、转载天气预报具有警示作用

当前，违法转播、转载天气预报违法现象比较多，必须进行规范管理。本案在处理过程中，可以发现，从立案调查到案件终结，仅用了38天，通观执法案卷材料，不论是立案事由还是结案报告、结案审查表，都完整详细，执法程序比较规范，气象执法效率大大提高，体现了从严从快的原则，对违法发布天气预报市场起到了极大的震慑警示作用。

（二）行政执法过程中证据完整性有待进一步加强

依照行政诉讼法上关于具体行政行为做出时证明责任的分配，行政主体负有取得具备真实性、合法性、相关性证据的义务。本案在调查取证环节还存在证据链单薄的不足之处。姑且不论案件最终处置是否得当，仅就证据完整性而论，本案至少还应该取得如下证据：

1. 该酒店的营业证照复印件。本证据可以表示酒店的名称、法定代表人。从而证明案件主体上的适格性。

2. 该酒店负责人杨某的身份证明，如杨某的身份证复印件、户口簿复印件。该证据用以证明上述该酒店营业证照上所载法定代表人确系调查笔录中被调查人。

3. 转播转载天气预报违法性的勘验笔录。在执法照像过程中，要注意做好勘验笔

录，进一步巩固违法事实。

（三）行政权力运行中的谦抑与手段的必要

行政法上的比例原则，指的是行政权的运行应当合理、适当。关于这一原则，本案中所反映出的侧面是作为处罚结果的手段与惩戒的目的之间关系上是否合理与适当。对于本原则，可以从如下三个更为细化的角度进行把握：

1. 目的上的适当。这是指行政处罚的做出，其目的不在于单纯的惩罚，更不在于增加财政收入，而是在于维护行政法上良好的秩序。除此以外，行政处罚所针对的被处罚人还须是法律上适合的以及可能的——即作为被处罚人的相对人适格问题。

2. 手段上的必要。这是指，在各种处罚的手段当中，应当适用能有效达到行政目的的对相对人损害最小的手段。对此，行政法学上也称之为"损害最小原则"或者是"必要性原则"。反映到本案中，如果仅仅就手段的适当这个角度而论，考虑到该酒店负责人及时改正违法情节和后果轻微，依照《中华人民共和国行政处罚法》第二十七条第二款："违法行为轻微并及时纠正，没有造成危害后果的，不予行政处罚"，做出不予处罚的决定，与其违法行为性质、情节以及危害性相适应，可谓合理、适当。

3. 价值上的合乎比例。这是从宏观的角度对行政处罚进行观察所提出的要求。即，行政处罚所追求的目的与处罚所带来的效果（无论是对被处罚人的不利效果还是对受害人甚至对公共利益的有利效果）而言，二者必须处于恰当的、合乎比例的状态之中。如果行政法所欲达成的公共利益甚微而对相对人采取了十分严重的处罚手段，就与本项规定不符。

重庆市某房地产公司在建工程破坏
大足国家基本气象站探测环境案

一、案情介绍

2014年8月，重庆市大足区气象局执法人员在例行巡查气象探测环境时，发现重庆市某房地产开发有限公司新建楼盘有可能影响大足区国家基本气象站气象探测环境。大足区气象局执法人员将相关情况汇报当地政府和市气象局后，向建设方重庆市某房地产开发有限公司发出了《责令停止违法行为通知书》，要求其立即停止建设。但建设方收到通知后却拒不停工，有鉴于此，大足区气象局随即启动行政处罚程序。通过现场勘查和询问相关当事人，确定了其"在气象探测环境保护范围内，未征得气象主管机构同意，开展工程建设项目施工，造成国家基本气象站气象探测环境受到破坏"的违法事实。

由于本案当事人事先取得了规划和建设部门的施工许可，为依法处理本案，大足区气象局召开专门会议研究案情，并邀请了当地政府和相关部门参加。参会人员一致认为本案件违法事实清楚，证据确凿，适用法律准确。基于违法当事人是取得了建设和规划部门施工许可开始建设的特殊情况，且积极配合执法人员工作认错态度较好，大足区气象局最终决定要求重庆市某房地产开发有限公司消除不利影响，并对之处以罚款4万元人民币的行政处罚。

二、办案经过

2014年8月1日，大足区气象局行政执法人员在例行巡查气象探测环境时，发现大足区气象探测环境保护区内有工程项目在进行施工。执法人员立即开展了外围调查，对当事人的违法行为进行了照相取证并制作了现场勘查纪录，在初步确定了违法主体责任人和违法事实后报气象局相关领导审批进行立案查处。

（一）调查取证

案件确认立案后，大足区气象局执法人员依法进行了立案调查，并收集了下列证据：

1. 用以确认违法事实的证据：对违法现场进行照相、摄像，以及制作气象行政执法现场勘验检查笔录；对重庆市某房地产开发有限公司部门负责人唐某进行问询并制作的气象行政执法调查询问笔录。

2. 用以确认违法主体身份的证据：重庆市某房地产开发有限公司的企业法人营业执照、中华人民共和国组织机构代码证、法人代表身份证、委托人身份证、委托书等。

3. 用以确认违法主体对于违法行为是否存在主观故意的证据：重庆市某房地产开发有限公司出具的气象探测环境保护建设工程项目基础数据提供承诺函及观测场环境保护建设项目基础数据表。

4. 依据以上资料制作的建设项目对气象探测环境影响评价意见书及其送达回执。

根据以上证据，大足区气象局认定如下事实：确定重庆市某房地产开发有限公司在气象探测环境保护范围内，且未征得气象主管机构同意，开展建设项目的施工，对大足区国家基本气象站气象探测环境造成了影响，应当依法追究其法律责任。

（二）处理结果

重庆市某房地产开发有限公司建楼影响气象探测环境案，通过集体讨论，参加会议人员一致认定：本案件违法事实清楚，证据确凿，适用法律准确，违反《中华人民共和国气象法》第二十条和第二十一条，根据《中华人民共和国气象法》第三十五条对其进行行政处罚。基于违法当事人认错态度比较好且积极配合执法人员工作，大足区气象局对其做出"消除不利影响，并处4万元人民币罚款"的处理决定。

三、案件启示

（一）现行法律对于此类违法行为的处罚力度不足，当事人违法成本过低，不利于气象探测环境保护工作的开展

《中华人民共和国气象法》第三十五条规定："在气象探测环境保护范围内从事危害气象探测环境活动的由有关气象主管机构按照权限责令停止违法行为，限期恢复原状或者采取其他补救措施，可以并处5万元以下的罚款；造成损失的，依法承担赔偿责任；构成犯罪的，依法追究刑事责任。"

本案中的违法主体重庆市某房地产开发有限公司，在开展建设项目报建手续的时候，大足区气象局工作人员就已经给其送达了《重庆市大足区建设项目对气象探测环境影响评价意见书》及相关法律法规宣传手册，明确要求其应该按照气象法律法规的要求控制建设项目修建的高度、方位等。但该公司拒不接受，依然按原规划施工，故意违法，究其原因

是违法成本过低，违法获利大大超过违法责任，当事人宁愿违法后接受处罚，也不愿意遵守法律规定。

（二）气象探测环境保护前期执法缺乏强制手段，违法行为一旦出现，责令恢复原状难以执行

气象探测环境保护执法工作任务重、责任大，往往涉及大型工程建设项目，要完全防止此类违法行为对气象探测环境造成的影响必须在工程项目施工的前期就进行及时制止。但目前《中华人民共和国气象法》等相关法律法规对于相关违法行为并未设立强制措施，对拒不履行气象行政处罚决定的行为，只能向人民法院申请强制执行，待法院作出是否进行强制执的裁定后，往往违法工程项目已经建设成一定规模，对探测环境的破坏已经造成，难以再恢复原状。

（三）探测环境保护行政执法工作受到的外部干扰大

目前地方政府的考核机制是以经济发展作为重点考核目标，以GDP的增长评估政府执政水平和执政能力。随着城市的不断扩展，原先处于郊区的气象探测场被各类建筑所包围。因此，破坏气象探测环境的案件时有发生，而且违法行为大都是经过了当地政府或政府的相关部门的许可或者默许，现行法律法规对与气象探测环境的保护要求常常与地方政府的开发建设规划发生冲突，这就需要气象探测场在选址上具有更远的前瞻性。

（四）宣传气象探测环境保护重要性的力度不够

为了更好地对气象探测环境进行保护，还可以考虑充分利用各种媒体，采取多种形式以加大对全社会的宣传力度。向全社会广泛、深入地宣传《中华人民共和国气象法》《气象探测环境设施保护办法》，有关地方性法规、规章，以及典型案例，广泛宣传不按照气象主管机构的审批进行城市规划建设和破坏气象探测环境将受到法律的处罚，切实提高全社会对气象探测环境保护重要性的认识。

（五）气象探测环境的保护需要多部门建立的完善并联审批机制

探测环境保护工作需要与规划、建设等部门建立并联审批机制，目前规划和建设部门在制定城市发展规划和开展建设项目审批时，大多数情况会征求气象部门的意见，但征求意见不等于采纳气象部门的意见，规划和建设部门的审批始终是围绕地方经济建设开展的，一旦出现探测环境保护与地方经济建设相冲突的情况，其肯定是优先考虑地方经济发展，只有将气象探测环境保护纳入建设项目并联审批事项，才有可能真正地实现城市建设与气象探测环境保护协调发展。

贵州省某房地产开发有限公司破坏贵定县气象探测环境案

一、案情介绍

2014年5月9日，贵州省黔南布依族苗族自治州（以下简称黔南州）气象局接到贵定县气象局案件移送表，反映贵州省某房地产开发有限公司的某小区二期工程破坏贵定县气象探测环境，经去函协商、业务科测量，初步确定对探测环境即将造成破坏，因贵定县气象局执法人员不足，移送该案至黔南州局进一步处理。

黔南州气象局接到移送案件后经集体讨论决定立案、派两名执法人员进行调查取证、召开听证会、下发《停止违法行为通知书》等，对违法行为进行制止。贵州某房地产开发有限公司采取拒签执法文书等方式抗拒行政执法，黔南州气象局经集体研究决定下发拆除某小区二期工程6号楼海拔高度1 017.21米（探测环境保护最低高度）以上的建筑、罚款人民币4万元的行政处罚决定。

下发处罚决定后，贵州省某房地产开发有限公司对黔南州气象局的行政处罚决定不服，向黔南州人民政府申请了行政复议，行政复议机关认为黔南州气象局作出的行政处罚认定事实清楚，证据确凿充分，程序合法，适用法律依据正确，内容得当，依法予以维持。

行政复议决定下发后，该房地产开发有限公司向都匀市人民法院提起行政诉讼，都匀市人民法院经审理认为，黔南州气象局作出的处罚决定中使用的证据适用的作业技术依据《工程测量规范》GB50026—93已经废止，不能作为认定原告违反气象法规的证据，故判决撤销黔南州气象局作出的行政处罚决定，并重新作出行政行为。

二、办案经过

（一）调查取证

黔南州气象局执法人员依法进行了立案调查，并收集了下列证据。

1. 对贵州省某房地产开发有限公司的气象行政执法调查询问笔录。

2. 气象行政执法案件讨论记录。

3. 四川盐业地质钻井大队作出的《贵定县气象局气象观测场周边高层建筑鉴定测量报告》。

4. 听证笔录。

根据以上证据，黔南州气象局认定如下事实：观测场海拔高度为1 001米，贵州某房地产开发有限公司某小区二期工程6号楼海拔高度已达1 023.4米，与观测场最近点之间的水平距离为129.67米，根据《气象设施和气象探测环境保护条例》第十四条第一款和第十七条之规定，某小区二期工程地处贵定县气象局观测场周边800米探测环境保护范围内，高度不得超过其与观测场水平距离的1/8，即该建筑物高度应不得高于海拔高度1 017.21米，该建筑已经超高，应依法予以处罚。

（二）处理结果

贵州某房地产开发有限公司破坏贵定县气象探测环境一案，通过集体讨论，参会人员一致认定：该公司违法事实清楚，证据确实、充分，依据《气象设施和气象探测环境保护条例》第二十八条之规定及该公司的认错态度较差的情况，决定予以责令拆除该工程6号楼海拔高度1 017.21米（探测环境保护最低高度）以上的建筑、罚款人民币4万元的行政处罚。

三、案件启示

（一）程序合法是保障

作为行政机关，对程序的把握和运用至关重要，各程序阶段的词语运用、时间把握要准确得当，经得起推敲，一个小小的失误便会导致具体行政行为被撤销的严重后果。本案在行政处罚立案等程序中多次经集体讨论决定，在下达行政处罚决定书前，下发了行政处罚告知书，充分保障了当事人陈述、申辩、听证等权利。但案件移送程序不够规范，贵定县气象局多以电话或汇报方式将案件移送法规科，有先处理再补充资料的行为。

（二）证据收集是关键

行政案件的一大特点便是到行政复议及行政诉讼阶段，行政机关负有举证义务，无法提供合理合法的证据必然会导致具体行政行为被撤销的后果。因基层执法队伍并非专职，个人的法律素养也参差不齐，在证据收集过程中法规科领导无论从实体到程序均需给予充分的指导，以确保证据材料合理合法。

一是要确保证据收集的完整性，保证每个阶段、每个过程都要留有痕迹。如送达执法文书要有送达回执、案件讨论要有记录、委托测绘部门进行测绘要有委托书，听证之前要送听证通知书及收取送达回证，本案被黔南州人民政府复议机关肯定的一大亮点便是在执法前期、中期、后期均有每周在观测场同一地点拍摄的工程进度照片。

二是要确保证据的合法性，不仅要保证主体合法、程序合法，还要保证证据来源合法。本案到行政诉讼阶段具体行政行为被撤销并要求重新作出具体行政行为在于法院认为，黔南州气象局作出的处罚决定中使用的重要证据——四川盐业地质大队适用的作业技术依据《工程测量规范》GB50026—93已经废止，不能作为认定原告违反气象法规的证据。

三是要确保证据的细节方面符合法律规定。如笔录部分要保证每一页均有当事人的签名，更改部分必须有当事人按压的手印，在留置送达的情况下，要有派出所、居委会等相关机构签收的回执，要在笔录终了处由被调查人注明"此记录属实"字样和听证结束时间。另外证据表述也十分关键，执法部门不能待工程竣工后才去取证，对尚未竣工的建筑用观测场的水平高度、观测场与建筑物之间的距离测算出建筑物的限高比较可行。

（三）执法要以保护探测环境为目的，前期功课需做足

本案被黔南州人民政府复议机关肯定的另一亮点是，2012年12月18日，在《气象设施和气象探测环境保护条例》实施当月，贵定县气象局便向县委、人大、人民政府等14家单位送达备案，在本案立案之前通过向开发商发函、向贵定县人民政府及相关部门发函报告等多种方式进行告知。

（四）人员配备要合理

黔南州行政执法人员有限，在案件讨论及执法过程要为后面的听证程序及复议过程留有必要的人选，如法规科科长参加执法或局领导全部参与案件讨论，在听证程序及复议程序中，担任记录员或主持人，则有被当事人申请回避的可能，在法律专业人员原本紧张的情况下再另行指定人员开展听证及复议工作不利于案件的顺利进行。

（五）气象机构主体名称需统一

在行政执法及诉讼过程中，当事人提出需证明贵定气象站为国家一般气象站的相关证据材料。根据《气象设施和气象探测环境保护条例》第十四条的表述为"禁止实施下列危害国家一般气象站探测环境的行为：……"而根据2006年国家机构调整方案，贵定县一般气候站调整为"国家气象观测站二级站（一般气候站）"，机构调整方案中对贵定气象站

的表述与法律法规规定的表述不完全一致，虽在系统内部知道二级站（一般气候站）即为一般气象站，但到了行政诉讼的层面，一字之差便难以证明是同一探测环境。

（六）气象探测环境保护执法困难重重

一是气象探测环境保护执法的背后是气象探测环境与地方经济发展之间的深层次矛盾，在气象部门"双重管理"这样尴尬的背景下，执法困难多、阻力大。二是执行难。气象探测环境保护行政执法大多是要拆除超高的建筑物，涉及的金额少则几十万元多则上千万元，影响面大，申请法院强制执行来自各方的压力大。三是气象行政执法的社会认同度低，在短时间内无法实现如交通执法、安监执法同样的威慑力，本案中当事人多次出现拒签法律文书、无理狡辩、到基层气象部门找麻烦等现象。四是执法人员均为兼职，开展执法工作不系统、不专业，容易在法律适用尤其是程序法律适用方面出现纰漏。五是气象部门干部职工尤其是领导干部知法用法水平需进一步提高。

本案中，贵定县气象局是贵定县城规委成员单位，此规划在讨论时贵定县气象局已派人参加，并提出"请按相关法律法规对探测环境进行保护"的意见，但未提出具体如何保护的意见，气象部门没有尽职工作，致使城规委在2011年通过设计方案时按照自己理解将已连成排的建筑作为独立单体来考虑探测环境保护问题。2012年12月1日《气象设施和气象探测环境保护条例》实施后，通过的设计方案对探测环境的影响已不可避免，这是值得借鉴的。

某营区建设项目准予行政许可案

一、案情介绍

北京市气象局楼顶安装有市局业务应急备份雷达，中国人民解放军某营区临近北京市气象局，距离市气象局雷达最近处不到500米。2014年某营区规划在其院内建设经济适用房等建筑，北京市气象局要求其建筑不能对雷达探测造成影响。2014年6月3日，某营区向北京市气象局递交了《北京市影响气象台站观测环境建设项目许可申请书》，经北京市气象局审查，某营区规划建设项目建筑物的高度均在该局允许高度以内，不会对雷达探测造成影响，因此，2014年6月9日，对此规划建设项目，北京市气象局决定予以批准，对某营区做出了《北京市气象局准予行政许可决定书》。

二、办案经过

（一）调查取证

近几年北京市气象局非常重视台站探测环境的保护工作，已将北京市所有气象观测台站需要保护的要求在市规划部门进行了备案。

某营区对其建设项目到北京市规委审批时，被告知其建筑物高度应符合气象观测台站探测环境保护的要求，不得对北京市气象局天气雷达探测造成影响，应先征得北京市气象局的同意。后某营区于2014年6月3日向北京市气象局提出了《北京市影响气象台站观测环境建设项目许可申请书》，申请书中对规划建设的建筑物高度给出了详细数值，其中最高一栋建筑物对北京市气象局天气雷达有所遮挡，但满足雷达探测环境保护要求。6月3日，气象局组织人员前往现场对全部数据进行勘查，结果与申请表一致，表明该建设项目不会对雷达探测造成影响。

（二）处理结果

2015年6月5日，北京市气象局依照《中华人民共和国行政许可法》第三十八条第一款、《中华人民共和国气象法》第二十一条、《气象设施和气象探测环境保护办法》第十七条第一款的规定，对某营区做出了《北京市气象局准予行政许可决定书》，同意其建筑物建设高度。

三、案件启示

为了做好气象观测台站探测环境保护工作，气象主管部门应加强气象探测环境及探测设备保护的宣传工作，特别是要将气象设施和台站探测环境保护要求、保护标准到各级规划部门去备案，争取进入到涉及台站周边建设项目的审批流程中，从源头把关，这样尽可能减少或杜绝破坏气象探测环境事件的发生。

临桂县某投资公司影响气象探测环境案件

一、案情介绍

广西壮族自治区桂林市临桂县某投资公司在临桂县国家一般气象站附近投资建设的某小区项目于2013年动工。2013年8月、11月和2014年1月，临桂县气象局三次函告该公司，指出小区建设项目应避免危害气象探测环境，但该公司不予理睬。2014年3月，该小区2号楼超过气象探测环境保护要求的高度，临桂县气象局向桂林市气象局申请执法。桂林市气象局于2014年5月对该公司作出罚款4.5万元的决定。该公司拒不执行处罚决定。

2014年11月，桂林市气象局向临桂县人民法院申请强制执行拆除违法建筑。2015年1月，临桂县人民法院裁定不予执行。2015年2月，桂林市气象局向桂林市中级人民法院申请行政复议。2015年6月，桂林市中级人民法院裁定撤销临桂县人民法院裁定，准予强制执行。

二、办案经过

（一）调查取证

2014年3月，桂林市气象局予以立案查处。执法人员通过调查询问和现场勘验检查，制作相应笔录，确认临桂县某投资公司建设的某小区2号楼的建设高度已超过《气象设施和气象探测环境保护条例》第十四条的规定的事实。同月，下达《责令停止违法行为通知书》。由于该公司未在规定时间内停止违法行为，4月18日，桂林市气象局下达了《听证告知书》和《行政处罚告知书》。4月24日，该投资公司送来了《申辩书》，说明该小区项目已取得土地、规划、建设等部门颁发的许可证，属合法建设项目。5月15日，桂林市气象局经过案件讨论，认为该公司没有取得气象部门避免危害气象探测环境的许可而开工建设，属于违法建设。

（二）处理结果

2014年5月，桂林市气象局对临桂县某投资公司下达行政处罚决定，责令其将违法建筑物的高度拆除至气象探测环境保护控制高度18.0米以内，并处以4.5万元罚款。该公司拒不履行行政处罚决定，8月25日，桂林市气象局下达了《履行行政决定催告书》。经过催告，该投资公司于9月16日缴纳了4.5万元罚款，但拒不拆除违法建筑超高部分。

2014年11月10日，桂林市气象局向临桂县人民法院申请强制拆除该楼的超高部分。2015年1月6日，临桂县人民法院在法院举行听证会。1月23日，临桂县人民法院以该项目已取得土地、规划、建设等许可证为由，作出不予强制执行裁定。

2015年2月2日，桂林市气象局向桂林市中级人民法院递交了行政复议申请书等材料，请求撤销临桂县人民法院的行政裁定。3月23日，桂林市中级人民法院举行听证会。6月17日，桂林市中级人民法院认定临桂县人民法院裁定不当，予以撤销，准予强制执行。12月1日，裁定送达桂林市气象局。

三、案件启示

（一）相关部门的许可不能成为危害气象探测环境的合法理由

本案中，违法行为人和基层法院认为项目已取得土地、规划、建设等部门颁发的许可证，就可以按照许可要求建设，而不管是否违反气象探测环境保护相关法律规定，这在气象探测环境保护执法中，是经常遇见的一类问题。气象探测环境保护相关法律法规，是全社会应当共同遵守的法律规范，在探测环境保护范围内修建建筑物，既要遵守建设、规划方面的法律，也要遵守气象探测环境保护方面的法律，不能有选择性地遵守。气象部门依据气象探测环境保护法律对行政执法相对人进行处罚，有合法依据。

气象探测环境保护法律与建设规划方面的法律并不冲突。2012年12月1日起实施的《气象设施和气象探测环境保护条例》第十七条规定，对无法避免要危害气象探测环境的，未征得气象主管机构书面同意或者未落实补救措施的，有关部门不得批准其开工建设。本案中有关部门没有征得气象部门书面同意而批准其开工建设，违反法律规定，相关许可应当撤销。违法行为人也不得依据违法的许可进行项目建设。

（二）气象探测环境保护行政处罚的环节还可再提前一些

本案中，桂林市气象局在违法建筑物对气象探测环境造成实质危害后才实施处罚。我们认为，在违法建筑物开工之时，也可以进行处罚。其依据是《中华人民共和国气象法》第二十一条规定：新建、扩建、改建建设工程，应当避免危害气象探测环境；确实无法避免的，属于国家基准气候站、基本气象站的探测环境，建设单位应当事先征得国务院气象主管机构的同意，属于其他气象台站的探测环境，应当事先征得省、自治区、直辖市气象主管机构的同意，并采取相应的措施后，方可建设。

《气象行政许可实施办法》（中国气象局第17号令）第四十二条规定：公民、法人或者其他组织未经行政许可，擅自从事依法应当取得气象行政许可的活动的，由有关气象主管机构按照权限给予警告，责令停止违法行为，可并处3万元以下的罚款。因此，对设计明显超高，会危害气象探测环境，又未经省级气象主管机构书面同意建设的，可以在开工建设阶段予以处罚。

（三）面对各类困难要坚持依法行政

本案中，桂林市气象局坚持顶住各种压力，在基层法院裁定不予执行后，坚持依法申请行政复议，在听证会中坚持依法行政，赢得桂林市人民法院的裁定，取得最终胜利。

（四）拆除违法建筑的两种途径选择

当前很多气象探测环境保护案件最终因执行难而无法完全消除危害影响。一方面法院担心强制拆除会给社会造成不稳定影响，另一方面法院也以最高人民法院司法解释提出违反《中华人民共和国城乡规划法》的由政府组织强制拆除来作挡箭牌。要做好气象探测环境保护工作，主要还是要依靠政府的组织协调，由有强制执行权的部门及早制止违法行为，对不依法履职的，要提请政府追究责任。对法院不予强制执行的，可以提请人大进行监督，或者提请上级法院进行监督，督促其履行法定职责。

西藏自治区那曲地区比如县新修私人
住房影响气象探测环境案

一、案情介绍

2012年4月8日，西藏自治区气象局接到那曲地区气象局重大突发事件报告——《关于比如县气象局探测环境即将遭到破坏的报告》。4月9日，西藏自治区气象局主管局长作了重要批示，要求"观测网络处、法规处尽早派人协助解决"。4月10日，由西藏自治区气象局观测网络处、法规处、那曲地区气象局一行6人组成的工作组赶赴比如县气象局。工作组在较短时间内解决了矛盾，依法依规保护了探测环境。

二、办案经过

比如县地处那曲地区东部，是一个气象灾害多发区，特殊地理位置和地理环境决定了该县灾害频发的气候特点，气象观测场是保障气象工作正常开展的基础性工程，探测环境的好坏直接影响气象探测数据的代表性、准确性和连续性，影响气象服务经济社会建设的效果。那曲地区行政公署、住建局历来高度重视气象探测环境保护，分别于2011年与各县、区人民政府签订了《气象探测环境保护协议书》，并进一步明确了，县、区人民政府发展改革、国土资源、住房城乡建设、通信管理等有关部门，在审批新建、扩建、改建建设工程前，应当书面征求县、区气象局的意见，县、区气象局应当在法定时间内作出书面答复。未经县、区气象局同意，有关部门不得履行审批等方面的责任。

2012年4月7日，比如县气象局工作人员发现，观测场东南方向一住户对直线距离不足10米的住房进行加高，严重影响了气象探测环境。发现该情况后，那曲地区气象局立即启动应急预案，委派比如县气象局负责人积极与县委、县人民政府和住建局取得联系，并派相关人员深入住户家中，对其进行气象法律法规方面的教育工作。

（一）比如县基本情况及气象局现状

比如县地处那曲地区东部，由于长期的历史原因，社会情况十分复杂，为西藏乃至那曲地区维稳重点县，西藏自治区那曲维稳一线指挥部长期设在比如县，并由地级干部长期蹲守，社会形势严峻，维稳工作繁重。

比如县气象局属国家一般气象站，始建于1978年，气象资料为全国交换，主要承担气象数据采集上传和地方气象服务。测站拔海高度为3 940米，占地面积2 700平方米左右，建站初期在城市外，随着城市化进程的不断加快，现在位置为县城中心。

（二）调查过程

2012年4月6日，比如县气象局观测人员在巡视仪器时，发现观测场东南面住户屋顶有人活动，认为住户在对房顶进行维修。4月7日，发现有建筑工人在房顶进行测量，经调查得知住户要在原有基础上修建四层楼，该建筑距观测场不到10米，建成的第四层房屋将严重影响观测环境。

4月8日，比如县气象局行文向那曲地区气象局和县人民政府进行了汇报，县长和主管气象工作的副县长作了批示，要求："由县发改委、国土局、气象局等部门进行实地了解拿出处理意见。"

4月10日，工作组、县气象局、发改委、国土局负责人召开了碰头会。会上，工作组一是听取了比如县气象局的汇报；二是向县发改委、国土局负责人就有关气象探测环境保护的法律法规进行了说明，强调，"比如县气象探测环境属专向保护，比如县气象局已经将气象探测环境保护向县人民政府、发改委、国土局、建设局进行了备案，并纳入到城乡规划中，政府有责任、有义务加以保护。"县发改委、国土局的负责人也充分地认识到保护气象探测环境的重要性，对气象局的工作给予了很大的支持。

随后，由工作组、县气象局、发改委、国土局对该住户进行了解，据调查该住户拟建房屋属宅基地，2008年从该县职工手中以75万元的价格买进，土地证、购买发票齐全，在土地使用上合法合规。但是该住户拟在该地段修建坐北朝南主体四层局部二层的房屋（住户以2.5万元的设计费设计了图纸，住户拟将四层楼出售，二层楼自己居住，并且已经拿到出售房屋的定金），与观测场距离10米，四层楼仰角达到54度，对观测环境造成极大的破坏。违反了《中华人民共和国气象法》。因此，工作组对该住户提出必须修改设计方案，如果不修改将导致观测环境遭到破坏，比如县观测场所采集观测数据将无任何代表性。

工作组深入住户家里讲解气象探测环境保护法律法规，讲解保护探测环境的重要性；通过工作组、县气象局、发改委、国土局负责人的耐心工作，住户思想上有所转变。

（四）处理结果

4月11日上午，工作组将4月10日所调查、了解和住户交涉的情况，向县人民政府主管气象副县长进行了汇报，汇报中，工作组再次强调："气象探测环境专项保护的备案情况，政府有责任加以保护。"县领导高度重视气象探测环境的保护工作，对工作组的工作给予很大的支持，主管气象工作的副县长及时通知住户并亲自谈话，要求住户遵守气象探测环境法律法规，配合气象部门做好工作。当天下午，县长签发，"由县发改委向住户以藏汉两种文字下发通知"，住户意识到利害关系，愿意积极配合气象部门对设计图纸进行修改。最终比如县探测环境得到保护。

三、案件启示

（一）平衡原则

在不违法的前提下最大限度地保护行政执法相对人的合法权益。协议中要求：居民根据现有图纸在不影响探测环境保护和居民实际利益的情况下，对待修建房屋朝向进行变更；并对拟建住宅高度进行调整；层高不得超过9.5米，女儿墙为通透式，靠近观测场的改建房屋只能修建一层，南北长度为17.2米，二层建于观测场东南角宽度为9米，朝向为坐北朝南，高度6米。

（二）在考虑法律效果的同时要考虑社会效果及政治效果

比如县是那曲地区维稳工作的最前沿，人员情况复杂，任何的小矛盾都能引发群体性事件，给劝导工作带来很大难度。为避免事态加重，那曲地区气象局已成立相关应急领导小组，对该事件进行统一管理协调，恳请西藏自治区气象局法规处、观测网络处第一时间派员赴基层妥善解决此事，地区气象局将全力配合。

（三）兼顾处罚与教育相结合原则

《中华人民共和国行政处罚法》第五条规定："实施行政处罚，纠正违法行为，应当坚持处罚与教育相结合，教育公民、法人或者其他组织自觉守法。"既要发挥处罚的威慑、惩罚作用，又要发挥教育、引导作用，建立一个良性的行政管理体制。

（四）执法效率

本案从4月7日发现影响探测环境隐患到4月12日完全解决问题，用了仅仅5天时间，既捍卫了气象法规的权威性，又间接保护了居民的利益，让行政执法相对人损失降到最小，非常值得借鉴。

陕西省某实业有限公司破坏气象探测环境案

一、案情介绍

2010年11月8日，陕西省渭南市气象局接到合阳县气象局上报，称：2010年11月7日，陕西某实业公司在合阳县气象局观测场东40余米处开挖新建十二层的"御园"小区工程，破坏了气象探测环境，申请渭南市气象局立案查处。

2010年11月9日渭南市气象局予以立案。执法人员进行现场勘验、制做勘验示意图，并向行政执法相对人、县城建局等调查询问制作笔录两份。11月16日，将相关勘验资料委托气象业务管理机构鉴定，在确认该公司行为确属违法后，于11月19日向其送达《责令停止违法行为的通知书》等执法文书，12月8日送达《气象行政执法行政处罚决定书》。在处罚决定书送达后，当事人在法定期限内既未积极履行决定书载明的义务也未提出复议、诉讼。期满后，渭南市气象局于2011年3月16日向渭南市中级人民法院申请强制执行。

二、办案过程

（一）调查取证

渭南市气象局依法进行了立案调查，收集了下列证据。

1. 2010年11月8日，陕西省渭南市气象局接到合阳县气象局举报。

2. 2010年11月9日，陕西省渭南市气象局立案。

3. 2010年11月11日，陕西省渭南市气象局对施工现场进行勘验并制作现场勘验检查笔录、调查询问笔录。

4. 2010年11月12日，陕西省渭南市气象局制作调查询问笔录。

5. 2010年11月15日，陕西省渭南市气象局委托业务科进行专业鉴定。

6. 2010年11月17日渭南市气象局下发《气象行政执法责令停止违法行为通知书》。

7. 2010年11月28日渭南市气象局进行案件集体讨论，决定处罚结果。

8. 2010年11月30日渭南市气象局送达《行政处罚告知书》《行政处罚听证告知

书》。

9. 2010年12月6日渭南市气象局制作《行政处罚决定书审批表》。

10. 2010年12月8日渭南市气象局送达《行政处罚决定书》。

11. 2011年3月16日渭南市气象局向法院申请强制执行。

12. 2011年5月20日渭南市气象局针对陕西某实业有限公司向法院提交的《非诉执行异议申请书》法院组织召开听证会，渭南市气象局进行了答辩（当地政府法制办组织法律顾问旁听）。

13. 2013年12月20日，渭南市中级人民法院裁定准予撤销，终结执行。

（二）处理结果

因地方政府干扰等原因，渭南市中级人民法院以不执行具体行政行为，无法恢复探测环境为由，致使无法执行，直至两年后的2013年12月20日，渭南市中级人民法院以人员更换为由要求撤销申请，经渭南市气象局领导研究决定，同意撤销该案件的执行，法院行政裁定撤销申请予以结案。

三、案件启示

（一）案件启示

1. 执法人员严格按照法定程序办理违法案件是顺利查处该案的关键。

2. 多次就违法事实到行政执法相对人处及城建局等部门调查取证，制作笔录，使案件事实清楚，证据确实有效。

3. 本案的违法背景是，气象部门将探测环境保护备案材料已在当地建设、土地、规划、法制等部门备案，且分别进行保护承诺回复的情况下，当地政府作为招标、拍卖、挂牌的形式拍卖给陕西某实业公司而出现的破坏气象探测环境行为。尽管本案行政执法相对人在法院审查期间提出了异议，但对案件的定性无任何实质性的改变，渭南市气象局也进行了有力的答辩。

（二）思考和建议

通过本案件的查处过程和结果来看：

1. 在探测环境保护案件中，气象行政执法受执法权限和程序的限制，无法在第一时间强制停止违法行为，导致应该执行时已成既定事实，执行阻力太大。

2. 当地政府有关部门的集体违法行为是导致该起违法行为发生的主因，且受地方保护主义的影响，案件背景异常复杂，查处难度大，违法事实清楚、证据充分、处罚合法有效，但难以执行。

3. 气象系统在面对以地方政府和相关违规审批部门集体破坏气象探测的违法行为时，还缺少有效的行政协调机制，在迁站的审批和决策程序和流程还不够完善。

4. 国务院推进新型城镇化建设的今天，如何解决城镇化建设与探测环境保护之间的矛盾，是气象部门面临的重大问题。解决难题的关键，无论是当地政府还是气象部门都应该依法保护探测环境。

再此给出几点建议：明确和夯实当地政府的保护责任；违法查处和行政协调"双管齐下"；进一步明确各级气象主管机构在迁站的审批和决策程序中的职责和权限。

湘阴县某房地产开发公司破坏国家
基本气象站气象探测环境案

一、案情介绍

2013年9月下旬,湖南省岳阳市湘阴县气象局在气象探测环境日常巡查中发现,距湘阴国家基本气象站约500多米的牡丹城第二期已开工,该项目如建成,将对湘阴国家基本气象站气象探测环境造成破坏。

岳阳市气象局对此案高度重视,及时向岳阳市人民政府、市人大和湖南省气象局报告,并派出岳阳市气象局执法队执法。执法队接到任务后,进行了详细的调查取证,并按照执法程序分别下达了《责令停止违法行为通知书》《行政处罚告知书》《听证告知书》,在执法和多方协调无效的情况下,岳阳市气象局于2014年9月28日下达了《行政处罚决定书》。

该房地产开发公司收到《行政处罚决定书》后,既没有执行处罚决定和申请行政复议,也没有提起行政诉讼。依据《中华人民共和国行政强制法》第五十四条的规定,2014年12月30日,岳阳市气象局下达《行政强制执行催告书》。2015年1月26日,申请岳阳市中级人民法院强制执行。2月16日,岳阳市中级人民法院发出《受理非诉讼行政执行案件告知书》。 4月4日,岳阳市中级人民法院下达了《行政裁定书》,对岳阳市气象局作出的《行政处罚决定》准予强制执行。

在岳阳市中级人民法院协调下,湘阴县人民政府为此召开了县长常务会议,决定由县人民政府申请搬迁湘阴国家基本气象站,同时出台了湘阴国家基本气象站整体搬迁工作会议纪要,前期启动资金也已到位,搬迁工作有序进行。随后,岳阳市气象局申请法院终结该案的强制执行,2015年7月6日,岳阳市中级人民法院再次做出行政裁定,终结岳阳市气象局《行政处罚决定》的执行。2015年7月8日,本案结案。

二、办案经过

（一）法律法规宣传教育

2013年12月31日，岳阳市气象局执法队到该项目的开发商——某房地产开发公司现场了解情况，查明该项目为1号楼28层、3号楼32层的高层建筑，将会超过此前县规划局审批时湘阴县气象局局长签署的1号楼控制高度为66.13米，3号楼为72.01米的探测环境保护要求。执法队给该公司负责人送去了《中华人民共和国气象法》和《气象设施和气象探测环境保护条例》单行本，并耐心向其讲解相关条款，并下达了《关于应当及时办理新建、改建、扩建建设工程避免危害气象探测环境审批的通知》。

（二）调查取证

2014年8月25日，本案正式立案。立案后，执法队进行了全面的调查取证工作。

1. 2014年8月14日，该项目建筑高度接近探测环境保护控制高度，岳阳市气象局给该公司下发了《关于避免危害气象探测环境的提示》，并抄送湘阴县规划局。

2. 2014年8月22日该项目建筑高度达到探测环境保护控制高度时，岳阳市气象局下达《责令停止违法行为通知书》。

3. 2014年8月26日，制作了现场勘验笔录。

4. 2014年9月15日，制作了调查询问笔录。

5. 岳阳市气象局于2013年12月31日，就做好气象探测环境保护工作，致函县规划局。2014年8月22日，再次与县规划局协商，希望规划局监督该开发商按照规划意见建设，对其超规划高度建设予以制止。湘阴县规划局也对该开发商下发了《责令限期停止建设决定书》。并将《责令限期停止建设决定书》复印件送至湘阴县气象局。

以上证据证明该项目已对湘阴国家基本气象站探测环境造成了破坏，应当依法追究其法律责任。

（三）处理结果

岳阳市气象局案件审理委员会讨论认为，本案事实清楚，证据确凿，某房地产开发公司的行为违反了《中华人民共和国气象法》第二十条第一款第一项、《气象设施和气象探测环境保护条例》第十三条第一款的规定。依据《中华人民共和国气象法》第三十五条第一款第二项，《气象设施和气象探测环境保护条例》第二十五条第一款的规定，经同意，岳阳市局于2014年9月28日作出《行政处罚决定书》：责令该公司停止违法行为，限定该公司自收到处罚决定15日内自行拆除牡丹城1号楼、3号楼超高部分；罚款。

由于该公司对行政处罚决定不予理睬，依照《中华人民共和国行政处罚法》第五十一条及《中华人民共和国行政诉讼法》第六十六条规定，依法向法院申请强制执行。

2015年4月4日，岳阳市中级人民法院作出《行政裁定书》，对岳阳市气象局作出的行政处罚决定准予强制执行。

在岳阳市中级人民法院的协调下，湘阴县人民政府高度重视，启动湘阴国家基本站搬迁工作，达到了长期保护气象探测环境的目的。

三、案件启示

（一）探测环境保护的复杂性

岳阳某房地产开发公司开发的牡丹城建设项目破坏湘阴国家基本站气象探测环境，该项目通过了县规划局审批，但县气象局签署的意见又没有得到明确落实。当地政府注重城市建设和经济发展，与气象探测环境保护有矛盾，因此，依法保护气象探测环境必须依靠当地政府，甚至上级人大、上级政府。

（二）防雷行政审批要依法保护气象探测环境保护

该项目在湘阴县政务中心报建时，按规定统一缴纳了防雷装置设计审核和跟踪检测服务费，岳阳市防雷中心湘阴检测所提供了相应的技术服务。考虑到该项目可能破坏湘阴气象探测环境，湘阴县气象局未出具《防雷装置设计核准意见书》和《防雷装置验收意见书》。直到县人民政府启动观测站搬迁，法院终结岳阳市气象局行政处罚决定的执行，湘阴县气象局才出具有关许可文书。因此，同一部门的行政许可一定要注意兼顾。

作者认为，该案中某房地产开发公司开发的牡丹城项目破坏了国家基本气象站气象探测环境，检测工作应该停止。

（三）违法行为的时效

破坏探测环境的行为并不是项目一开工就成立的，只有当建设项目超过探测环境保护高度时才成立，因此，现场勘验笔录时一定要实测项目的建设高度和与气象观测站的距离，并绘制图表。

（四）依程序执法，严格执法

按照行政执法程序执法是执法行为达到目的的根本要求，只有按照程序执法，做出的行政处罚决定在行政复议或者行政诉讼中才能确保不败。

（五）及时申请强制执行

本案持续时间达一年多，法制宣传、行政协调都未取得明显成效，最终申请法院强制执行达到了预期目标。

贵州省两房地产公司在建工程
破坏气象探测环境案

一、案情介绍

2007年至2013年年底，松桃苗族自治县气象局（以下简称松桃县气象局）就关于加强松桃国家一般气象站的气象探测环境和设施保护工作先后向铜仁市气象局、县人民政府、人大、城规委办公室、城镇化领导小组办公室、发改局、住建局、国土局、建设局规划室、环保局等部门做了大量汇报协调工作，避免在松桃国家一般气象站周边出现破坏气象探测环境的规划建设项目。但在2014年年初，松桃县气象局执法人员在例行巡查气象探测环境时，发现某房地产开发松桃分公司在建的"乐府1号、2号、3号楼"和某投资松桃分公司"星月国际1号、2号楼"建设高度均已超过《气象设施和气象探测环境保护条例》规定的标准，违反了《中华人民共和国气象法》第二十一条、《气象设施和气象探测环境保护条例》（中华人民共和国国务院第623号令）第十四条规定，构成了在气象探测环境保护范围内从事危害气象探测环境活动的违法行为。

2014年4月28日，松桃县气象局就探测环境遭破坏一事请求市气象局给予执法帮助，铜仁市气象局派出一名经验丰富的执法人员前往松桃指导并参与整个执法过程。

2014年5月20日，经测量计算，给出了测量范围的几栋楼允许建设的高度和测量时的实际高度，要求拆除超高部分。"星月国际1号楼"允许建设高度为海拔高度444.94米以下，超高15.87米；"星月国际2号楼"允许建设高度为海拔高度439.32米以下，超高2.18米；"乐府1号楼"允许建设高度为海拔高度433.92米以下，超高25.28米；"乐府2号楼"允许建设高度为海拔高度433.82米以下，超高28.72米；"乐府3号楼"允许建设高度为海拔高度434.58米以下，超高15.78米。

2014年5月29日，松桃县气象局签署立案审批表，正式启动执法程序。

2014年6月23日，两个公司均未停止建设，于是松桃县气象局召开了两个案件的案情讨论会，与会人员认为该案件证据确凿，适用法律条文得当，并一致通过对两个开发公司进行处罚的意见：责令其限期拆除其超高部分；罚款3万元。并在当日签发了这两个案件的处罚决定审批表。

本案在经过一系列的执法程序后，最后作出处罚决定并申请法院强制执行，松桃县人民法院立案时由于该案件涉及的金额、社会影响太大，故而向铜仁市中级人民法院求助，铜仁市中级人民法院回复请松桃县人民政府协调解决。

2015年10月29日，铜仁市人大调研气象工作时在其工作报告里要求尽早启动松桃县气象观测场搬迁申报工作。

二、办案经过

（一）调查取证

松桃县气象局依法进行立案调查，收集了下列证据。

1. 现场勘查证据：2014年5月20日，由贵州省黔地测绘勘察工程有限公司进行测量并提供资料，市气象局业务科计算并下发《关于松桃县气象局周边修建高层建筑的初审意见》，给出了测量范围的几栋楼允许建设的高度和测量时的实际高度。"星月国际1号楼"允许建设高度为海拔高度444.94米以下，超高15.87米；"星月国际2号楼"允许建设高度为海拔高度439.32米以下，超高2.18米；"乐府1号楼"允许建设高度为海拔高度433.92米以下，超高25.28米；"乐府2号楼"允许建设高度为海拔高度433.82米以下，超高28.72米；"乐府3号楼"允许建设高度为海拔高度434.58米以下，超高15.78米。此证据充分证实了上述两房地产公司在气象探测环境保护范围内从事危害气象探测环境活动的违法行为及违法事实。

2. 立案审批表。

3. 用以确认违法主体身份的证据：两房地产公司的企业法人营业执照、中华人民共和国组织机构代码证、法人代表身份证、委托人身份证、委托书等。

4. 《责令整改通知书》。该证据可以证明案件处理符合法定程序，且证实两公司就存在的违法行为拒不改正。

5. 现场拍照、录像。涉案公司法人拒绝在笔录、签责令停止违法行为通知书、字和签收。该证据证明两公司拒不承认违法事实。

6. 《行政处罚告知书》《听证告知书》。该证据可以证明执法行为符合法定程序要求，且向当事人告知了法定权利。

7. 《听证会记录》。该证据可以证明两公司对案件本身提出质疑，经解释说明，两公司能接受该意见，会议决定维持行政处罚告知书之内容并表示要积极想办法妥善解决。

8. 《行政处罚决定书》《行政强制执行催告书》。该证据可以证明执法行为符合法定程序要求。

（二）处理结果

贵州省两公司在建工程破坏松桃县气象局探测环境案，通过立案查处，经历一系列执法程序，最后作出处罚决定并申请法院强制执行，松桃县人民法院立案时由于该案件涉及的金额、社会影响太大，故而向铜仁市中级人民法院求助，得到回复请松桃县人民政府协调解决。2015年10月29日，铜仁市人大调研气象工作时在其工作报告里要求尽早启动松桃气象观测场搬迁申报工作。

三、案件启示

（一）气象行政执法活动的调查取证、执法过程、法律文书、引用法律条文每个环节务必做到完全到位，不留瑕疵，避免因自身工作原因造成执法缺陷，也能更好地在执法工作中寻求各部门的认同与协助。本案中县气象局非常注意执法程序，执法各环节严格依照法定程序，无任何执法问题，并先后经县人民法院、市中院审理都认为申请人县气象局的申请符合立案受理条件，气象部门的执法工作得到了司法部门认可。

（二）气象探测环境保护问题是个复杂事项，牵涉人、事、物较多，在县级层面影响甚大，实际工作中很难通过气象部门单一的行政执法工作完成保护，最终还是要由当地党委、人民政府、人大、政协来协调解决。从实践经验中我们深刻地认识到，气象部门的执法工作缺少强制保障，从实事求是的角度出发，在执法工作过程中应加强多方联系与协调，要力争取得地方党委、人民政府、人大、政协的理解和支持。

（三）申请人民法院强制执行时，如果当地人民法院因各种具体原因不能完成强制执行工作，气象行政执法工作也并未中止，需要气象部门毫不懈怠，不能气馁也不能放弃，坚信法律的权威，寻求相关部门解决实际困境的智慧与能力，不断尝试各种合法方式与途径，以最终达到保护探测环境的目的。

（四）迁建基层气象观测台站往往是解决这类执法难题的最后方案，但该项工作实际上需要当地政府从各方面予以全力支持，这也是此类气象行政执法的重要后续工作，需要各级气象部门不断跟进与监督完成。

吉林省某供热公司在建工程
影响白城气象探测环境案

一、案情介绍

2013年7月22日7时，吉林省白城市气象局行政执法人员在执法过程中发现，白城国家基准气候站西南方有施工迹象，进入现场问询后得知：该供热烟囱预计建设高50米，目前已经建造了10米。考虑到该供热烟囱建成后，将对白城国家基准气候站气象探测环境造成影响，气象执法人员马上向白城市气象局领导汇报了情况。白城市气象局立即召开紧急会议，责成执法支队现场进行执法，向建设方某供热公司分别下达了《白城市行政执法准入通知书》和《气象行政执法责令停止违法行为通知书》，要求其立即停止建设。但建设方收到通知后拒不停工，鉴于此，市气象局决定对此案进行立案查处。通过现场勘查和询问该公司负责人，确定了其"在气象探测环境保护范围内，未征得气象主管机构同意，开展工程建设项目施工，将破坏国家基准气候站气象探测环境"的违法事实。

确认立案后，白城市气象局行政执法人员经过调查取证、下达《责令停止违法行为通知书》、与规划局联合执法、宣传教育等方式，最终有效制止了该起影响气象探测环境保护的违法行为。最后，该供热公司供热烟囱停止施工建设，未对白城国家基准气候站气象探测环境造成影响。

二、办案经过

2013年7月22日，吉林省白城市气象局行政执法人员在执法过程中发现，在白城国家基准气候站探测环境保护范围内有建设工程在施工。执法人员立即进入现场进行执法，对当事人的违法行为进行了详细的勘查记录，并上报白城市气象局领导。白城市气象局召开了紧急会议，经过集体讨论，参会人员一致认定该公司的建设工程影响气象探测环境，违法事实清楚，决定立案查处。同时启动了市气象局Ⅰ级应急响应预案，要求观测站值班员24小时实时监测施工情况，并在值班日记上进行备注，每天上午9点以书面形式上报业务科；案件承办人员每天向吉林省气象局法规处和观测网络部处报告案情。

启动立案程序后，白城市气象局执法人员向该供热公司分别下达了《白城市行政执法准入通知书》和《气象行政执法责令停止违法行为通知书》。

（一）调查取证

案件确认立案后，白城市气象局执法人员依法进行了立案调查，并收集了下列证据：

1. 确认违法事实的证据：对违法现场进行拍照，对建设方项目负责人苏某进行问询后制作气象行政执法调查询问笔录。

2. 确认违法主体身份的证据：白城市某供热公司的企业法人营业执照、中华人民共和国组织机构代码证、法人代表身份证、委托人身份证、委托书等。

3. 确认违法主体对于违法行为是否存在主观故意的证据：由于该供热公司一直拒绝停止在建供热烟囱的施工，白城市气象局立即启动与规划局的联合执法。

因为白城市探测环境保护工作相关法律法规早已在白城市人民政府和规划局备案，白城市规划局领导和规划科同志全力配合。市规划局进一步查明此供热烟囱未经规划局审批，属于违章建筑，应当立即停止施工建设。

根据以上证据，白城市气象局认定如下事实：确定白城市某供热公司在气象探测环境保护范围内，且未征得气象主管机构同意，开展建设项目的施工，将对白城国家基准气候站气象探测环境造成影响，违反了《中华人民共和国气象法》第而是条第二款和《气象设施和气象探测环境保护条例》第十三条第一款之规定，应当依法追究其法律责任。

（二）处理结果

白城市某供热公司在建烟囱影响气象探测环境案，通过立案查处，市人民政府和市规划局等多方协调、沟通，白城市气象局相应的法规宣传，该供热公司最终承认了自己的违法行为，并与2013年7月25日17时停止施工，供热烟囱定格在12米的高度，没有对白城市国家基准气候站气象探测环境造成影响 。

市局执法人员提交结案申请，经局领导批准，同意结案。

三、案件启示

（一）强化气象探测环境保护监管部门的法律责任

本案中的气象行政执法人员具有较高的探测环境保护意识和警觉性，经常注意观测场周围的施工动向和相关信息。发现问题，立即行动，层层深入调查了解，及时掌握了观测场四周建设项目的情况。严格履职，细致工作，及早发现超标倾向，及早制止违法行为，既保护探测环境未遭破坏，又使建设单位免受经济损失。

（二）充分发挥规划部门的保障作用

气象探测环境保护工作必须引起当地政府和相关部门的高度重视。同时，气象探测环境保护工作需要与规划、建设等部门建立并联审批机制，从源头要做好与政府规划部门的规划许可项目的联审联办工作，在项目审批立项前需有气象部门的联审联办意见。要进一步加强气象与规划部门在探测环境保护工作方面的联合执法。做好气象探测环境保护备案工作。本案中就是因为白城市气象局高度重视气象探测环境保护工作，自《中华人民共和国气象法》和《气象探测环境和设施保护办法》颁布实施以来，白城市气象局法制工作者两次组织辖区内市、县气象局将省地探测环境保护标准报送当地政府和规划局、建设局等相关部门备案，为本案件的查处提供了有力证据，加之当地市规划局非常配合和支持，两部门联合执法，才有效地制止了这起影响国家基准气候站气象探测环境的事件。

（三）惩教结合，注重细节，增强气象行政执法的公信力

法律的正义和严肃性不仅要实现，而且要以有效的方式实现。行政执法程序确定了办事的步骤和顺序，还具有增强最终结果的可接受性和行政机关公信力的作用。本案中，气象行政执法人员从细节入手，在执法的同时做普法宣传教育工作，接受省级气象主管部门和本级人民政府指导、发挥规划部门的重要作用，查明供热烟囱属于违章建筑、污染源这个事实后，使行政执法相对人能够理解并认识到其行为的违法和危害性。同时鼓励当事人自行纠正违法行为，虽然没有启动处罚程序，同样达到了保护气象探测环境的执法效果，而且消除不稳定的社会因素，从而提高行政机关的公信力。

（四）宣传气象探测环境保护重要性的力度不够

为了更进一步做好对气象探测环境的保护工作，应当考虑充分利用各种媒体，采取多种形式以加大对全社会的宣传力度。向全社会广泛、深入地宣传《中华人民共和国气象法》《气象设施和气象探测环境保护条例》、有关地方性法规、典型案例，广泛宣传进行城市规划建设造成影响气象探测环境的违法行为将受到法律的处罚，切实提高全社会对气象探测环境保护重要性的认识。

辽宁省铁岭市某棚户区改造工程
项目破坏气象探测环境案

一、案情介绍

2014年3月铁岭市气象局执法人员在对全市范围内建筑行业进行防雷装置安全隐患排查中，了解到铁岭市某区拟进行棚户区改造，该棚户区改造有可能对铁岭国家一般气象站气象探测环境造成影响。铁岭市气象局执法人员及时向市局领导汇报。后经调查了解，由铁岭市某开发建设有限责任公司承建（政府全资公司）的，在铁岭国家一般气象站观测场东北东到南南东方位拟建设4栋楼房，距观测场东侧围栏48～167米范围内建设的4栋高层住宅均为17层50米高，建成后将对铁岭国家一般气象站探测环境造成影响，违反了《中华人民共和国气象法》第二十一条、《气象设施和气象探测环境保护条例》（中华人民共和国国务院第623号令）第十四条规定，有在气象探测环境保护范围内从事危害气象探测环境活动的违法行为嫌疑。

经多次现场勘查、沟通，告知铁岭市某开发公司工程项目将影响铁岭国家一般气象站地面气象观测场气象探测环境，要求其停止建设，但该开发公司拒不执行。2014年7月4日，铁岭市气象局依法启动立案程序，对铁岭市某棚改办公室负责人进行询问，并对铁岭市某开发建设有限责任公司下达《责令改正违法行为通知书》，要求铁岭市某开发建设有限责任公司停止建设，并将超出探测环境保护标准部分拆除。但该开发公司收到通知后拒不停工，有鉴于此，铁岭市气象局启动行政处罚程序。

2014年7月16日，铁岭市气象局向该公司送达《气象行政处罚先行告知书》《听证告知书》，决定给予以下行政处罚：罚款人民币5万元；自做出行政处罚之日起5日内自行拆除建筑超出铁岭县国家一般气象站探测环境保护标准的部分。铁岭市某开发公司未予以改正，也未作出任何申辩。

2014年7月31日，铁岭市气象局向该公司送达《气象行政执法行政处罚决定书》。责令该公司限期内改正违法行为；并在收到决定书之日起15日内缴纳罚款。该公司在接到本决定书之日起3个月内，未向辽宁省气象局申请行政复议，也未向法院提起行政诉讼。

2014年10月20日铁岭市气象局向该公司送达《行政强制执行催告书》。

2014年12月10日铁岭市气象局将案卷移交至铁岭市银州区人民法院申请强制执行。

2014年12月15日，按照当地政府批示，铁岭县气象观测站宜迁移重建。同时，将《铁岭市气象局关于铁岭县气象观测站迁移重建所需土地和经费的报告》报送至铁岭市人民政府。

铁岭市气象局在案件发生过程中及时向辽宁省气象局观测网络处、法规处汇报情况。同时积极与铁岭市、铁岭县、银州区三级人民政府取得沟通。且由铁岭市人民政府支持召开部门协调会议。参会人员一致认为本案件违法事实清楚，证据确凿，适用法律准确。但考虑城市整体规划和发展，建议政府从长计议，2014年12月15日，按照当地政府批示精神，铁岭县气象观测站迁移重建。

二、办案经过

（一）调查取证

铁岭市气象局依法进行立案调查，收集了下列证据。

1. 了解拟建项目对探测环境影响情况。前往市规划局等部门了解，该棚户区改造工程将要违反《气象设施和气象探测环境保护条例》《气象探测环境和设施保护办法》有关规定。通过该证据可以初步认定有违法嫌疑。

2. 现场勘查，拍照。该棚户区改造工程于2014年5月上旬开工建设。自开工建设起执法人员平均3日赴现场进行一次拍照取证。直至2014年6月23日，铁岭市气象局执法人员再次进入现场勘查，该工程已影响气象探测环境。此证据用于证明该开发公司棚户区改造项目破坏铁岭国家一般气象站气象探测环境违法行为及违法事实。

3. 调查询问笔录。2014年7月4日铁岭市气象局执法人员对某棚改办公室某负责人进行询问，并制作询问笔录。此证据可以证明该开发公司存在破坏铁岭国家一般气象站气象探测环境违法事实。

4. 《责令改正违法行为通知书》。该证据说明铁岭市气象局已依法启动执法程序。

5. 《气象行政处罚先行告知书》《听证告知书》。该证据可以证明执法行为符合法定程序要求，且向当事人告知了法定权利。同时该证据也可证明该公司经责令整改后，仍拒不改正。

6. 铁岭市气象局下发了《气象行政执法行政处罚决定书》《行政强制执行催告书》，在当事人拒不执行后，移交至铁岭市银州区人民法院申请强制执行。此证据说明执法行为符合法定程序。

7. 《铁岭市气象局关于铁岭县国家一般气象站东侧探测环境遭受破坏情况的函》。此证据可以说明铁岭市气象局就探测环境保护事宜已向当地政府及相关部门进行汇报、沟通、协调。

（二）处理结果

铁岭市某棚户区改造工程项目破坏铁岭国家一般气象站探测环境案，通过立案查处，虽然认定该开发公司违法事实存在，但由于该在建项目的特殊性，经铁岭市、铁岭县、银州区三级人民政府沟通、协调，并由铁岭市人民政府召开部门协调会议，最终由政府批示铁岭县气象观测站迁移重建。

三、案件启示

（一）气象探测环境保护工作受外界干扰太大

近年来，随着城市建设的迅速发展，城市或乡镇规划建设项目的不断开发和扩大，导致气象探测环境遭受影响和破坏日趋严重，因此，破坏探测环境的事件时有发生，而且大部分建设项目都是由政府招商引资或取得相关部门的许可或默认，造成探测环境保护行政执法困难。本案例就是因为开发商是政府全资公司，所以气象部门启动执法程序后，没有责任人签字，该公司也始终没有停止建设，也没有任何说明和解释，与当地政府和规划部门沟通、协调，最终造成气象站迁移重建的结局。

（二）要做好气象探测环境保护的前期工作

形成破坏气象探测环境违法案件不是一个短暂的过程，违法过程都是在气象探测保护区内进行。因此，在违法工程施工初期，气象行政执法人员应当及时向建设单位宣传《中华人民共和国气象法》《气象设施和气象探测环境保护条例》以及有关法律法规，并采取函告的形式，让对方及时知晓《气象探测环境保护范围标准》具体标准。

（三）加强气象行政执法队伍能力建设

气象行政执法人员只有熟练掌握气象法律法规规章及相关的法律条文，在工作实践中不断地积累经验和做法，才能更好地依法保护气象探测环境，确保气象行政执法各项工作的顺利进行。

（四）加大气象探测环境保护相关法律法规等的宣传力度

充分利用各种媒体，采取多种形式，向全社会广泛、深入地宣传保护气象探测环境的法律法规，宣传破坏气象探测环境和设施的危害性，形成人人关心、支持保护气象探测环境和设施的良好氛围。

通辽市科尔沁左翼中旗某小区在建工程影响科左中旗国家一般气象站气象探测环境案

一、案情介绍

2011年9月29日，内蒙古自治区通辽市气象局行政执法大队接到科尔沁左翼中旗气象局的报告，在科尔沁左翼中旗国家一般气象站东北侧有一建筑公司正在施工，可能影响探测环境。经市局法规科和业务科现场勘查，该建筑物与科尔沁左翼中旗国家一般气象站观测场围栏最近距离为120余米，按照科尔沁左翼中旗建设局批复，该建筑规划建设7栋6层近20米高住宅，经实地测量计算，该建筑物可建设高度不得大于15.75米，但如按照科尔沁左翼中旗建设局批复进行建设，将严重影响科尔沁左翼中旗国家一般气象站探测环境，经通辽市气象局研究，决定立案进行调查。

通辽市气象局执法队审查科尔沁左翼中旗建设局为该建筑公司批复的文件，发现科尔沁左翼中旗建设局在批复该建筑公司时未按照有关法律法规要求，征求当地气象主管机构意见，该批复嫌疑违法。通辽市气象局随即下发了《关于对科尔沁左翼中旗某小区暂停建设和重新进行规划的通知》，明确提出了由于该建设局违法批复导致在科尔沁左翼中旗国家一般气象站周围所建建筑物有可能破坏气象探测环境。通辽市建设局和通辽市气象局勘测人员现场进行了测量，经测量，认为批复的建筑群体影响气象探测环境，在测量现场立即责令该建筑公司停工，并书面向通辽市气象局进行了回复，同时提出了将尽快与该建筑公司协商，更改规划建设高度。经过科尔沁左翼中旗建设局与该建筑公司协商，距离科尔沁左翼中旗国家一般气象站最近的建筑物最高高度为15米，其余建筑群体建设位置均向东远移10米，科尔沁左翼中旗建设局将对待建建筑物重新进行规划，并在规划前及时与当地气象部门沟通，共同做好气象探测环境保护工作。

二、办案经过

（一）调查取证

1. 现场勘查，实地测量。通辽市气象局行政执法人员及时开展现查勘查工作，经法规科和业务科现场勘查，该建筑物与科尔沁左翼中旗国家一般气象站观测场围栏最近距离为120余米，该建筑规划建设7栋6层近20米高住宅，经执法人员实地测量，依据《气象设施和气象探测环境保护条例》第十四条第一款规定，该建筑物可建设高度不得大于15.75米，如按照规划高度建设，建成后将严重影响科尔沁左翼中旗国家一般气象站探测环境。此证据证实了该建设项目存在破坏探测环境的违法事实。

2. 现场询问。经询问该建筑公司负责人，获知该建筑公司已经获得科尔沁左翼中旗建设局批复。此证据说明该项目得到通辽市建设局的批复。

3. 审查科尔沁左翼中旗建设局为该建筑公司批复的文件。调查发现科尔沁左翼中旗建设局在批复该公司时未按照有关法律法规要求，征求当地气象主管机构意见，该批复嫌疑违法。通辽市气象局向科尔沁左翼中旗建设局下发了《关于对科尔沁左翼中旗某小区暂停建设和重新进行规划的通知》文件，明确提出了由于该建设局违法批复导致在科尔沁左翼中旗国家一般气象站周围所建建筑物有可能破坏气象探测环境，根据《气象探测环境和设施保护办法》《通辽市人民政府办公厅关于加强气象探测环境和设施保护工作的通知》和《科尔沁左翼中旗人民政府办公室关于加强气象探测环境和设施保护工作的通知》要求，城乡规划、建设、国土等有关部门，在审批可能影响已建气象台站探测环境和设施的建设项目时，应当事先征得有审批权限的气象主管机构的同意。未经气象主管机构同意，有关部门不得审批。要求科尔沁左翼中旗建设局立即责令该建筑单位停建并重新进行规划，同时将新规划图纸送交当地气象部门审核，审核同意后，方可批复建设。此证据可以证实科尔沁左翼中旗建设局批复违法，同时也证实涉案公司在建项目属于违法建设项目。

（二）处理结果

此案件经调查取证后，证实科尔沁左翼中旗建设局批复违法，在建项目属于违法建设。通辽市气象局通过下发文件告知科尔沁左翼中旗建设局批复涉嫌违法，并要求该建设局按照要求立即责令建设单位停止建设并重新进行规划审批。科尔沁左翼中旗建设局经实地测量后承认批复的建筑群体影响探测环境，在测量现场立即责令该建筑公司停工，并书面向通辽市气象局进行了回复，同时提出更改规划建设高度。经过协商，距离科尔沁左翼中旗国家一般气象站最近的建筑物最高高度为15米，其余建筑群体建设位置均向东远移10

米，科尔沁左翼中旗建设局将对待建建筑物重新进行规划，并在规划前及时与当地气象部门沟通，共同做好气象探测环境保护工作。

三、案件启示

该案例主要讲述了探测环境保护工作中出现的问题，主要体现了在城市建设快速发展的时期，气象探测环境始终面临着被破坏的问题。同时，一些规划审批部门未按照有关气象法律法规的要求做好探测环境保护行政审批许可工作。这些问题均可能导致了探测环境遭到破坏。通辽市气象局依法保护探测环境为我们今后如何做好气象台站探测环境保护工作提供了借鉴。

1. 从自身做起，在本单位进行台站改造时，一定要进行实地测量，依据有关法律法规要求进行建设，并要按照要求做好建筑项目前期审批工作，决不能知法犯法。

2. 要将地面观测员切实变成巡查员，每天严格按照要求对气象探测环境保护范围进行多方位巡查，发现问题要及时报告。气象行政执法人员要具有较高的探测环境保护意识和警觉性，经常注意观测场周围的施工动向和相关信息，发现问题及时汇报。

3. 要提前介入开展气象探测环境保护工作，在建设初期，发现施工建设迹象就要及时进行执法，不要等建筑物已经矗立后再通过执法来解决，这样不但执行非常难，而且会给建设方或社会造成很大的不必要的经济损失，同时也会严重影响气象部门的社会形象。

4. 要加强与有关部门的沟通和联系，积极与当地的城建、规划等部门进行沟通，与规划、建设等部门建立并联审批机制，按照《中华人民共和国气象法》。《气象设施和气象探测环境保护条例》法律规定，从源头要做好与政府规划部门的规划许可项目的联审联办工作，在项目审批立项前需有气象部门的联审联办意见。

5. 要加强气象法律法规、有关地方性法规、规章以及典型案例的宣传，广泛宣传不按照气象主管机构的审批进行城市规划建设造成影响气象探测环境的违法行为将受到法律的处罚。也可以通过组织召开探测环境保护联合会议，通过部门联动合作，共同推进气象探测环境保护工作。

附录

中华人民共和国气象法

（1999年 10月 31日第九届全国人民代表大会常务委员会第十二次会议通过根据2009年 8月 27日第十一届全国人民代表大会常务委员会第十次会议《关于修改部分法律的决定》第一次修正

根据 2014年 8月 31日第十二届全国人民代表大会常务委员会第十次会议《关于修改〈中华人民共和国保险法〉等五部法律的决定》第二次修正

根据2016年11月7日第十二届全国人民代表大会常务委员会第二十四次会议《关于修改〈中华人民共和国对外贸易法〉等十二部法律的决定》第三次修正）

第一章 总 则

第一条 为了发展气象事业，规范气象工作，准确、及时地发布气象预报，防御气象灾害，合理开发利用和保护气候资源，为经济建设、国防建设、社会发展和人民生活提供气象服务，制定本法。

第二条 在中华人民共和国领域和中华人民共和国管辖的其他海域从事气象探测、预报、服务和气象灾害防御、气候资源利用、气象科学技术研究等活动，应当遵守本法。

第三条 气象事业是经济建设、国防建设、社会发展和人民生活的基础性公益事业，气象工作应当把公益性气象服务放在首位。

县级以上人民政府应当加强对气象工作的领导和协调，将气象事业纳入中央和地方同级国民经济和社会发展计划及财政预算，以保障其充分发挥为社会公众、政府决策和经济发展服务的功能。

县级以上地方人民政府根据当地社会经济发展的需要所建设的地方气象事业项目，其投资主要由本级财政承担。

气象台站在确保公益性气象无偿服务的前提下，可以依法开展气象有偿服务。

第四条 县、市气象主管机构所属的气象台站应当主要为农业生产服务，及时主动提供保障当地农业生产所需的公益性气象信息服务。

第五条 国务院气象主管机构负责全国的气象工作。地方各级气象主管机构在上级气象主管机构和本级人民政府的领导下，负责本行政区域内的气象工作。

国务院其他有关部门和省、自治区、直辖市人民政府其他有关部门所属的气象台站，应当接受同级气象主管机构对其气象工作的指导、监督和行业管理。

第六条　从事气象业务活动，应当遵守国家制定的气象技术标准、规范和规程。

第七条　国家鼓励和支持气象科学技术研究、气象科学知识普及，培养气象人才，推广先进的气象科学技术，保护气象科技成果，加强国际气象合作与交流，发展气象信息产业，提高气象工作水平。

各级人民政府应当关心和支持少数民族地区、边远贫困地区、艰苦地区和海岛的气象台站的建设和运行。

对在气象工作中做出突出贡献的单位和个人，给予奖励。

第八条　外国的组织和个人在中华人民共和国领域和中华人民共和国管辖的其他海域从事气象活动，必须经国务院气象主管机构会同有关部门批准。

第二章　气象设施的建设与管理

第九条　国务院气象主管机构应当组织有关部门编制气象探测设施、气象信息专用传输设施、大型气象专用技术装备等重要气象设施的建设规划，报国务院批准后实施。气象设施建设规划的调整、修改，必须报国务院批准。

编制气象设施建设规划，应当遵循合理布局、有效利用、兼顾当前与长远需要的原则，避免重复建设。

第十条　重要气象设施建设项目应当符合重要气象设施建设规划要求，并在项目建议书和可行性研究报告批准前，征求国务院气象主管机构或者省、自治区、直辖市气象主管机构的意见。

第十一条　国家依法保护气象设施，任何组织或者个人不得侵占、损毁或者擅自移动气象设施。

气象设施因不可抗力遭受破坏时，当地人民政府应当采取紧急措施，组织力量修复，确保气象设施正常运行。

第十二条　未经依法批准，任何组织或者个人不得迁移气象台站；确因实施城市规划或者国家重点工程建设，需要迁移国家基准气候站、基本气象站的，应当报经国务院气象主管机构批准；需要迁移其他气象台站的，应当报经省、自治区、直辖市气象主管机构批准。迁建费用由建设单位承担。

第十三条　气象专用技术装备应当符合国务院气象主管机构规定的技术要求，并经国务院气象主管机构审查合格；未经审查或者审查不合格的，不得在气象业务中使用。

第十四条　气象计量器具应当依照《中华人民共和国计量法》的有关规定，经气象计量检定机构检定。未经检定、检定不合格或者超过检定有效期的气象计量器具，不得使用。

国务院气象主管机构和省、自治区、直辖市气象主管机构可以根据需要建立气象计量标准器具，其各项最高计量标准器具依照《中华人民共和国计量法》的规定，经考核合格后，方可使用。

第三章　气象探测

第十五条　各级气象主管机构所属的气象台站，应当按照国务院气象主管机构的规定，进行气象探测并向有关气象主管机构汇交气象探测资料。未经上级气象主管机构批准，不得中止气象探测。

国务院气象主管机构及有关地方气象主管机构应当按照国家规定适时发布基本气象探测资料。

第十六条　国务院其他有关部门和省、自治区、直辖市人民政府其他有关部门所属的气象台站及其他从事气象探测的组织和个人，应当按照国家有关规定向国务院气象主管机构或者省、自治区、直辖市气象主管机构汇交所获得的气象探测资料。

各级气象主管机构应当按照气象资料共享、共用的原则，根据国家有关规定，与其他从事气象工作的机构交换有关气象信息资料。

第十七条　在中华人民共和国内水、领海和中华人民共和国管辖的其他海域的海上钻井平台和具有中华人民共和国国籍的在国际航线上飞行的航空器、远洋航行的船舶，应当按照国家有关规定进行气象探测并报告气象探测信息。

第十八条　基本气象探测资料以外的气象探测资料需要保密的，其密级的确定、变更和解密以及使用，依照《中华人民共和国保守国家秘密法》的规定执行。

第十九条　国家依法保护气象探测环境，任何组织和个人都有保护气象探测环境的义务。

第二十条　禁止下列危害气象探测环境的行为：

（一）在气象探测环境保护范围内设置障碍物、进行爆破和采石；

（二）在气象探测环境保护范围内设置影响气象探测设施工作效能的高频电磁辐射装置；

（三）在气象探测环境保护范围内从事其他影响气象探测的行为。

气象探测环境保护范围的划定标准由国务院气象主管机构规定。各级人民政府应当按照法定标准划定气象探测环境的保护范围，并纳入城市规划或者村庄和集镇规划。

第二十一条　新建、扩建、改建建设工程，应当避免危害气象探测环境；确实无法避免的，建设单位应当事先征得省、自治区、直辖市气象主管机构的同意，并采取相应的措施后，方可建设。

第四章 气象预报与灾害性天气警报

第二十二条 国家对公众气象预报和灾害性天气警报实行统一发布制度。

各级气象主管机构所属的气象台站应当按照职责向社会发布公众气象预报和灾害性天气警报，并根据天气变化情况及时补充或者订正。其他任何组织或者个人不得向社会发布公众气象预报和灾害性天气警报。

国务院其他有关部门和省、自治区、直辖市人民政府其他有关部门所属的气象台站，可以发布供本系统使用的专项气象预报。

各级气象主管机构及其所属的气象台站应当提高公众气象预报和灾害性天气警报的准确性、及时性和服务水平。

第二十三条 各级气象主管机构所属的气象台站应当根据需要，发布农业气象预报、城市环境气象预报、火险气象等级预报等专业气象预报，并配合军事气象部门进行国防建设所需的气象服务工作。

第二十四条 各级广播、电视台站和省级人民政府指定的报纸，应当安排专门的时间或者版面，每天播发或者刊登公众气象预报或者灾害性天气警报。

各级气象主管机构所属的气象台站应当保证其制作的气象预报节目的质量。

广播、电视播出单位改变气象预报节目播发时间安排的，应当事先征得有关气象台站的同意；对国计民生可能产生重大影响的灾害性天气警报和补充、订正的气象预报，应当及时增播或者插播。

第二十五条 广播、电视、报纸、电信等媒体向社会传播气象预报和灾害性天气警报，必须使用气象主管机构所属的气象台站提供的适时气象信息，并标明发布时间和气象台站的名称。通过传播气象信息获得的收益，应当提取一部分支持气象事业的发展。

第二十六条 信息产业部门应当与气象主管机构密切配合，确保气象通信畅通，准确、及时地传递气象情报、气象预报和灾害性天气警报。

气象无线电专用频道和信道受国家保护，任何组织或者个人不得挤占和干扰。

第五章 气象灾害防御

第二十七条 县级以上人民政府应当加强气象灾害监测、预警系统建设，组织有关部门编制气象灾害防御规划，并采取有效措施，提高防御气象灾害的能力。

有关组织和个人应当服从人民政府的指挥和安排，做好气象灾害防御工作。

第二十八条 各级气象主管机构应当组织对重大灾害性天气的跨地区、跨部门的联合监测、预报工作，及时提出气象灾害防御措施，并对重大气象灾害作出评估，为本级人民政府组织防御气象灾害提供决策依据。

各级气象主管机构所属的气象台站应当加强对可能影响当地的灾害性天气的监测和预报，并及时报告有关气象主管机构。其他有关部门所属的气象台站和与灾害性天气监测、预报有关的单位应当及时向气象主管机构提供监测、预报气象灾害所需要的气象探测信息和有关的水情、风暴潮等监测信息。

第二十九条 县级以上地方人民政府应当根据防御气象灾害的需要，制定气象灾害防御方案，并根据气象主管机构提供的气象信息，组织实施气象灾害防御方案，避免或者减轻气象灾害。

第三十条 县级以上人民政府应当加强对人工影响天气工作的领导，并根据实际情况，有组织、有计划地开展人工影响天气工作。

国务院气象主管机构应当加强对全国人工影响天气工作的管理和指导。地方各级气象主管机构应当制定人工影响天气作业方案，并在本级人民政府的领导和协调下，管理、指导和组织实施人工影响天气作业。有关部门应当按照职责分工，配合气象主管机构做好人工影响天气的有关工作。

实施人工影响天气作业的组织必须具备省、自治区、直辖市气象主管机构规定的条件，并使用符合国务院气象主管机构要求的技术标准的作业设备，遵守作业规范。

第三十一条 各级气象主管机构应当加强对雷电灾害防御工作的组织管理，并会同有关部门指导对可能遭受雷击的建筑物、构筑物和其他设施安装的雷电灾害防护装置的检测工作。

安装的雷电灾害防护装置应当符合国务院气象主管机构规定的使用要求。

第六章　气候资源开发利用和保护

第三十二条 国务院气象主管机构负责全国气候资源的综合调查、区划工作，组织进行气候监测、分析、评价，并对可能引起气候恶化的大气成分进行监测，定期发布全国气候状况公报。

第三十三条 县级以上地方人民政府应当根据本地区气候资源的特点，对气候资源开发利用的方向和保护的重点作出规划。

地方各级气象主管机构应当根据本级人民政府的规划，向本级人民政府和同级有关部门提出利用、保护气候资源和推广应用气候资源区划等成果的建议。

第三十四条 各级气象主管机构应当组织对城市规划、国家重点建设工程、重大区域性经济开发项目和大型太阳能、风能等气候资源开发利用项目进行气候可行性论证。

具有大气环境影响评价资质的单位进行工程建设项目大气环境影响评价时，应当使用符合国家气象技术标准的气象资料。

第七章　法律责任

第三十五条　违反本法规定，有下列行为之一的，由有关气象主管机构按照权限责令停止违法行为，限期恢复原状或者采取其他补救措施，可以并处五万元以下的罚款；造成损失的，依法承担赔偿责任；构成犯罪的，依法追究刑事责任：

（一）侵占、损毁或者未经批准擅自移动气象设施的；

（二）在气象探测环境保护范围内从事危害气象探测环境活动的。

在气象探测环境保护范围内，违法批准占用土地的，或者非法占用土地新建建筑物或者其他设施的，依照《中华人民共和国城乡规划法》或者《中华人民共和国土地管理法》的有关规定处罚。

第三十六条　违反本法规定，使用不符合技术要求的气象专用技术装备，造成危害的，由有关气象主管机构按照权限责令改正，给予警告，可以并处五万元以下的罚款。

第三十七条　违反本法规定，安装不符合使用要求的雷电灾害防护装置的，由有关气象主管机构责令改正，给予警告。使用不符合使用要求的雷电灾害防护装置给他人造成损失的，依法承担赔偿责任。

第三十八条　违反本法规定，有下列行为之一的，由有关气象主管机构按照权限责令改正，给予警告，可以并处五万元以下的罚款：

（一）非法向社会发布公众气象预报、灾害性天气警报的；

（二）广播、电视、报纸、电信等媒体向社会传播公众气象预报、灾害性天气警报，不使用气象主管机构所属的气象台站提供的适时气象信息的；

（三）从事大气环境影响评价的单位进行工程建设项目大气环境影响评价时，使用的气象资料不符合国家气象技术标准的。

第三十九条　违反本法规定，不具备省、自治区、直辖市气象主管机构规定的条件实施人工影响天气作业的，或者实施人工影响天气作业使用不符合国务院气象主管机构要求的技术标准的作业设备的，由有关气象主管机构按照权限责令改正，给予警告，可以并处十万元以下的罚款；给他人造成损失的，依法承担赔偿责任；构成犯罪的，依法追究刑事责任。

第四十条　各级气象主管机构及其所属气象台站的工作人员由于玩忽职守，导致重大漏报、错报公众气象预报、灾害性天气警报，以及丢失或者毁坏原始气象探测资料、伪造气象资料等事故的，依法给予行政处分；致使国家利益和人民生命财产遭受重大损失，构成犯罪的，依法追究刑事责任。

第八章　附　　则

第四十一条　本法中下列用语的含义是：

（一）气象设施，是指气象探测设施、气象信息专用传输设施、大型气象专用技术装备等。

（二）气象探测，是指利用科技手段对大气和近地层的大气物理过程、现象及其化学性质等进行的系统观察和测量。

（三）气象探测环境，是指为避开各种干扰保证气象探测设施准确获得气象探测信息所必需的最小距离构成的环境空间。

（四）气象灾害，是指台风、暴雨（雪）、寒潮、大风（沙尘暴）、低温、高温、干旱、雷电、冰雹、霜冻和大雾等所造成的灾害。

（五）人工影响天气，是指为避免或者减轻气象灾害，合理利用气候资源，在适当条件下通过科技手段对局部大气的物理、化学过程进行人工影响，实现增雨雪、防雹、消雨、消雾、防霜等目的的活动。

第四十二条　气象台站和其他开展气象有偿服务的单位，从事气象有偿服务的范围、项目、收费等具体管理办法，由国务院依据本法规定。

第四十三条　中国人民解放军气象工作的管理办法，由中央军事委员会制定。

第四十四条　中华人民共和国缔结或者参加的有关气象活动的国际条约与本法有不同规定的，适用该国际条约的规定；但是，中华人民共和国声明保留的条款除外。

第四十五条　本法自2000年1月1日起施行。1994年 8月 18日国务院发布的《中华人民共和国气象条例》同时废止。

中华人民共和国行政许可法

（2003年8月27日第十届全国人民代表大会常务委员会第四次会议通过，自2004年7月1日起施行。）

第一章 总 则

第一条 为了规范行政许可的设定和实施，保护公民、法人和其他组织的合法权益，维护公共利益和社会秩序，保障和监督行政机关有效实施行政管理，根据宪法，制定本法。

第二条 本法所称行政许可，是指行政机关根据公民、法人或者其他组织的申请，经依法审查，准予其从事特定活动的行为。

第三条 行政许可的设定和实施，适用本法。

有关行政机关对其他机关或者对其直接管理的事业单位的人事、财务、外事等事项的审批，不适用本法。

第四条 设定和实施行政许可，应当依照法定的权限、范围、条件和程序。

第五条 设定和实施行政许可，应当遵循公开、公平、公正的原则。

有关行政许可的规定应当公布；未经公布的，不得作为实施行政许可的依据。行政许可的实施和结果，除涉及国家秘密、商业秘密或者个人隐私的外，应当公开。

符合法定条件、标准的，申请人有依法取得行政许可的平等权利，行政机关不得歧视。

第六条 实施行政许可，应当遵循便民的原则，提高办事效率，提供优质服务。

第七条 公民、法人或者其他组织对行政机关实施行政许可，享有陈述权、申辩权；有权依法申请行政复议或者提起行政诉讼；其合法权益因行政机关违法实施行政许可受到损害的，有权依法要求赔偿。

第八条 公民、法人或者其他组织依法取得的行政许可受法律保护，行政机关不得擅自改变已经生效的行政许可。

行政许可所依据的法律、法规、规章修改或者废止，或者准予行政许可所依据的客观情况发生重大变化的，为了公共利益的需要，行政机关可以依法变更或者撤回已经生效的行政许可。由此给公民、法人或者其他组织造成财产损失的，行政机关应当依法给予补偿。

第九条 依法取得的行政许可，除法律、法规规定依照法定条件和程序可以转让的外，不得转让。

第十条 县级以上人民政府应当建立健全对行政机关实施行政许可的监督制度，加强对行政机关实施行政许可的监督检查。

行政机关应当对公民、法人或者其他组织从事行政许可事项的活动实施有效监督。

第二章 行政许可的设定

第十一条 设定行政许可，应当遵循经济和社会发展规律，有利于发挥公民、法人或者其他组织的积极性、主动性，维护公共利益和社会秩序，促进经济、社会和生态环境协调发展。

第十二条 下列事项可以设定行政许可：

（一）直接涉及国家安全、公共安全、经济宏观调控、生态环境保护以及直接关系人身健康、生命财产安全等特定活动，需要按照法定条件予以批准的事项；

（二）有限自然资源开发利用、公共资源配置以及直接关系公共利益的特定行业的市场准入等，需要赋予特定权利的事项；

（三）提供公众服务并且直接关系公共利益的职业、行业，需要确定具备特殊信誉、特殊条件或者特殊技能等资格、资质的事项；

（四）直接关系公共安全、人身健康、生命财产安全的重要设备、设施、产品、物品，需要按照技术标准、技术规范，通过检验、检测、检疫等方式进行审定的事项；

（五）企业或者其他组织的设立等，需要确定主体资格的事项；

（六）法律、行政法规规定可以设定行政许可的其他事项。

第十三条 本法第十二条所列事项，通过下列方式能够予以规范的，可以不设行政许可：

（一）公民、法人或者其他组织能够自主决定的；

（二）市场竞争机制能够有效调节的；

（三）行业组织或者中介机构能够自律管理的；

（四）行政机关采用事后监督等其他行政管理方式能够解决的。

第十四条 本法第十二条所列事项，法律可以设定行政许可。尚未制定法律的，行政法规可以设定行政许可。

必要时，国务院可以采用发布决定的方式设定行政许可。实施后，除临时性行政许可事项外，国务院应当及时提请全国人民代表大会及其常务委员会制定法律，或者自行制定行政法规。

第十五条 本法第十二条所列事项，尚未制定法律、行政法规的，地方性法规可以设定行政许可；尚未制定法律、行政法规和地方性法规的，因行政管理的需要，确需立即实施行政许可的，省、自治区、直辖市人民政府规章可以设定临时性的行政许可。临时性的行政许可实施满一年需要继续实施的，应当提请本级人民代表大会及其常务委员会制定地方性法规。

地方性法规和省、自治区、直辖市人民政府规章，不得设定应当由国家统一确定的公民、法人或者其他组织的资格、资质的行政许可；不得设定企业或者其他组织的设立登记及其前置性行政许可。其设定的行政许可，不得限制其他地区的个人或者企业到本地区从事生产经营和提供服务，不得限制其他地区的商品进入本地区市场。

第十六条 行政法规可以在法律设定的行政许可事项范围内，对实施该行政许可作出具体规定。

地方性法规可以在法律、行政法规设定的行政许可事项范围内，对实施该行政许可作出具体规定。

规章可以在上位法设定的行政许可事项范围内，对实施该行政许可作出具体规定。

法规、规章对实施上位法设定的行政许可作出的具体规定，不得增设行政许可；对行政许可条件作出的具体规定，不得增设违反上位法的其他条件。

第十七条 除本法第十四条、第十五条规定的外，其他规范性文件一律不得设定行政许可。

第十八条 设定行政许可，应当规定行政许可的实施机关、条件、程序、期限。

第十九条 起草法律草案、法规草案和省、自治区、直辖市人民政府规章草案，拟设定行政许可的，起草单位应当采取听证会、论证会等形式听取意见，并向制定机关说明设定该行政许可的必要性、对经济和社会可能产生的影响以及听取和采纳意见的情况。

第二十条 行政许可的设定机关应当定期对其设定的行政许可进行评价；对已设定的行政许可，认为通过本法第十三条所列方式能够解决的，应当对设定该行政许可的规定及时予以修改或者废止。

行政许可的实施机关可以对已设定的行政许可的实施情况及存在的必要性适时进行评价，并将意见报告该行政许可的设定机关。

公民、法人或者其他组织可以向行政许可的设定机关和实施机关就行政许可的设定和实施提出意见和建议。

第二十一条 省、自治区、直辖市人民政府对行政法规设定的有关经济事务的行政许可，根据本行政区域经济和社会发展情况，认为通过本法第十三条所列方式能够解决的，报国务院批准后，可以在本行政区域内停止实施该行政许可。

第三章 行政许可的实施机关

第二十二条 行政许可由具有行政许可权的行政机关在其法定职权范围内实施。

第二十三条 法律、法规授权的具有管理公共事务职能的组织，在法定授权范围内，以自己的名义实施行政许可。被授权的组织适用本法有关行政机关的规定。

第二十四条 行政机关在其法定职权范围内，依照法律、法规、规章的规定，可以委托其他行政机关实施行政许可。委托机关应当将受委托行政机关和受委托实施行政许可的内容予以公告。

委托行政机关对受委托行政机关实施行政许可的行为应当负责监督，并对该行为的后果承担法律责任。

受委托行政机关在委托范围内，以委托行政机关名义实施行政许可；不得再委托其他组织或者个人实施行政许可。

第二十五条 经国务院批准，省、自治区、直辖市人民政府根据精简、统一、效能的原则，可以决定一个行政机关行使有关行政机关的行政许可权。

第二十六条 行政许可需要行政机关内设的多个机构办理的，该行政机关应当确定一个机构统一受理行政许可申请，统一送达行政许可决定。

行政许可依法由地方人民政府两个以上部门分别实施的，本级人民政府可以确定一个部门受理行政许可申请并转告有关部门分别提出意见后统一办理，或者组织有关部门联合办理、集中办理。

第二十七条 行政机关实施行政许可，不得向申请人提出购买指定商品、接受有偿服务等不正当要求。

行政机关工作人员办理行政许可，不得索取或者收受申请人的财物，不得谋取其他利益。

第二十八条 对直接关系公共安全、人身健康、生命财产安全的设备、设施、产品、物品的检验、检测、检疫，除法律、行政法规规定由行政机关实施的外，应当逐步由符合法定条件的专业技术组织实施。专业技术组织及其有关人员对所实施的检验、检测、检疫结论承担法律责任。

第四章 行政许可的实施程序

第一节 申请与受理

第二十九条 公民、法人或者其他组织从事特定活动，依法需要取得行政许可的，应当向行政机关提出申请。申请书需要采用格式文本的，行政机关应当向申请人提供行政许可申请书格式文本。申请书格式文本中不得包含与申请行政许可事项没有直接关系的内容。

申请人可以委托代理人提出行政许可申请。但是，依法应当由申请人到行政机关办公场所提出行政许可申请的除外。

行政许可申请可以通过信函、电报、电传、传真、电子数据交换和电子邮件等方式提出。

第三十条　行政机关应当将法律、法规、规章规定的有关行政许可的事项、依据、条件、数量、程序、期限以及需要提交的全部材料的目录和申请书示范文本等在办公场所公示。

申请人要求行政机关对公示内容予以说明、解释的，行政机关应当说明、解释，提供准确、可靠的信息。

第三十一条　申请人申请行政许可，应当如实向行政机关提交有关材料和反映真实情况，并对其申请材料实质内容的真实性负责。行政机关不得要求申请人提交与其申请的行政许可事项无关的技术资料和其他材料。

第三十二条　行政机关对申请人提出的行政许可申请，应当根据下列情况分别作出处理：

（一）申请事项依法不需要取得行政许可的，应当即时告知申请人不受理；

（二）申请事项依法不属于本行政机关职权范围的，应当即时作出不予受理的决定，并告知申请人向有关行政机关申请；

（三）申请材料存在可以当场更正的错误的，应当允许申请人当场更正；

（四）申请材料不齐全或者不符合法定形式的，应当当场或者在五日内一次告知申请人需要补正的全部内容，逾期不告知的，自收到申请材料之日起即为受理；

（五）申请事项属于本行政机关职权范围，申请材料齐全、符合法定形式，或者申请人按照本行政机关的要求提交全部补正申请材料的，应当受理行政许可申请。

行政机关受理或者不予受理行政许可申请，应当出具加盖本行政机关专用印章和注明日期的书面凭证。

第三十三条　行政机关应当建立和完善有关制度，推行电子政务，在行政机关的网站上公布行政许可事项，方便申请人采取数据电文等方式提出行政许可申请；应当与其他行政机关共享有关行政许可信息，提高办事效率。

第二节　审查与决定

第三十四条　行政机关应当对申请人提交的申请材料进行审查。

申请人提交的申请材料齐全、符合法定形式，行政机关能够当场作出决定的，应当当场作出书面的行政许可决定。

根据法定条件和程序，需要对申请材料的实质内容进行核实的，行政机关应当指派两名以上工作人员进行核查。

第三十五条 依法应当先经下级行政机关审查后报上级行政机关决定的行政许可，下级行政机关应当在法定期限内将初步审查意见和全部申请材料直接报送上级行政机关。上级行政机关不得要求申请人重复提供申请材料。

第三十六条 行政机关对行政许可申请进行审查时，发现行政许可事项直接关系他人重大利益的，应当告知该利害关系人。申请人、利害关系人有权进行陈述和申辩。行政机关应当听取申请人、利害关系人的意见。

第三十七条 行政机关对行政许可申请进行审查后，除当场作出行政许可决定的外，应当在法定期限内按照规定程序作出行政许可决定。

第三十八条 申请人的申请符合法定条件、标准的，行政机关应当依法作出准予行政许可的书面决定。

行政机关依法作出不予行政许可的书面决定的，应当说明理由，并告知申请人享有依法申请行政复议或者提起行政诉讼的权利。

第三十九条 行政机关作出准予行政许可的决定，需要颁发行政许可证件的，应当向申请人颁发加盖本行政机关印章的下列行政许可证件：

（一）许可证、执照或者其他许可证书；

（二）资格证、资质证或者其他合格证书；

（三）行政机关的批准文件或者证明文件；

（四）法律、法规规定的其他行政许可证件。

行政机关实施检验、检测、检疫的，可以在检验、检测、检疫合格的设备、设施、产品、物品上加贴标签或者加盖检验、检测、检疫印章。

第四十条 行政机关作出的准予行政许可决定，应当予以公开，公众有权查阅。

第四十一条 法律、行政法规设定的行政许可，其适用范围没有地域限制的，申请人取得的行政许可在全国范围内有效。

第三节 期 限

第四十二条 除可以当场作出行政许可决定的外，行政机关应当自受理行政许可申请之日起二十日内作出行政许可决定。二十日内不能作出决定的，经本行政机关负责人批准，可以延长十日，并应当将延长期限的理由告知申请人。但是，法律、法规另有规定的，依照其规定。

依照本法第二十六条的规定，行政许可采取统一办理或者联合办理、集中办理的，办理的时间不得超过四十五日；四十五日内不能办结的，经本级人民政府负责人批准，可以延长十五日，并应当将延长期限的理由告知申请人。

第四十三条 依法应当先经下级行政机关审查后报上级行政机关决定的行政许可，下级行政机关应当自其受理行政许可申请之日起二十日内审查完毕。但是，法律、法规另有规定的，依照其规定。

第四十四条 行政机关作出准予行政许可的决定，应当自作出决定之日起十日内向申请人颁发、送达行政许可证件，或者加贴标签、加盖检验、检测、检疫印章。

第四十五条 行政机关作出行政许可决定，依法需要听证、招标、拍卖、检验、检测、检疫、鉴定和专家评审的，所需时间不计算在本节规定的期限内。行政机关应当将所需时间书面告知申请人。

第四节 听 证

第四十六条 法律、法规、规章规定实施行政许可应当听证的事项，或者行政机关认为需要听证的其他涉及公共利益的重大行政许可事项，行政机关应当向社会公告，并举行听证。

第四十七条 行政许可直接涉及申请人与他人之间重大利益关系的，行政机关在作出行政许可决定前，应当告知申请人、利害关系人享有要求听证的权利；申请人、利害关系人在被告知听证权利之日起五日内提出听证申请的，行政机关应当在二十日内组织听证。

申请人、利害关系人不承担行政机关组织听证的费用。

第四十八条 听证按照下列程序进行：

（一）行政机关应当于举行听证的七日前将举行听证的时间、地点通知申请人、利害关系人，必要时予以公告；

（二）听证应当公开举行；

（三）行政机关应当指定审查该行政许可申请的工作人员以外的人员为听证主持人，申请人、利害关系人认为主持人与该行政许可事项有直接利害关系的，有权申请回避；

（四）举行听证时，审查该行政许可申请的工作人员应当提供审查意见的证据、理由，申请人、利害关系人可以提出证据，并进行申辩和质证；

（五）听证应当制作笔录，听证笔录应当交听证参加人确认无误后签字或者盖章。

行政机关应当根据听证笔录，作出行政许可决定。

第五节 变更与延续

第四十九条 被许可人要求变更行政许可事项的，应当向作出行政许可决定的行政机关提出申请；符合法定条件、标准的，行政机关应当依法办理变更手续。

第五十条　被许可人需要延续依法取得的行政许可的有效期的，应当在该行政许可有效期届满三十日前向作出行政许可决定的行政机关提出申请。但是，法律、法规、规章另有规定的，依照其规定。

行政机关应当根据被许可人的申请，在该行政许可有效期届满前作出是否准予延续的决定；逾期未作决定的，视为准予延续。

第六节　特别规定

第五十一条　实施行政许可的程序，本节有规定的，适用本节规定；本节没有规定的，适用本章其他有关规定。

第五十二条　国务院实施行政许可的程序，适用有关法律、行政法规的规定。

第五十三条　实施本法第十二条第二项所列事项的行政许可的，行政机关应当通过招标、拍卖等公平竞争的方式作出决定。但是，法律、行政法规另有规定的，依照其规定。

行政机关通过招标、拍卖等方式作出行政许可决定的具体程序，依照有关法律、行政法规的规定。

行政机关按照招标、拍卖程序确定中标人、买受人后，应当作出准予行政许可的决定，并依法向中标人、买受人颁发行政许可证件。

行政机关违反本条规定，不采用招标、拍卖方式，或者违反招标、拍卖程序，损害申请人合法权益的，申请人可以依法申请行政复议或者提起行政诉讼。

第五十四条　实施本法第十二条第三项所列事项的行政许可，赋予公民特定资格，依法应当举行国家考试的，行政机关根据考试成绩和其他法定条件作出行政许可决定；赋予法人或者其他组织特定的资格、资质的，行政机关根据申请人的专业人员构成、技术条件、经营业绩和管理水平等的考核结果作出行政许可决定。但是，法律、行政法规另有规定的，依照其规定。

公民特定资格的考试依法由行政机关或者行业组织实施，公开举行。行政机关或者行业组织应当事先公布资格考试的报名条件、报考办法、考试科目以及考试大纲。但是，不得组织强制性的资格考试的考前培训，不得指定教材或者其他助考材料。

第五十五条　实施本法第十二条第四项所列事项的行政许可的，应当按照技术标准、技术规范依法进行检验、检测、检疫，行政机关根据检验、检测、检疫的结果作出行政许可决定。

行政机关实施检验、检测、检疫，应当自受理申请之日起五日内指派两名以上工作人员按照技术标准、技术规范进行检验、检测、检疫。不需要对检验、检测、检疫结果作进一步技术分析即可认定设备、设施、产品、物品是否符合技术标准、技术规范的，行政机关应当当场作出行政许可决定。

行政机关根据检验、检测、检疫结果，作出不予行政许可决定的，应当书面说明不予行政许可所依据的技术标准、技术规范。

第五十六条 实施本法第十二条第五项所列事项的行政许可，申请人提交的申请材料齐全、符合法定形式的，行政机关应当当场予以登记。需要对申请材料的实质内容进行核实的，行政机关依照本法第三十四条第三款的规定办理。

第五十七条 有数量限制的行政许可，两个或者两个以上申请人的申请均符合法定条件、标准的，行政机关应当根据受理行政许可申请的先后顺序作出准予行政许可的决定。但是，法律、行政法规另有规定的，依照其规定。

第五章　行政许可的费用

第五十八条 行政机关实施行政许可和对行政许可事项进行监督检查，不得收取任何费用。但是，法律、行政法规另有规定的，依照其规定。

行政机关提供行政许可申请书格式文本，不得收费。

行政机关实施行政许可所需经费应当列入本行政机关的预算，由本级财政予以保障，按照批准的预算予以核拨。

第五十九条 行政机关实施行政许可，依照法律、行政法规收取费用的，应当按照公布的法定项目和标准收费；所收取的费用必须全部上缴国库，任何机关或者个人不得以任何形式截留、挪用、私分或者变相私分。财政部门不得以任何形式向行政机关返还或者变相返还实施行政许可所收取的费用。

第六章　监督检查

第六十条 上级行政机关应当加强对下级行政机关实施行政许可的监督检查，及时纠正行政许可实施中的违法行为。

第六十一条 行政机关应当建立健全监督制度，通过核查反映被许可人从事行政许可事项活动情况的有关材料，履行监督责任。

行政机关依法对被许可人从事行政许可事项的活动进行监督检查时，应当将监督检查的情况和处理结果予以记录，由监督检查人员签字后归档。公众有权查阅行政机关监督检查记录。

行政机关应当创造条件，实现与被许可人、其他有关行政机关的计算机档案系统互联，核查被许可人从事行政许可事项活动情况。

第六十二条 行政机关可以对被许可人生产经营的产品依法进行抽样检查、检验、检测，对其生产经营场所依法进行实地检查。检查时，行政机关可以依法查阅或者要求被许可人报送有关材料；被许可人应当如实提供有关情况和材料。

行政机关根据法律、行政法规的规定，对直接关系公共安全、人身健康、生命财产安全的重要设备、设施进行定期检验。对检验合格的，行政机关应当发给相应的证明文件。

第六十三条 行政机关实施监督检查，不得妨碍被许可人正常的生产经营活动，不得索取或者收受被许可人的财物，不得谋取其他利益。

第六十四条 被许可人在作出行政许可决定的行政机关管辖区域外违法从事行政许可事项活动的，违法行为发生地的行政机关应当依法将被许可人的违法事实、处理结果抄告作出行政许可决定的行政机关。

第六十五条 个人和组织发现违法从事行政许可事项的活动，有权向行政机关举报，行政机关应当及时核实、处理。

第六十六条 被许可人未依法履行开发利用自然资源义务或者未依法履行利用公共资源义务的，行政机关应当责令限期改正；被许可人在规定期限内不改正的，行政机关应当依照有关法律、行政法规的规定予以处理。

第六十七条 取得直接关系公共利益的特定行业的市场准入行政许可的被许可人，应当按照国家规定的服务标准、资费标准和行政机关依法规定的条件，向用户提供安全、方便、稳定和价格合理的服务，并履行普遍服务的义务；未经作出行政许可决定的行政机关批准，不得擅自停业、歇业。

被许可人不履行前款规定的义务的，行政机关应当责令限期改正，或者依法采取有效措施督促其履行义务。

第六十八条 对直接关系公共安全、人身健康、生命财产安全的重要设备、设施，行政机关应当督促设计、建造、安装和使用单位建立相应的自检制度。

行政机关在监督检查时，发现直接关系公共安全、人身健康、生命财产安全的重要设备、设施存在安全隐患的，应当责令停止建造、安装和使用，并责令设计、建造、安装和使用单位立即改正。

第六十九条 有下列情形之一的，作出行政许可决定的行政机关或者其上级行政机关，根据利害关系人的请求或者依据职权，可以撤销行政许可：

（一）行政机关工作人员滥用职权、玩忽职守作出准予行政许可决定的；

（二）超越法定职权作出准予行政许可决定的；

（三）违反法定程序作出准予行政许可决定的；

（四）对不具备申请资格或者不符合法定条件的申请人准予行政许可的；

（五）依法可以撤销行政许可的其他情形。

被许可人以欺骗、贿赂等不正当手段取得行政许可的，应当予以撤销。

依照前两款的规定撤销行政许可，可能对公共利益造成重大损害的，不予撤销。

依照本条第一款的规定撤销行政许可，被许可人的合法权益受到损害的，行政机关应当依法给予赔偿。依照本条第二款的规定撤销行政许可的，被许可人基于行政许可取得的利益不受保护。

第七十条 有下列情形之一的，行政机关应当依法办理有关行政许可的注销手续：

（一）行政许可有效期届满未延续的；

（二）赋予公民特定资格的行政许可，该公民死亡或者丧失行为能力的；

（三）法人或者其他组织依法终止的；

（四）行政许可依法被撤销、撤回，或者行政许可证件依法被吊销的；

（五）因不可抗力导致行政许可事项无法实施的；

（六）法律、法规规定的应当注销行政许可的其他情形。

第七章 法律责任

第七十一条 违反本法第十七条规定设定的行政许可，有关机关应当责令设定该行政许可的机关改正，或者依法予以撤销。

第七十二条 行政机关及其工作人员违反本法的规定，有下列情形之一的，由其上级行政机关或者监察机关责令改正；情节严重的，对直接负责的主管人员和其他直接责任人员依法给予行政处分：

（一）对符合法定条件的行政许可申请不予受理的；

（二）不在办公场所公示依法应当公示的材料的；

（三）在受理、审查、决定行政许可过程中，未向申请人、利害关系人履行法定告知义务的；

（四）申请人提交的申请材料不齐全、不符合法定形式，不一次告知申请人必须补正的全部内容的；

（五）未依法说明不受理行政许可申请或者不予行政许可的理由的；

（六）依法应当举行听证而不举行听证的。

第七十三条 行政机关工作人员办理行政许可、实施监督检查，索取或者收受他人财物或者谋取其他利益，构成犯罪的，依法追究刑事责任；尚不构成犯罪的，依法给予行政处分。

第七十四条 行政机关实施行政许可，有下列情形之一的，由其上级行政机关或者监察机关责令改正，对直接负责的主管人员和其他直接责任人员依法给予行政处分；构成犯罪的，依法追究刑事责任：

（一）对不符合法定条件的申请人准予行政许可或者超越法定职权作出准予行政许可决定的；

（二）对符合法定条件的申请人不予行政许可或者不在法定期限内作出准予行政许可

决定的；

（三）依法应当根据招标、拍卖结果或者考试成绩择优作出准予行政许可决定，未经招标、拍卖或者考试，或者不根据招标、拍卖结果或者考试成绩择优作出准予行政许可决定的。

第七十五条　行政机关实施行政许可，擅自收费或者不按照法定项目和标准收费的，由其上级行政机关或者监察机关责令退还非法收取的费用；对直接负责的主管人员和其他直接责任人员依法给予行政处分。

截留、挪用、私分或者变相私分实施行政许可依法收取的费用的，予以追缴；对直接负责的主管人员和其他直接责任人员依法给予行政处分；构成犯罪的，依法追究刑事责任。

第七十六条　行政机关违法实施行政许可，给当事人的合法权益造成损害的，应当依照国家赔偿法的规定给予赔偿。

第七十七条　行政机关不依法履行监督职责或者监督不力，造成严重后果的，由其上级行政机关或者监察机关责令改正，对直接负责的主管人员和其他直接责任人员依法给予行政处分；构成犯罪的，依法追究刑事责任。

第七十八条　行政许可申请人隐瞒有关情况或者提供虚假材料申请行政许可的，行政机关不予受理或者不予行政许可，并给予警告；行政许可申请属于直接关系公共安全、人身健康、生命财产安全事项的，申请人在一年内不得再次申请该行政许可。

第七十九条　被许可人以欺骗、贿赂等不正当手段取得行政许可的，行政机关应当依法给予行政处罚；取得的行政许可属于直接关系公共安全、人身健康、生命财产安全事项的，申请人在三年内不得再次申请该行政许可；构成犯罪的，依法追究刑事责任。

第八十条　被许可人有下列行为之一的，行政机关应当依法给予行政处罚；构成犯罪的，依法追究刑事责任：

（一）涂改、倒卖、出租、出借行政许可证件，或者以其他形式非法转让行政许可的；

（二）超越行政许可范围进行活动的；

（三）向负责监督检查的行政机关隐瞒有关情况、提供虚假材料或者拒绝提供反映其活动情况的真实材料的；

（四）法律、法规、规章规定的其他违法行为。

第八十一条　公民、法人或者其他组织未经行政许可，擅自从事依法应当取得行政许可的活动的，行政机关应当依法采取措施予以制止，并依法给予行政处罚；构成犯罪的，依法追究刑事责任。

第八章　附　　则

第八十二条　本法规定的行政机关实施行政许可的期限以工作日计算，不含法定节假日。

第八十三条　本法自2004年7月1日起施行。

本法施行前有关行政许可的规定，制定机关应当依照本法规定予以清理；不符合本法规定的，自本法施行之日起停止执行。

中华人民共和国行政处罚法

（1996年3月17日第八届全国人民代表大会第四次会议通过，自1996年10月1日起施行。）

第一章 总 则

第一条 为了规范行政处罚的设定和实施，保障和监督行政机关有效实施行政管理，维护公共利益和社会秩序，保护公民、法人或者其他组织的合法权益，根据宪法，制定本法。

第二条 行政处罚的设定和实施，适用本法。

第三条 公民、法人或者其他组织违反行政管理秩序的行为，应当给予行政处罚的，依照本法由法律、法规或者规章规定，并由行政机关依照本法规定的程序实施。

没有法定依据或者不遵守法定程序的，行政处罚无效。

第四条 行政处罚遵循公正、公开的原则。

设定和实施行政处罚必须以事实为依据，与违法行为的事实、性质、情节以及社会危害程度相当。

对违法行为给予行政处罚的规定必须公布；未经公布的，不得作为行政处罚的依据。

第五条 实施行政处罚，纠正违法行为，应当坚持处罚与教育相结合，教育公民、法人或者其他组织自觉守法。

第六条 公民、法人或者其他组织对行政机关所给予的行政处罚，享有陈述权、申辩权；对行政处罚不服的，有权依法申请行政复议或者提起行政诉讼。

公民、法人或者其他组织因行政机关违法给予行政处罚受到损害的，有权依法提出赔偿要求。

第七条 公民、法人或者其他组织因违法受到行政处罚，其违法行为对他人造成损害的，应当依法承担民事责任。

违法行为构成犯罪的，应当依法追究刑事责任，不得以行政处罚代替刑事处罚。

第二章 行政处罚的种类和设定

第八条 行政处罚的种类：

（一）警告；

（二）罚款；

（三）没收违法所得、没收非法财物；

（四）责令停产停业；

（五）暂扣或者吊销许可证、暂扣或者吊销执照；

（六）行政拘留；

（七）法律、行政法规规定的其他行政处罚。

第九条　法律可以设定各种行政处罚。

限制人身自由的行政处罚，只能由法律设定。

第十条　行政法规可以设定除限制人身自由以外的行政处罚。

法律对违法行为已经作出行政处罚规定，行政法规需要作出具体规定的，必须在法律规定的给予行政处罚的行为、种类和幅度的范围内规定。

第十一条　地方性法规可以设定除限制人身自由、吊销企业营业执照以外的行政处罚。

法律、行政法规对违法行为已经作出行政处罚规定，地方性法规需要作出具体规定的，必须在法律、行政法规规定的给予行政处罚的行为、种类和幅度的范围内规定。

第十二条　国务院部、委员会制定的规章可以在法律、行政法规规定的给予行政处罚的行为、种类和幅度的范围内作出具体规定。

尚未制定法律、行政法规的，前款规定的国务院部、委员会制定的规章对违反行政管理秩序的行为，可以设定警告或者一定数量罚款的行政处罚。罚款的限额由国务院规定。

国务院可以授权具有行政处罚权的直属机构依照本条第一款、第二款的规定，规定行政处罚。

第十三条　省、自治区、直辖市人民政府和省、自治区人民政府所在地的市人民政府以及经国务院批准的较大的市人民政府制定的规章可以在法律、法规规定的给予行政处罚的行为、种类和幅度的范围内作出具体规定。

尚未制定法律、法规的，前款规定的人民政府制定的规章对违反行政管理秩序的行为，可以设定警告或者一定数量罚款的行政处罚。罚款的限额由省、自治区、直辖市人民代表大会常务委员会规定。

第十四条　除本法第九条、第十条、第十一条、第十二条以及第十三条的规定外，其他规范性文件不得设定行政处罚。

第三章　行政处罚的实施机关

第十五条　行政处罚由具有行政处罚权的行政机关在法定职权范围内实施。

第十六条　国务院或者经国务院授权的省、自治区、直辖市人民政府可以决定一个行政机关行使有关行政机关的行政处罚权,但限制人身自由的行政处罚权只能由公安机关行使。

第十七条 法律、法规授权的具有管理公共事务职能的组织可以在法定授权范围内实施行政处罚。

第十八条 行政机关依照法律、法规或者规章的规定,可以在其法定权限内委托符合本法第十九条规定条件的组织实施行政处罚。行政机关不得委托其他组织或者个人实施行政处罚。

委托行政机关对受委托的组织实施行政处罚的行为应当负责监督,并对该行为的后果承担法律责任。

受委托组织在委托范围内,以委托行政机关名义实施行政处罚;不得再委托其他任何组织或者个人实施行政处罚。

第十九条 受委托组织必须符合以下条件:

(一)依法成立的管理公共事务的事业组织;

(二)具有熟悉有关法律、法规、规章和业务的工作人员;

(三)对违法行为需要进行技术检查或者技术鉴定的,应当有条件组织进行相应的技术检查或者技术鉴定。

第四章 行政处罚的管辖和适用

第二十条 行政处罚由违法行为发生地的县级以上地方人民政府具有行政处罚权的行政机关管辖。法律、行政法规另有规定的除外。

第二十一条 对管辖发生争议的,报请共同的上一级行政机关指定管辖。

第二十二条 违法行为构成犯罪的,行政机关必须将案件移送司法机关,依法追究刑事责任。

第二十三条 行政机关实施行政处罚时,应当责令当事人改正或者限期改正违法行为。

第二十四条 对当事人的同一个违法行为,不得给予两次以上罚款的行政处罚。

第二十五条 不满14周岁的人有违法行为的,不予行政处罚,责令监护人加以管教;已满14周岁不满18周岁的人有违法行为的,从轻或者减轻行政处罚。

第二十六条 精神病人在不能辨认或者不能控制自己行为时有违法行为的,不予行政处罚,但应当责令其监护人严加看管和治疗。间歇性精神病人在精神正常时有违法行为的,应当给予行政处罚。

第二十七条 当事人有下列情形之一的,应当依法从轻或者减轻行政处罚:

(一)主动消除或者减轻违法行为危害后果的;

（二）受他人胁迫有违法行为的；

（三）配合行政机关查处违法行为有立功表现的；

（四）其他依法从轻或者减轻行政处罚的。

违法行为轻微并及时纠正，没有造成危害后果的，不予行政处罚。

第二十八条 违法行为构成犯罪，人民法院判处拘役或者有期徒刑时，行政机关已经给予当事人行政拘留的，应当依法折抵相应刑期。

违法行为构成犯罪，人民法院判处罚金时，行政机关已经给予当事人罚款的，应当折抵相应罚金。

第二十九条 违法行为在2年内未被发现的，不再给予行政处罚。法律另有规定的除外。

前款规定的期限，从违法行为发生之日起计算；违法行为有连续或者继续状态的，从行为终了之日起计算。

第五章　行政处罚的决定

第三十条 公民、法人或者其他组织违反行政管理秩序的行为，依法应当给予行政处罚的，行政机关必须查明事实；违法事实不清的，不得给予行政处罚。

第三十一条 行政机关在作出行政处罚决定之前，应当告知当事人作出行政处罚决定的事实、理由及依据，并告知当事人依法享有的权利。

第三十二条 当事人有权进行陈述和申辩。行政机关必须充分听取当事人的意见，对当事人提出的事实、理由和证据，应当进行复核；当事人提出的事实、理由或者证据成立的，行政机关应当采纳。

行政机关不得因当事人申辩而加重处罚。

第一节　简易程序

第三十三条 违法事实确凿并有法定依据，对公民处以50元以下、对法人或者其他组织处以1 000元以下罚款或者警告的行政处罚的，可以当场作出行政处罚决定。当事人应当依照本法第四十六条、第四十七条、第四十八条的规定履行行政处罚决定。

第三十四条 执法人员当场作出行政处罚决定的，应当向当事人出示执法身份证件，填写预定格式、编有号码的行政处罚决定书。行政处罚决定书应当当场交付当事人。

前款规定的行政处罚决定书应当载明当事人的违法行为、行政处罚依据、罚款数额、时间、地点以及行政机关名称，并由执法人员签名或者盖章。

执法人员当场作出的行政处罚决定，必须报所属行政机关备案。

第三十五条 当事人对当场作出的行政处罚决定不服的，可以依法申请行政复议或者提起行政诉讼。

第二节　一般程序

第三十六条　除本法第三十三条规定的可以当场作出的行政处罚外，行政机关发现公民、法人或者其他组织有依法应当给予行政处罚的行为的，必须全面、客观、公正地调查，收集有关证据；必要时，依照法律、法规的规定，可以进行检查。

第三十七条　行政机关在调查或者进行检查时，执法人员不得少于两人，并应当向当事人或者有关人员出示证件。当事人或者有关人员应当如实回答询问，并协助调查或者检查，不得阻挠。询问或者检查应当制作笔录。

行政机关在收集证据时，可以采取抽样取证的方法；在证据可能灭失或者以后难以取得的情况下，经行政机关负责人批准，可以先行登记保存，并应当在7日内及时作出处理决定，在此期间，当事人或者有关人员不得销毁或者转移证据。

执法人员与当事人有直接利害关系的，应当回避。

第三十八条　调查终结，行政机关负责人应当对调查结果进行审查，根据不同情况，分别作出如下决定：

（一）确有应受行政处罚的违法行为的，根据情节轻重及具体情况，作出行政处罚决定；

（二）违法行为轻微，依法可以不予行政处罚的，不予行政处罚；

（三）违法事实不能成立的，不得给予行政处罚；

（四）违法行为已构成犯罪的，移送司法机关。

对情节复杂或者重大违法行为给予较重的行政处罚，行政机关的负责人应当集体讨论决定。

第三十九条　行政机关依照本法第三十八条的规定给予行政处罚，应当制作行政处罚决定书。行政处罚决定书应当载明下列事项：

（一）当事人的姓名或者名称、地址；

（二）违反法律、法规或者规章的事实和证据；

（三）行政处罚的种类和依据；

（四）行政处罚的履行方式和期限；

（五）不服行政处罚决定，申请行政复议或者提起行政诉讼的途径和期限；

（六）作出行政处罚决定的行政机关名称和作出决定的日期。

行政处罚决定书必须盖有作出行政处罚决定的行政机关的印章。

第四十条　行政处罚决定书应当在宣告后当场交付当事人；当事人不在场的，行政机关应当在7日内依照民事诉讼法的有关规定，将行政处罚决定书送达当事人。

第四十一条 行政机关及其执法人员在作出行政处罚决定之前，不依照本法第三十一条、第三十二条的规定向当事人告知给予行政处罚的事实、理由和依据，或者拒绝听取当事人的陈述、申辩，行政处罚决定不能成立；当事人放弃陈述或者申辩权利的除外。

第三节　听证程序

第四十二条 行政机关作出责令停产停业、吊销许可证或者执照、较大数额罚款等行政处罚决定之前，应当告知当事人有要求举行听证的权利；当事人要求听证的，行政机关应当组织听证。当事人不承担行政机关组织听证的费用。听证依照以下程序组织：

（一）当事人要求听证的，应当在行政机关告知后3日内提出；

（二）行政机关应当在听证的7日前，通知当事人举行听证的时间、地点；

（三）除涉及国家秘密、商业秘密或者个人隐私外，听证公开举行；

（四）听证由行政机关指定的非本案调查人员主持；当事人认为主持人与本案有直接利害关系的，有权申请回避；

（五）当事人可以亲自参加听证，也可以委托1至2人代理；

（六）举行听证时，调查人员提出当事人违法的事实、证据和行政处罚建议；当事人进行申辩和质证；

（七）听证应当制作笔录；笔录应当交当事人审核无误后签字或者盖章。

当事人对限制人身自由的行政处罚有异议的，依照治安管理处罚条例有关规定执行。

第四十三条 听证结束后，行政机关依照本法第三十八条的规定，作出决定。

第六章　行政处罚的执行

第四十四条 行政处罚决定依法作出后，当事人应当在行政处罚决定的期限内，予以履行。

第四十五条 当事人对行政处罚决定不服申请行政复议或者提起行政诉讼的，行政处罚不停止执行，法律另有规定的除外。

第四十六条 作出罚款决定的行政机关应当与收缴罚款的机构分离。

除依照本法第四十七条、第四十八条的规定当场收缴的罚款外，作出行政处罚决定的行政机关及其执法人员不得自行收缴罚款。

当事人应当自收到行政处罚决定书之日起15日内，到指定的银行缴纳罚款。银行应当收受罚款，并将罚款直接上缴国库。

第四十七条 依照本法第三十三条的规定当场作出行政处罚决定，有下列情形之一的，执法人员可以当场收缴罚款：

（一）依法给予20元以下的罚款的；

（二）不当场收缴事后难以执行的。

第四十八条 在边远、水上、交通不便地区，行政机关及其执法人员依照本法第三十三条、第三十八条的规定作出罚款决定后，当事人向指定的银行缴纳罚款确有困难，经当事人提出，行政机关及其执法人员可以当场收缴罚款。

第四十九条 行政机关及其执法人员当场收缴罚款的，必须向当事人出具省、自治区、直辖市财政部门统一制发的罚款收据；不出具财政部门统一制发的罚款收据的，当事人有权拒绝缴纳罚款。

第五十条 执法人员当场收缴的罚款，应当自收缴罚款之日起2日内，交至行政机关；在水上当场收缴的罚款，应当自抵岸之日起2日内交至行政机关；行政机关应当在2日内将罚款缴付指定的银行。

第五十一条 当事人逾期不履行行政处罚决定的，作出行政处罚决定的行政机关可以采取下列措施：

（一）到期不缴纳罚款的，每日按罚款数额的百分之三加处罚款；

（二）根据法律规定，将查封、扣押的财物拍卖或者将冻结的存款划拨抵缴罚款；

（三）申请人民法院强制执行。

第五十二条 当事人确有经济困难，需要延期或者分期缴纳罚款的，经当事人申请和行政机关批准，可以暂缓或者分期缴纳。

第五十三条 除依法应当予以销毁的物品外，依法没收的非法财物必须按照国家规定公开拍卖或者按照国家有关规定处理。

罚款、没收违法所得或者没收非法财物拍卖的款项，必须全部上缴国库，任何行政机关或者个人不得以任何形式截留、私分或者变相私分；财政部门不得以任何形式向作出行政处罚决定的行政机关返还罚款、没收的违法所得或者返还没收非法财物的拍卖款项。

第五十四条 行政机关应当建立健全对行政处罚的监督制度。县级以上人民政府应当加强对行政处罚的监督检查。

公民、法人或者其他组织对行政机关作出的行政处罚，有权申诉或者检举；行政机关应当认真审查，发现行政处罚有错误的，应当主动改正。

第七章 法律责任

第五十五条 行政机关实施行政处罚，有下列情形之一的，由上级行政机关或者有关部门责令改正，可以对直接负责的主管人员和其他直接责任人员依法给予行政处分：

（一）没有法定的行政处罚依据的；

（二）擅自改变行政处罚种类、幅度的；

（三）违反法定的行政处罚程序的；

（四）违反本法第十八条关于委托处罚的规定的。

第五十六条　行政机关对当事人进行处罚不使用罚款、没收财物单据或者使用非法定部门制发的罚款、没收财物单据的，当事人有权拒绝处罚，并有权予以检举。上级行政机关或者有关部门对使用的非法单据予以收缴销毁，对直接负责的主管人员和其他直接责任人员依法给予行政处分。

第五十七条　行政机关违反本法第四十六条的规定自行收缴罚款的，财政部门违反本法第五十三条的规定向行政机关返还罚款或者拍卖款项的，由上级行政机关或者有关部门责令改正，对直接负责的主管人员和其他直接责任人员依法给予行政处分。

第五十八条　行政机关将罚款、没收的违法所得或者财物截留、私分或者变相私分的，由财政部门或者有关部门予以追缴，对直接负责的主管人员和其他直接责任人员依法给予行政处分；情节严重构成犯罪的，依法追究刑事责任。

执法人员利用职务上的便利，索取或者收受他人财物、收缴罚款据为己有，构成犯罪的，依法追究刑事责任；情节轻微不构成犯罪的，依法给予行政处分。

第五十九条　行政机关使用或者损毁扣押的财物，对当事人造成损失的，应当依法予以赔偿，对直接负责的主管人员和其他直接责任人员依法给予行政处分。

第六十条　行政机关违法实行检查措施或者执行措施，给公民人身或者财产造成损害、给法人或者其他组织造成损失的，应当依法予以赔偿，对直接负责的主管人员和其他直接责任人员依法给予行政处分；情节严重构成犯罪的，依法追究刑事责任。

第六十一条　行政机关为牟取本单位私利，对应当依法移交司法机关追究刑事责任的不移交，以行政处罚代替刑罚，由上级行政机关或者有关部门责令纠正；拒不纠正的，对直接负责的主管人员给予行政处分；徇私舞弊、包庇纵容违法行为的，比照刑法第一百八十八条的规定追究刑事责任。

第六十二条　执法人员玩忽职守，对应当予以制止和处罚的违法行为不予制止、处罚，致使公民、法人或者其他组织的合法权益、公共利益和社会秩序遭受损害的，对直接负责的主管人员和其他直接责任人员依法给予行政处分；情节严重构成犯罪的，依法追究刑事责任。

第八章　附　　则

第六十三条　本法第四十六条罚款决定与罚款收缴分离的规定，由国务院制定具体实施办法。

第六十四条　本法自1996年10月1日起施行。

本法公布前制定的法规和规章关于行政处罚的规定与本法不符合的，应当自本法公布之日起，依照本法规定予以修订，在1997年12月31日前修订完毕。

中华人民共和国行政诉讼法

（1989年4月4日第七届全国人民代表大会第二次会议通过，自1990年10月1日起实施。）

第一章　总　　则

第一条　为保证人民法院正确、及时审理行政案件，保护公民、法人和其他组织的合法权益，维护和监督行政机关依法行使行政职权，根据宪法制定本法。

第二条　公民、法人或者其他组织认为行政机关和行政机关工作人员的具体行政行为侵犯其合法权益，有权依照本法向人民法院提起诉讼。

第三条　人民法院依法对行政案件独立行使审判权，不受行政机关、社会团体和个人的干涉。

人民法院设行政审判庭，审理行政案件。

第四条　人民法院审理行政案件，以事实为根据，以法律为准绳。

第五条　人民法院审理行政案件，对具体行政行为是否合法进行审查。

第六条　人民法院审理行政案件，依法实行会议、回避、公开审判和两审终审制度。

第七条　当事人在行政诉讼中的法律地位平等。

第八条　各民族公民都有用本民族语言、文字进行行政诉讼的权利。

在少数民族聚居或者多民族共同居住的地区，人民法院应当用当地民族通用的语言、文字进行审理和发布法律文书。

人民法院应当对不通晓当地民族通用的语言、文字的诉讼参与人提供翻译。

第九条　当事人在行政诉讼中有权进行辩论。

第十条　人民检察院有权对行政诉讼实行法律监督。

第二章　受案范围

第十一条　人民法院受理公民、法人和其他组织对下列具体行政行为不服提起的诉讼：

（一）对拘留、罚款、吊销许可证和执照、责令停产停业、没收财物等行政处罚不服的；

（二）对限制人身自由或者对财产的查封、扣押、冻结等行政强制措施不服的；

（三）认为行政机关侵犯法律规定的经营自主权的；

（四）认为符合法定条件申请行政机关颁发许可证和执照，行政机关拒绝颁发或者不予答复的；

（五）申请行政机关履行保护人身权、财产权的法定职责，行政机关拒绝履行或者不予答复的；

（六）认为行政机关没有依法发给抚恤金的；

（七）认为行政机关违法要求履行义务的；

（八）认为行政机关侵犯其他人身权、财产权的。

除前款规定外，人民法院受理法律、法规规定可以提起诉讼的其他行政案件。

第十二条 人民法院不受理公民、法人或者其他组织对下列事项提起的诉讼：

（一）国防、外交等国家行为；

（二）行政法规、规章或者行政机关制定、发布的具有普遍约束力的决定、命令；

（三）行政机关对行政机关工作人员的奖惩、任免等决定；

（四）法律规定由行政机关最终裁决的具体行政行为。

第三章 管 辖

第十三条 基层人民法院管辖第一审行政案件。

第十四条 中级人民法院管辖下列第一审行政案件：

（一）确认发明专利权的案件、海关处理的案件；

（二）对国务院各部门或者省、自治区、直辖市人民政府所作的具体行政行为提起诉讼的案件；

（三）本辖区内重大、复杂的案件。

第十五条 高级人民法院管辖本辖区内重大、复杂的第一审行政案件。

第十六条 最高人民法院管辖全国范围内重大、复杂的第一审行政案件。

第十七条 行政案件由最初作出具体行政行为的行政机关所在地人民法院管辖。经复议的案件，复议机关改变原具体行政行为的，也可以由复议机关所在地人民法院管辖。

第十八条 对限制人身自由的行政强制措施不服提起的诉讼，由被告所在地或者原告所在地人民法院管辖。

第十九条 因不动产提起的行政诉讼，由不动产所在地人民法院管辖。

第二十条 两个以上人民法院都有管辖权的案件，原告可以选择其中一个人民法院提起诉讼。原告向两个以上有管辖权的人民法院提起诉讼的，由最先收到起诉状的人民法院管辖。

第二十一条 人民法院发现受理的案件不属于自己管辖时，应当移送有管辖权的人民法院。受移送的人民法院不得自行移送。

第二十二条 有管辖权的人民法院由于特殊原因不能行使管辖权的，由上级人民法院指定管辖。

人民法院对管辖权发生争议，由争议双方协商解决。协商不成的，报它们的共同上级人民法院指定管辖。

第二十三条 上级人民法院有权审判下级人民法院管辖的第一审行政案件，也可以把自己管辖的第一审行政案件移交下级人民法院审判。

下级人民法院对其管辖的第一审行政案件，认为需要由上级人民法院审判的，可以报请上级人民法院决定。

第四章 诉讼参加人

第二十四条 依照本法提起诉讼的公民、法人或者其他组织是原告，

有权提起诉讼的公民死亡，其近亲属可以提起诉讼。

有权提起诉讼的法人或者其他组织终止，承受其权利的法人或者其他组织可以提起诉讼。

第二十五条 公民、法人或者其他组织直接向人民法院提起诉讼的，作出具体行政行为的行政机关是被告。

经复议的案件，复议机关决定维持原具体行政行为的，作出原具体行政行为的行政机关是被告；复议机关改变原具体行政行为的，复议机关是被告。

两个以上行政机关作出同一具体行政行为的，共同作出具体行政行为的行政机关是共同被告。

由法律、法规授权的组织所作的具体行政行为，该组织是被告。由行政机关委托的组织所作的具体行政行为，委托的行政机关是被告。

行政机关被撤销的，继续行使其职权的行政机关是被告。

第二十六条 当事人一方或者双方为2人以上，因同一具体行政行为发生的行政案件，或者因同样的具体行政行为发生的行政案件、人民法院认为可以合并审理的，为共同诉讼。

第二十七条 同提起诉讼的具体行政行为有利害关系的其他公民、法人或者其他组织，可以作为第三人申请参加诉讼，或者由人民法院通知参加诉讼。

第二十八条 没有诉讼行为能力的公民，由其法定代理人代为诉讼。法定代理人互相推诿代理责任的，由人民法院指定其中一人代为诉讼。

第二十九条 当事人、法定代理人，可以委托1至2人代为诉讼。

律师、社会团体、提起诉讼的公民的近亲属或者所在单位推荐的人，以及经人民法院

许可的其他公民，可以受委托为诉讼代理人。

第三十条 代理诉讼的律师，可以依照规定查阅本案有关材料，可以向有关组织和公民调查，收集证据。对涉及国家秘密和个人隐私的材料，应当依照法律规定保密。

经人民法院许可，当事人和其他诉讼代理人可以查阅本案庭审材料，但涉及国家秘密和个人隐私的除外。

第五章 证 据

第三十一条 证据有以下几种：

（一）书证；

（二）物证；

（三）视听资料；

（四）证人证言；

（五）当事人的陈述；

（六）鉴定结论；

（七）勘验笔录、现场笔录。

以上证据经法庭审查属实，才能作为定案的根据。

第三十二条 被告对作出的具体行政行为负有举证责任，应当提供作出该具体行政行为的证据和所依据的规范性文件。

第三十三条 在诉讼过程中，被告不得自行向原告和证人收集证据。

第三十四条 人民法院有权要求当事人提供或者补充证据。

人民法院有权向有关行政机关以及其他组织、公民调取证据。

第三十五条 在诉讼过程中，人民法院认为对专门性问题需要鉴定的，应当交由法定鉴定部门鉴定；没有法定鉴定部门的，由人民法院指定的鉴定部门鉴定。

第三十六条 在证据可能灭失或者以后难以取得的情况下，诉讼参加人可以向人民法院申请保全证据，人民法院也可以主动采取保全措施。

第六章 起诉和受理

第三十七条 对属于人民法院受案范围的行政案件，公民、法人或者其他组织可以先向上一级行政机关或者法律、法规规定的行政机关申请复议，对复议不服的，再向人民法院提起诉讼；也可以直接向人民法院提起诉讼。

法律、法规规定应当先向行政机关申请复议，对复议不服再向人民法院提起诉讼的，依照法律、法规的规定。

第三十八条 公民、法人或者其他组织向行政机关申请复议的，复议机关应当在收到申请书之日起两个月内作出决定。法律、法规另有规定的除外。

申请人不服复议决定的，可以在收到复议决定书之日起15日内向人民法院提起诉讼。复议机关逾期不作决定的，申请人可以在复议期满之日起15日内向人民法院提起诉讼。法律另有规定的除外。

第三十九条 公民、法人或者其他组织直接向人民法院提起诉讼的，应当在知道作出具体行政行为之日起3个月内提出。法律另有规定的除外。

第四十条 公民、法人或者其他组织因不可抗力或者其他特殊情况耽误法定期限的，在障碍消除后的10日内，可以申请延长期限，由人民法院决定。

第四十一条 提起诉讼应当符合下列条件：

（一）原告是认为具体行政行为侵犯其合法权益的公民、法人或者其他组织；

（二）有明确的被告；

（三）有具体的诉讼请求和事实根据；

（四）属于人民法院受案范围和受诉人民法院管辖。

第四十二条 人民法院接到起诉状，经审查，应当在7日内立案或者作出裁定不予受理。原告对裁定不服的，可以提起上诉。

第七章　审理和判决

第四十三条 人民法院应当在立案之日起5日内，将起诉状副本发送被告。被告应当在收到起诉状副本之日起10日内向人民法院提交作出具体行政行为的有关材料，并提出答辩状。人民法院应当在收到答辩状之日起5日内，将答辩状副本发送原告。

被告不提出答辩状的，不影响人民法院审理。

第四十四条 诉讼期间，不停止具体行政行为的执行。但有下列情形之一的，停止具体行政行为的执行：

（一）被告认为需要停止执行的；

（二）原告申请停止执行，人民法院认为该具体行政行为的执行会造成难以弥补的损失，并且停止执行不损害社会公共利益，裁定停止执行的；

（三）法律、法规规定停止执行的。

第四十五条 人民法院公开审理行政案件，但涉及国家秘密、个人隐私和法律另有规定的除外。

第四十六条 人民法院审理行政案件，由审判员组成合议庭，或者由审判员、陪审员组成合议庭。合议庭的成员，应当是3人以上的单数。

第四十七条 当事人认为审判人员与本案有利害关系或者有其他关系可能影响公正审判，有权申请审判人员回避。

审判人员认为自己与本案有利害关系或者有其他关系，应当申请回避。

前两款规定，适用于书记员、翻译人员、鉴定人、勘验人。

院长担任审判长时的回避，由审判委员会决定；审判人员的回避，由院长决定；其他人员的回避，由审判长决定。当事人对决定不服的，可以申请复议。

第四十八条 经人民法院两次合法传唤，原告无正当理由拒不到庭的，视为申请撤诉；被告无正当理由拒不到庭的，可以缺席判决。

第四十九条 诉讼参与人或者其他人有下列行为之一的，人民法院可以根据情节轻重，予以训诫、责令具结悔过或者处1 000元以下的罚款、15日以下的拘留；构成犯罪的，依法追究刑事责任：

（一）有义务协助执行的人，对人民法院的协助执行通知书，无故推拖、拒绝或者妨碍执行的；

（二）伪造、隐藏、毁灭证据的；

（三）指使、贿买、胁迫他人作伪证或者威胁、阻止证人作证的；

（四）隐藏、转移、变卖、毁损已被查封、扣押、冻结的财产的；

（五）以暴力、威胁或者其他方法阻碍人民法院工作人员执行职务或者扰乱人民法院工作秩序的；

（六）对人民法院工作人员、诉讼参与人、协助执行人侮辱、诽谤、诬陷，殴打或者打击报复的。

罚款、拘留、须经人民法院院长批准。当事人不服的，可以申请复议。

第五十条 人民法院审理行政案件，不适用调解。

第五十一条 人民法院对行政案件宣告判决或者裁定前，原告申请撤诉的，或者被告改变其所作的具体行政行为，原告同意并申请撤诉的，是否准许，由人民法院裁定。

第五十二条 人民法院审理行政案件，以法律和行政法规、地方性法规为依据。地方性法规适用于本行政区域内发生的行政案件。

人民法院审理民族自治地方的行政案件，并以该民族自治地方的自治条例和单行条例为依据。

第五十三条 人民法院审理行政案件，参照国务院部、委根据法律和国务院的行政法规、决定、命令制定、发布的规章以及省、自治区、直辖市和省、自治区的人民政府所在地的市和经国务院批准的较大的市的人民政府根据法律和国务院的行政法规制定、发布的规章。

人民法院认为地方人民政府制定、发布的规章与国务院部、委制定、发布的规章不一致的，以及国务院部、委制定、发布的规章之间不一致的，由最高人民法院送请国务院作出解释或者裁决。

第五十四条 人民法院经过审理，根据不同情况，分别作出以下判决：

（一）具体行政行为证据确凿，适用法律、法规正确，符合法定程序的，判决维持。

（二）具体行政行为有下列情形之一的，判决撤销或者部分撤销，并可以判决被告重新作出具体行政行为：

1. 主要证据不足的；

2. 适用法律、法规错误的；

3. 违反法定程序的；

4. 超越职权的；

5. 滥用职权的。

（三）被告不履行或者拖延履行法定职责的，判决其在一定期限内履行。

（四）行政处罚显失公正的，可以判决变更。

第五十五条 人民法院判决被告重新作出具体行政行为的，被告不得以同一的事实和理由作出与原具体行政行为基本相同的具体行政行为。

第五十六条 人民法院在审理行政案件中，认为行政机关的主管人员、直接责任人员违反政纪的，应当将有关材料移送该行政机关或者其上一级行政机关或者监察、人事机关；认为有犯罪行为的，应当将有关材料移送公安、检察机关。

第五十七条 人民法院应当在立案之日起3个月内作出第一审判决。有特殊情况需要延长的，由高级人民法院批准，高级人民法院审理第一审案件需要延长的，由最高人民法院批准。

第五十八条 当事人不服人民法院第一审判决的，有权在判决书送达之日起15日内向上一级人民法院提起上诉。当事人不服人民法院第一审裁定的，有权在裁定书送达之日起10日内向上一级人民法院提起上诉。逾期不提起上诉的，人民法院的第一审判决或者裁定发生法律效力。

第五十九条 人民法院对上诉案件，认为事实清楚的，可以实行书面审理。

第六十条 人民法院审理上诉案件，应当在收到上诉状之日起两个月内作出终审判决。有特殊情况需要延长的，由高级人民法院批准，高级人民法院审理上诉案件需要延长的，由最高人民法院批准。

第六十一条 人民法院审理上诉案件，按照下列情形，分别处理：

（一）原判决认定事实清楚，适用法律、法规正确的，判决驳回上诉，维持原判；

（二）原判决认定事实清楚，但适用法律、法规错误的，依法改判；

（三）原判决认定事实不清，证据不足，或者由于违反法定程序可能影响案件正确判决的、裁定撤销原判，发回原审人民法院重审，也可以查清事实后改判。当事人对重审案件的判决、裁定，可以上诉。

第六十二条　当事人对已经发生法律效力的判决、裁定，认为确有错误的，可以向原审人民法院或者上一级人民法院提出申诉，但判决、裁定不停止执行。

第六十三条　人民法院院长对本院已经发生法律效力的判决、裁定，发现违反法律、法规规定认为需要再审的，应当提交审判委员会决定是否再审。

上级人民法院对下级人民法院已经发生法律效力的判决、裁定，发现违反法律、法规规定的，有权提审或者指令下级人民法院再审。

第六十四条　人民检察院对人民法院已经发生法律效力的判决、裁定，发现违反法律、法规规定的，有权按照审判监督程序提出抗诉。

第八章　执　　行

第六十五条　当事人必须履行人民法院发生法律效力的判决、裁定。

公民、法人或者其他组织拒绝履行判决、裁定的，行政机关可以向第一审人民法院申请强制执行，或者依法强制执行。

行政机关拒绝履行判决、裁定的，第一审人民法院可以采取以下措施：

（一）对应当归还的罚款或者应当给付的赔偿金，通知银行从该行政机关的账户内划拨；

（二）在规定期限内不履行的，从期满之日起，对该行政机关按日处50元至100元的罚款；

（三）向该行政机关的上一级行政机关或者监察、人事机关提出司法建议。接受司法建议的机关，根据有关规定进行处理，并将处理情况告知人民法院；

（四）拒不履行判决、裁定，情节严重构成犯罪的，依法追究主管人员和直接责任人员的刑事责任。

第六十六条　公民、法人或者其他组织对具体行政行为在法定期限内不提起诉讼又不履行的，行政机关可以申请人民法院强制执行，或者依法强制执行。

第九章　侵权赔偿责任

第六十七条　公民、法人或者其他组织的合法权益受到行政机关或者行政机关工作人员作出的具体行政行为侵犯造成损害的，有权请求赔偿。

公民、法人或者其他组织单独就损害赔偿提出请求，应当先由行政机关解决。对行政机关的处理不服，可以向人民法院提起诉讼。

赔偿诉讼可以适用调解。

第六十八条　行政机关或者行政机关工作人员作出的具体行政行为侵犯公民、法人或者其他组织的合法权益造成损害的，由该行政机关或者该行政机关工作人员所在的行政机关负责赔偿。

行政机关赔偿损失后，应当责令有故意或者重大过失的行政机关工作人员承担部分或者全部赔偿费用。

第六十九条 赔偿费用，从各级财政列支。各级人民政府可以责令有责任的行政机关支付部分或者全部赔偿费用。具体办法由国务院规定。

第十章　涉外行政诉讼

第七十条 外国人、无国籍人、外国组织在中华人民共和国进行行政诉讼，适用本法。法律另有规定的除外。

第七十一条 外国人、无国籍人、外国组织在中华人民共和国进行行政诉讼，同中华人民共和国公民、组织有同等的诉讼权利和义务。

外国法院对中华人民共和国公民、组织的行政诉讼权利加以限制的，人民法院对该国公民、组织的行政诉讼权利，实行对等原则。

第七十二条 中华人民共和国缔结或者参加的国际条约同本法有不同规定的，适用该国际条约的规定。中华人民共和国声明保留的条款除外。

第七十三条 外国人、无国籍人、外国组织在中华人民共和国进行行政诉讼，委托律师代理诉讼的，应当委托中华人民共和国律师机构的律师。

第十一章　附　则

第七十四条 人民法院审理行政案件，应当收取诉讼费用。诉讼费用由败诉方承担，双方都有责任的由双方分担。收取诉讼费用的具体办法另行规定。

第七十五条 本法自1990年10月1日起施行。

中华人民共和国行政复议法

（1999年4月29日第九届全国人民代表大会常务委员会第九次会议通过，自1999年10月1日起施行。）

第一章　总　　则

第一条　为了防止和纠正违法的或者不当的具体行政行为，保护公民、法人和其他组织的合法权益，保障和监督行政机关依法行使职权，根据宪法，制定本法。

第二条　公民、法人或者其他组织认为具体行政行为侵犯其合法权益，向行政机关提出行政复议申请，行政机关受理行政复议申请、作出行政复议决定，适用本法。

第三条　依照本法履行行政复议职责的行政机关是行政复议机关。行政复议机关负责法制工作的机构具体办理行政复议事项，履行下列职责：

（一）受理行政复议申请；

（二）向有关组织和人员调查取证，查阅文件和资料；

（三）审查申请行政复议的具体行政行为是否合法与适当，拟订行政复议决定；

（四）处理或者转送对本法第七条所列有关规定的审查申请；

（五）对行政机关违反本法规定的行为依照规定的权限和程序提出处理建议；

（六）办理因不服行政复议决定提起行政诉讼的应诉事项；

（七）法律、法规规定的其他职责。

第四条　行政复议机关履行行政复议职责，应当遵循合法、公正、公开、及时、便民的原则，坚持有错必纠，保障法律、法规的正确实施。

第五条　公民、法人或者其他组织对行政复议决定不服的，可以依照行政诉讼法的规定向人民法院提起行政诉讼，但是法律规定行政复议决定为最终裁决的除外。

第二章　行政复议范围

第六条　有下列情形之一的，公民、法人或者其他组织可以依照本法申请行政复议：

（一）对行政机关作出的警告、罚款、没收违法所得、没收非法财物、责令停产停业、暂扣或者吊销许可证、暂扣或者吊销执照、行政拘留等行政处罚决定不服的；

（二）对行政机关作出的限制人身自由或者查封、扣押、冻结财产等行政强制措施决定不服的；

（三）对行政机关作出的有关许可证、执照、资质证、资格证等证书变更、中止、撤销的决定不服的；

（四）对行政机关作出的关于确认土地、矿藏、水流、森林、山岭、草原、荒地、滩涂、海域等自然资源的所有权或者使用权的决定不服的；

（五）认为行政机关侵犯合法的经营自主权的；

（六）认为行政机关变更或者废止农业承包合同，侵犯其合法权益的；

（七）认为行政机关违法集资、征收财物、摊派费用或者违法要求履行其他义务的；

（八）认为符合法定条件，申请行政机关颁发许可证、执照、资质证、资格证等证书，或者申请行政机关审批、登记有关事项，行政机关没有依法办理的；

（九）申请行政机关履行保护人身权利、财产权利、受教育权利的法定职责，行政机关没有依法履行的；

（十）申请行政机关依法发放抚恤金、社会保险金或者最低生活保障费，行政机关没有依法发放的；

（十一）认为行政机关的其他具体行政行为侵犯其合法权益的。

第七条　公民、法人或者其他组织认为行政机关的具体行政行为所依据的下列规定不合法，在对具体行政行为申请行政复议时，可以一并向行政复议机关提出对该规定的审查申请：

（一）国务院部门的规定；

（二）县级以上地方各级人民政府及其工作部门的规定；

（三）乡、镇人民政府的规定。

前款所列规定不含国务院部、委员会规章和地方人民政府规章。规章的审查依照法律、行政法规办理。

第八条　不服行政机关作出的行政处分或者其他人事处理决定的，依照有关法律、行政法规的规定提出申诉。

不服行政机关对民事纠纷作出的调解或者其他处理，依法申请仲裁或者向人民法院提起诉讼。

第三章　行政复议申请

第九条　公民、法人或者其他组织认为具体行政行为侵犯其合法权益的，可以自知道该具体行政行为之日起六十日内提出行政复议申请；但是法律规定的申请期限超过六十日的除外。

因不可抗力或者其他正当理由耽误法定申请期限的，申请期限自障碍消除之日起继续计算。

第十条 依照本法申请行政复议的公民、法人或者其他组织是申请人。

有权申请行政复议的公民死亡的，其近亲属可以申请行政复议。有权申请行政复议的公民为无民事行为能力人或者限制民事行为能力人的，其法定代理人可以代为申请行政复议。有权申请行政复议的法人或者其他组织终止的，承受其权利的法人或者其他组织可以申请行政复议。

同申请行政复议的具体行政行为有利害关系的其他公民、法人或者其他组织，可以作为第三人参加行政复议。

公民、法人或者其他组织对行政机关的具体行政行为不服申请行政复议的，作出具体行政行为的行政机关是被申请人。

申请人、第三人可以委托代理人代为参加行政复议。

第十一条 申请人申请行政复议，可以书面申请，也可以口头申请；口头申请的，行政复议机关应当当场记录申请人的基本情况、行政复议请求、申请行政复议的主要事实、理由和时间。

第十二条 对县级以上地方各级人民政府工作部门的具体行政行为不服的，由申请人选择，可以向该部门的本级人民政府申请行政复议，也可以向上一级主管部门申请行政复议。

对海关、金融、国税、外汇管理等实行垂直领导的行政机关和国家安全机关的具体行政行为不服的，向上一级主管部门申请行政复议。

第十三条 对地方各级人民政府的具体行政行为不服的，向上一级地方人民政府申请行政复议。

对省、自治区人民政府依法设立的派出机关所属的县级地方人民政府的具体行政行为不服的，向该派出机关申请行政复议。

第十四条 对国务院部门或者省、自治区、直辖市人民政府的具体行政行为不服的，向作出该具体行政行为的国务院部门或者省、自治区、直辖市人民政府申请行政复议。对行政复议决定不服的，可以向人民法院提起行政诉讼；也可以向国务院申请裁决，国务院依照本法的规定作出最终裁决。

第十五条 对本法第十二条、第十三条、第十四条规定以外的其他行政机关、组织的具体行政行为不服的，按照下列规定申请行政复议：

（一）对县级以上地方人民政府依法设立的派出机关的具体行政行为不服的，向设立该派出机关的人民政府申请行政复议；

（二）对政府工作部门依法设立的派出机构依照法律、法规或者规章规定，以自己的名义作出的具体行政行为不服的，向设立该派出机构的部门或者该部门的本级地方人民政府申请行政复议；

（三）对法律、法规授权的组织的具体行政行为不服的，分别向直接管理该组织的地方人民政府、地方人民政府工作部门或者国务院部门申请行政复议；

（四）对两个或者两个以上行政机关以共同的名义作出的具体行政行为不服的，向其共同上一级行政机关申请行政复议；

（五）对被撤销的行政机关在撤销前所作出的具体行政行为不服的，向继续行使其职权的行政机关的上一级行政机关申请行政复议。

有前款所列情形之一的，申请人也可以向具体行政行为发生地的县级地方人民政府提出行政复议申请，由接受申请的县级地方人民政府依照本法第十八条的规定办理。

第十六条　公民、法人或者其他组织申请行政复议，行政复议机关已经依法受理的，或者法律、法规规定应当先向行政复议机关申请行政复议、对行政复议决定不服再向人民法院提起行政诉讼的，在法定行政复议期限内不得向人民法院提起行政诉讼。

公民、法人或者其他组织向人民法院提起行政诉讼，人民法院已经依法受理的，不得申请行政复议。

第四章　行政复议受理

第十七条　行政复议机关收到行政复议申请后，应当在五日内进行审查，对不符合本法规定的行政复议申请，决定不予受理，并书面告知申请人；对符合本法规定，但是不属于本机关受理的行政复议申请，应当告知申请人向有关行政复议机关提出。

除前款规定外，行政复议申请自行政复议机关负责法制工作的机构收到之日起即为受理。

第十八条　依照本法第十五条第二款的规定接受行政复议申请的县级地方人民政府，对依照本法第十五条第一款的规定属于其他行政复议机关受理的行政复议申请，应当自接到该行政复议申请之日起七日内，转送有关行政复议机关，并告知申请人。接受转送的行政复议机关应当依照本法第十七条的规定办理。

第十九条　法律、法规规定应当先向行政复议机关申请行政复议、对行政复议决定不服再向人民法院提起行政诉讼的，行政复议机关决定不予受理或者受理后超过行政复议期限不作答复的，公民、法人或者其他组织可以自收到不予受理决定　书之日起或者行政复议期满之日起十五日内，依法向人民法院提起行政诉讼。

第二十条　公民、法人或者其他组织依法提出行政复议申请，行政复议机关无正当理由不予受理的，上级行政机关应当责令其受理；必要时，上级行政机关也可以直接受理。

第二十一条　行政复议期间具体行政行为不停止执行；但是，有下列情形之一的，可以停止执行：

（一）被申请人认为需要停止执行的；

（二）行政复议机关认为需要停止执行的；

（三）申请人申请停止执行，行政复议机关认为其要求合理，决定停止执行的；

（四）法律规定停止执行的。

第五章　行政复议决定

第二十二条　行政复议原则上采取书面审查的办法，但是申请人提出要求或者行政复议机关负责法制工作的机构认为有必要时，可以向有关组织和人员调查情况，听取申请人、被申请人和第三人的意见。

第二十三条　行政复议机关负责法制工作的机构应当自行政复议申请受理之日起七日内，将行政复议申请书副本或者行政复议申请笔录复印件发送被申请人。被申请人应当自收到申请书副本或者申请笔录复印件之日起十日内，提出书面答复，并提交当初作出具体行政行为的证据、依据和其他有关材料。

申请人、第三人可以查阅被申请人提出的书面答复、作出具体行政行为的证据、依据和其他有关材料，除涉及国家秘密、商业秘密或者个人隐私外，行政复议机关不得拒绝。

第二十四条　在行政复议过程中，被申请人不得自行向申请人和其他有关组织或者个人收集证据。

第二十五条　行政复议决定作出前，申请人要求撤回行政复议申请的，经说明理由，可以撤回；撤回行政复议申请的，行政复议终止。

第二十六条　申请人在申请行政复议时，一并提出对本法第七条所列有关规定的审查申请的，行政复议机关对该规定有权处理的，应当在三十日内依法处理；无权处理的，应当在七日内按照法定程序转送有权处理的行政机关依法处理，有权处理的行政机关应当在六十日内依法处理。处理期间，中止对具体行政行为的审查。

第二十七条　行政复议机关在对被申请人作出的具体行政行为进行审查时，认为其依据不合法，本机关有权处理的，应当在三十日内依法处理；无权处理的，应当在七日内按照法定程序转送有权处理的国家机关依法处理。处理期间，中止对具体行政行为的审查。

第二十八条　行政复议机关负责法制工作的机构应当对被申请人作出的具体行政行为进行审查，提出意见，经行政复议机关的负责人同意或者集体讨论通过后，按照下列规定作出行政复议决定：

（一）具体行政行为认定事实清楚，证据确凿，适用依据正确，程序合法，内容适当的，决定维持；

（二）被申请人不履行法定职责的，决定其在一定期限内履行；

（三）具体行政行为有下列情形之一的，决定撤销、变更或者确认该具体行政行为违法；决定撤销或者确认该具体行政行为违法的，可以责令被申请人在一定期限内重新作出具体行政行为：

1. 主要事实不清、证据不足的；

2. 适用依据错误的；

3. 违反法定程序的；

4. 超越或者滥用职权的；

5. 具体行政行为明显不当的。

（四）被申请人不按照本法第二十三条的规定提出书面答复、提交当初作出具体行政行为的证据、依据和其他有关材料的，视为该具体行政行为没有证据、依据，决定撤销该具体行政行为。

行政复议机关责令被申请人重新作出具体行政行为的，被申请人不得以同一的事实和理由作出与原具体行政行为相同或者基本相同的具体行政行为。

第二十九条　申请人在申请行政复议时可以一并提出行政赔偿请求，行政复议机关对符合国家赔偿法的有关规定应当给予赔偿的，在决定撤销、变更具体行政行为或者确认具体行政行为违法时，应当同时决定被申请人依法给予赔偿。

申请人在申请行政复议时没有提出行政赔偿请求的，行政复议机关在依法决定撤销或者变更罚款，撤销违法集资、没收财物、征收财物、摊派费用以及对财产的查封、扣押、冻结等具体行政行为时，应当同时责令被申请人返还财产，解除对财产的查封、扣押、冻结措施，或者赔偿相应的价款。

第三十条　公民、法人或者其他组织认为行政机关的具体行政行为侵犯其已经依法取得的土地、矿藏、水流、森林、山岭、草原、荒地、滩涂、海域等自然资源的所有权或者使用权的，应当先申请行政复议；对行政复议决定不服的，可以依法向人民法院提起行政诉讼。

根据国务院或者省、自治区、直辖市人民政府对行政区划的勘定、调整或者征用土地的决定，省、自治区、直辖市人民政府确认土地、矿藏、水流、森林、山岭、草原、荒地、滩涂、海域等自然资源的所有权或者使用权的行政复议决定为最终裁决。

第三十一条　行政复议机关应当自受理申请之日起六十日内作出行政复议决定；但是法律规定的行政复议期限少于六十日的除外。情况复杂，不能在规定期限内作出行政复议决定的，经行政复议机关的负责人批准，可以适当延长，并告知申请人和被申请人；但是延长期限最多不超过三十日。

行政复议机关作出行政复议决定，应当制作行政复议决定书，并加盖印章。

行政复议决定书一经送达，即发生法律效力。

第三十二条　被申请人应当履行行政复议决定。

被申请人不履行或者无正当理由拖延履行行政复议决定的，行政复议机关或者有关上级行政机关应当责令其限期履行。

第三十三条 申请人逾期不起诉又不履行行政复议决定的,或者不履行最终裁决的行政复议决定的,按照下列规定分别处理:

(一)维持具体行政行为的行政复议决定,由作出具体行政行为的行政机关依法强制执行,或者申请人民法院强制执行;

(二)变更具体行政行为的行政复议决定,由行政复议机关依法强制执行,或者申请人民法院强制执行。

第六章 法律责任

第三十四条 行政复议机关违反本法规定,无正当理由不予受理依法提出的行政复议申请或者不按照规定转送行政复议申请的,或者在法定期限内不作出行政复议决定的,对直接负责的主管人员和其他直接责任人员依法给予警告、记过、记大过的行政处分;经责令受理仍不受理或者不按照规定转送行政复议申请,造成严重后果的,依法给予降级、撤职、开除的行政处分。

第三十五条 行政复议机关工作人员在行政复议活动中,徇私舞弊或者有其他渎职、失职行为的,依法给予警告、记过、记大过的行政处分;情节严重的,依法给予降级、撤职、开除的行政处分;构成犯罪的,依法追究刑事责任。

第三十六条 被申请人违反本法规定,不提出书面答复或者不提交作出具体行政行为的证据、依据和其他有关材料,或者阻挠、变相阻挠公民、法人或者其他组织依法申请行政复议的,对直接负责的主管人员和其他直接责任人员依法给予警告、记过、记大过的行政处分;进行报复陷害的,依法给予降级、撤职、开除的行政处分;构成犯罪的,依法追究刑事责任。

第三十七条 被申请人不履行或者无正当理由拖延履行行政复议决定的,对直接负责的主管人员和其他直接责任人员依法给予警告、记过、记大过的行政处分;经责令履行仍拒不履行的,依法给予降级、撤职、开除的行政处分。

第三十八条 行政复议机关负责法制工作的机构发现有无正当理由不予受理行政复议申请、不按照规定期限作出行政复议决定、徇私舞弊、对申请人打击报复或者不履行行政复议决定等情形的,应当向有关行政机关提出建议,有关行政机关应当依照本法和有关法律、行政法规的规定作出处理。

第七章 附 则

第三十九条 行政复议机关受理行政复议申请,不得向申请人收取任何费用。行政复议活动所需经费,应当列入本机关的行政经费,由本级财政予以保障。

第四十条　行政复议期间的计算和行政复议文书的送达，依照民事诉讼法关于期间、送达的规定执行。

本法关于行政复议期间有关"五日""七日"的规定是指工作日，不含节假日。

第四十一条　外国人、无国籍人、外国组织在中华人民共和国境内申请行政复议，适用本法。

第四十二条　本法施行前公布的法律有关行政复议的规定与本法的规定不一致的，以本法的规定为准。

第四十三条　本法自1999年10月1日起施行。1990年12月24日国务院发布、1994年10月9日国务院修订发布的《行政复议条例》同时废止。

中华人民共和国行政强制法

（2011年6月30日第十一届全国人民代表大会常务委员会第二十一次会议通过，自2012年1月1日起施行。）

第一章 总 则

第一条 为了规范行政强制的设定和实施，保障和监督行政机关依法履行职责，维护公共利益和社会秩序，保护公民、法人和其他组织的合法权益，根据宪法，制定本法。

第二条 本法所称行政强制，包括行政强制措施和行政强制执行。

行政强制措施，是指行政机关在行政管理过程中，为制止违法行为、防止证据损毁、避免危害发生、控制危险扩大等情形，依法对公民的人身自由实施暂时性限制，或者对公民、法人或者其他组织的财物实施暂时性控制的行为。

行政强制执行，是指行政机关或者行政机关申请人民法院，对不履行行政决定的公民、法人或者其他组织，依法强制履行义务的行为。

第三条 行政强制的设定和实施，适用本法。

发生或者即将发生自然灾害、事故灾难、公共卫生事件或者社会安全事件等突发事件，行政机关采取应急措施或者临时措施，依照有关法律、行政法规的规定执行。

行政机关采取金融业审慎监管措施、进出境货物强制性技术监控措施，依照有关法律、行政法规的规定执行。

第四条 行政强制的设定和实施，应当依照法定的权限、范围、条件和程序。

第五条 行政强制的设定和实施，应当适当。采用非强制手段可以达到行政管理目的的，不得设定和实施行政强制。

第六条 实施行政强制，应当坚持教育与强制相结合。

第七条 行政机关及其工作人员不得利用行政强制权为单位或者个人谋取利益。

第八条 公民、法人或者其他组织对行政机关实施行政强制，享有陈述权、申辩权；有权依法申请行政复议或者提起行政诉讼；因行政机关违法实施行政强制受到损害的，有权依法要求赔偿。

公民、法人或者其他组织因人民法院在强制执行中有违法行为或者扩大强制执行范围受到损害的，有权依法要求赔偿。

第二章 行政强制的种类和设定

第九条 行政强制措施的种类:

(一)限制公民人身自由;

(二)查封场所、设施或者财物;

(三)扣押财物;

(四)冻结存款、汇款;

(五)其他行政强制措施。

第十条 行政强制措施由法律设定。

尚未制定法律,且属于国务院行政管理职权事项的,行政法规可以设定除本法第九条第一项、第四项和应当由法律规定的行政强制措施以外的其他行政强制措施。

尚未制定法律、行政法规,且属于地方性事务的,地方性法规可以设定本法第九条第二项、第三项的行政强制措施。

法律、法规以外的其他规范性文件不得设定行政强制措施。

第十一条 法律对行政强制措施的对象、条件、种类作了规定的,行政法规、地方性法规不得作出扩大规定。

法律中未设定行政强制措施的,行政法规、地方性法规不得设定行政强制措施。但是,法律规定特定事项由行政法规规定具体管理措施的,行政法规可以设定除本法第九条第一项、第四项和应当由法律规定的行政强制措施以外的其他行政强制措施。

第十二条 行政强制执行的方式:

(一)加处罚款或者滞纳金;

(二)划拨存款、汇款;

(三)拍卖或者依法处理查封、扣押的场所、设施或者财物;

(四)排除妨碍、恢复原状;

(五)代履行;

(六)其他强制执行方式。

第十三条 行政强制执行由法律设定。

法律没有规定行政机关强制执行的,作出行政决定的行政机关应当申请人民法院强制执行。

第十四条 起草法律草案、法规草案,拟设定行政强制的,起草单位应当采取听证会、论证会等形式听取意见,并向制定机关说明设定该行政强制的必要性、可能产生的影响以及听取和采纳意见的情况。

第十五条 行政强制的设定机关应当定期对其设定的行政强制进行评价,并对不适当的行政强制及时予以修改或者废止。

行政强制的实施机关可以对已设定的行政强制的实施情况及存在的必要性适时进行评价，并将意见报告该行政强制的设定机关。

公民、法人或者其他组织可以向行政强制的设定机关和实施机关就行政强制的设定和实施提出意见和建议。有关机关应当认真研究论证，并以适当方式予以反馈。

第三章　行政强制措施实施程序

第一节　一般规定

第十六条　行政机关履行行政管理职责，依照法律、法规的规定，实施行政强制措施。

违法行为情节显著轻微或者没有明显社会危害的，可以不采取行政强制措施。

第十七条　行政强制措施由法律、法规规定的行政机关在法定职权范围内实施。行政强制措施权不得委托。

依据《中华人民共和国行政处罚法》的规定行使相对集中行政处罚权的行政机关，可以实施法律、法规规定的与行政处罚权有关的行政强制措施。

行政强制措施应当由行政机关具备资格的行政执法人员实施，其他人员不得实施。

第十八条　行政机关实施行政强制措施应当遵守下列规定：

（一）实施前须向行政机关负责人报告并经批准；

（二）由两名以上行政执法人员实施；

（三）出示执法身份证件；

（四）通知当事人到场；

（五）当场告知当事人采取行政强制措施的理由、依据以及当事人依法享有的权利、救济途径；

（六）听取当事人的陈述和申辩；

（七）制作现场笔录；

（八）现场笔录由当事人和行政执法人员签名或者盖章，当事人拒绝的，在笔录中予以注明；

（九）当事人不到场的，邀请见证人到场，由见证人和行政执法人员在现场笔录上签名或者盖章；

（十）法律、法规规定的其他程序。

第十九条　情况紧急，需要当场实施行政强制措施的，行政执法人员应当在二十四小时内向行政机关负责人报告，并补办批准手续。行政机关负责人认为不应当采取行政强制措施的，应当立即解除。

第二十条 依照法律规定实施限制公民人身自由的行政强制措施，除应当履行本法第十八条规定的程序外，还应当遵守下列规定：

（一）当场告知或者实施行政强制措施后立即通知当事人家属实施行政强制措施的行政机关、地点和期限；

（二）在紧急情况下当场实施行政强制措施的，在返回行政机关后，立即向行政机关负责人报告并补办批准手续；

（三）法律规定的其他程序。

实施限制人身自由的行政强制措施不得超过法定期限。实施行政强制措施的目的已经达到或者条件已经消失，应当立即解除。

第二十一条 违法行为涉嫌犯罪应当移送司法机关的，行政机关应当将查封、扣押、冻结的财物一并移送，并书面告知当事人。

第二节 查封、扣押

第二十二条 查封、扣押应当由法律、法规规定的行政机关实施，其他任何行政机关或者组织不得实施。

第二十三条 查封、扣押限于涉案的场所、设施或者财物，不得查封、扣押与违法行为无关的场所、设施或者财物；不得查封、扣押公民个人及其所扶养家属的生活必需品。

当事人的场所、设施或者财物已被其他国家机关依法查封的，不得重复查封。

第二十四条 行政机关决定实施查封、扣押的，应当履行本法第十八条规定的程序，制作并当场交付查封、扣押决定书和清单。

查封、扣押决定书应当载明下列事项：

（一）当事人的姓名或者名称、地址；

（二）查封、扣押的理由、依据和期限；

（三）查封、扣押场所、设施或者财物的名称、数量等；

（四）申请行政复议或者提起行政诉讼的途径和期限；

（五）行政机关的名称、印章和日期。

查封、扣押清单一式二份，由当事人和行政机关分别保存。

第二十五条 查封、扣押的期限不得超过三十日；情况复杂的，经行政机关负责人批准，可以延长，但是延长期限不得超过三十日。法律、行政法规另有规定的除外。

延长查封、扣押的决定应当及时书面告知当事人，并说明理由。

对物品需要进行检测、检验、检疫或者技术鉴定的，查封、扣押的期间不包括检测、检验、检疫或者技术鉴定的期间。检测、检验、检疫或者技术鉴定的期间应当明确，并书面告知当事人。检测、检验、检疫或者技术鉴定的费用由行政机关承担。

第二十六条 对查封、扣押的场所、设施或者财物，行政机关应当妥善保管，不得使用或者损毁；造成损失的，应当承担赔偿责任。

对查封的场所、设施或者财物，行政机关可以委托第三人保管，第三人不得损毁或者擅自转移、处置。因第三人的原因造成的损失，行政机关先行赔付后，有权向第三人追偿。

因查封、扣押发生的保管费用由行政机关承担。

第二十七条 行政机关采取查封、扣押措施后，应当及时查清事实，在本法第二十五条规定的期限内作出处理决定。对违法事实清楚，依法应当没收的非法财物予以没收；法律、行政法规规定应当销毁的，依法销毁；应当解除查封、扣押的，作出解除查封、扣押的决定。

第二十八条 有下列情形之一的，行政机关应当及时作出解除查封、扣押决定：

（一）当事人没有违法行为；

（二）查封、扣押的场所、设施或者财物与违法行为无关；

（三）行政机关对违法行为已经作出处理决定，不再需要查封、扣押；

（四）查封、扣押期限已经届满；

（五）其他不再需要采取查封、扣押措施的情形。

解除查封、扣押应当立即退还财物；已将鲜活物品或者其他不易保管的财物拍卖或者变卖的，退还拍卖或者变卖所得款项。变卖价格明显低于市场价格，给当事人造成损失的，应当给予补偿。

第三节 冻 结

第二十九条 冻结存款、汇款应当由法律规定的行政机关实施，不得委托给其他行政机关或者组织；其他任何行政机关或者组织不得冻结存款、汇款。

冻结存款、汇款的数额应当与违法行为涉及的金额相当；已被其他国家机关依法冻结的，不得重复冻结。

第三十条 行政机关依照法律规定决定实施冻结存款、汇款的，应当履行本法第十八条第一项、第二项、第三项、第七项规定的程序，并向金融机构交付冻结通知书。

金融机构接到行政机关依法作出的冻结通知书后，应当立即予以冻结，不得拖延，不得在冻结前向当事人泄露信息。

法律规定以外的行政机关或者组织要求冻结当事人存款、汇款的，金融机构应当拒绝。

第三十一条 依照法律规定冻结存款、汇款的，作出决定的行政机关应当在三日内向当事人交付冻结决定书。冻结决定书应当载明下列事项：

（一）当事人的姓名或者名称、地址；

（二）冻结的理由、依据和期限；

（三）冻结的账号和数额；

（四）申请行政复议或者提起行政诉讼的途径和期限；

（五）行政机关的名称、印章和日期。

第三十二条 自冻结存款、汇款之日起三十日内，行政机关应当作出处理决定或者作出解除冻结决定；情况复杂的，经行政机关负责人批准，可以延长，但是延长期限不得超过三十日。法律另有规定的除外。

延长冻结的决定应当及时书面告知当事人，并说明理由。

第三十三条 有下列情形之一的，行政机关应当及时作出解除冻结决定：

（一）当事人没有违法行为；

（二）冻结的存款、汇款与违法行为无关；

（三）行政机关对违法行为已经作出处理决定，不再需要冻结；

（四）冻结期限已经届满；

（五）其他不再需要采取冻结措施的情形。

行政机关作出解除冻结决定的，应当及时通知金融机构和当事人。金融机构接到通知后，应当立即解除冻结。

行政机关逾期未作出处理决定或者解除冻结决定的，金融机构应当自冻结期满之日起解除冻结。

第四章　行政机关强制执行程序

第一节　一般规定

第三十四条 行政机关依法作出行政决定后，当事人在行政机关决定的期限内不履行义务的，具有行政强制执行权的行政机关依照本章规定强制执行。

第三十五条 行政机关作出强制执行决定前，应当事先催告当事人履行义务。催告应当以书面形式作出，并载明下列事项：

（一）履行义务的期限；

（二）履行义务的方式；

（三）涉及金钱给付的，应当有明确的金额和给付方式；

（四）当事人依法享有的陈述权和申辩权。

第三十六条 当事人收到催告书后有权进行陈述和申辩。行政机关应当充分听取当事人的意见，对当事人提出的事实、理由和证据，应当进行记录、复核。当事人提出的事实、理由或者证据成立的，行政机关应当采纳。

第三十七条 经催告，当事人逾期仍不履行行政决定，且无正当理由的，行政机关可以作出强制执行决定。

强制执行决定应当以书面形式作出，并载明下列事项：

（一）当事人的姓名或者名称、地址；

（二）强制执行的理由和依据；

（三）强制执行的方式和时间；

（四）申请行政复议或者提起行政诉讼的途径和期限；

（五）行政机关的名称、印章和日期。

在催告期间，对有证据证明有转移或者隐匿财物迹象的，行政机关可以作出立即强制执行决定。

第三十八条 催告书、行政强制执行决定书应当直接送达当事人。当事人拒绝接收或者无法直接送达当事人的，应当依照《中华人民共和国民事诉讼法》的有关规定送达。

第三十九条 有下列情形之一的，中止执行：

（一）当事人履行行政决定确有困难或者暂无履行能力的；

（二）第三人对执行标的主张权利，确有理由的；

（三）执行可能造成难以弥补的损失，且中止执行不损害公共利益的；

（四）行政机关认为需要中止执行的其他情形。

中止执行的情形消失后，行政机关应当恢复执行。对没有明显社会危害，当事人确无能力履行，中止执行满三年未恢复执行的，行政机关不再执行。

第四十条 有下列情形之一的，终结执行：

（一）公民死亡，无遗产可供执行，又无义务承受人的；

（二）法人或者其他组织终止，无财产可供执行，又无义务承受人的；

（三）执行标的灭失的；

（四）据以执行的行政决定被撤销的；

（五）行政机关认为需要终结执行的其他情形。

第四十一条 在执行中或者执行完毕后，据以执行的行政决定被撤销、变更，或者执行错误的，应当恢复原状或者退还财物；不能恢复原状或者退还财物的，依法给予赔偿。

第四十二条 实施行政强制执行，行政机关可以在不损害公共利益和他人合法权益的情况下，与当事人达成执行协议。执行协议可以约定分阶段履行；当事人采取补救措施的，可以减免加处的罚款或者滞纳金。

执行协议应当履行。当事人不履行执行协议的，行政机关应当恢复强制执行。

第四十三条 行政机关不得在夜间或者法定节假日实施行政强制执行。但是，情况紧急的除外。

行政机关不得对居民生活采取停止供水、供电、供热、供燃气等方式迫使当事人履行相关行政决定。

第四十四条 对违法的建筑物、构筑物、设施等需要强制拆除的，应当由行政机关予以公告，限期当事人自行拆除。当事人在法定期限内不申请行政复议或者提起行政诉讼，又不拆除的，行政机关可以依法强制拆除。

第二节 金钱给付义务的执行

第四十五条 行政机关依法作出金钱给付义务的行政决定，当事人逾期不履行的，行政机关可以依法加处罚款或者滞纳金。加处罚款或者滞纳金的标准应当告知当事人。

加处罚款或者滞纳金的数额不得超出金钱给付义务的数额。

第四十六条 行政机关依照本法第四十五条规定实施加处罚款或者滞纳金超过三十日，经催告当事人仍不履行的，具有行政强制执行权的行政机关可以强制执行。

行政机关实施强制执行前，需要采取查封、扣押、冻结措施的，依照本法第三章规定办理。

没有行政强制执行权的行政机关应当申请人民法院强制执行。但是，当事人在法定期限内不申请行政复议或者提起行政诉讼，经催告仍不履行的，在实施行政管理过程中已经采取查封、扣押措施的行政机关，可以将查封、扣押的财物依法拍卖抵缴罚款。

第四十七条 划拨存款、汇款应当由法律规定的行政机关决定，并书面通知金融机构。金融机构接到行政机关依法作出划拨存款、汇款的决定后，应当立即划拨。

法律规定以外的行政机关或者组织要求划拨当事人存款、汇款的，金融机构应当拒绝。

第四十八条 依法拍卖财物，由行政机关委托拍卖机构依照《中华人民共和国拍卖法》的规定办理。

第四十九条 划拨的存款、汇款以及拍卖和依法处理所得的款项应当上缴国库或者划入财政专户。任何行政机关或者个人不得以任何形式截留、私分或者变相私分。

第三节 代履行

第五十条 行政机关依法作出要求当事人履行排除妨碍、恢复原状等义务的行政决定，当事人逾期不履行，经催告仍不履行，其后果已经或者将危害交通安全、造成环境污染或者破坏自然资源的，行政机关可以代履行，或者委托没有利害关系的第三人代履行。

第五十一条 代履行应当遵守下列规定：

（一）代履行前送达决定书，代履行决定书应当载明当事人的姓名或者名称、地址，代履行的理由和依据、方式和时间、标的、费用预算以及代履行人；

（二）代履行三日前，催告当事人履行，当事人履行的，停止代履行；

（三）代履行时，作出决定的行政机关应当派员到场监督；

（四）代履行完毕，行政机关到场监督的工作人员、代履行人和当事人或者见证人应当在执行文书上签名或者盖章。

代履行的费用按照成本合理确定，由当事人承担。但是，法律另有规定的除外。

代履行不得采用暴力、胁迫以及其他非法方式。

第五十二条　需要立即清除道路、河道、航道或者公共场所的遗洒物、障碍物或者污染物，当事人不能清除的，行政机关可以决定立即实施代履行；当事人不在场的，行政机关应当在事后立即通知当事人，并依法作出处理。

第五章　申请人民法院强制执行

第五十三条　当事人在法定期限内不申请行政复议或者提起行政诉讼，又不履行行政决定的，没有行政强制执行权的行政机关可以自期限届满之日起三个月内，依照本章规定申请人民法院强制执行。

第五十四条　行政机关申请人民法院强制执行前，应当催告当事人履行义务。催告书送达十日后当事人仍未履行义务的，行政机关可以向所在地有管辖权的人民法院申请强制执行；执行对象是不动产的，向不动产所在地有管辖权的人民法院申请强制执行。

第五十五条　行政机关向人民法院申请强制执行，应当提供下列材料：

（一）强制执行申请书；

（二）行政决定书及作出决定的事实、理由和依据；

（三）当事人的意见及行政机关催告情况；

（四）申请强制执行标的情况；

（五）法律、行政法规规定的其他材料。

强制执行申请书应当由行政机关负责人签名，加盖行政机关的印章，并注明日期。

第五十六条　人民法院接到行政机关强制执行的申请，应当在五日内受理。

行政机关对人民法院不予受理的裁定有异议的，可以在十五日内向上一级人民法院申请复议，上一级人民法院应当自收到复议申请之日起十五日内作出是否受理的裁定。

第五十七条　人民法院对行政机关强制执行的申请进行书面审查，对符合本法第五十五条规定，且行政决定具备法定执行效力的，除本法第五十八条规定的情形外，人民法院应当自受理之日起七日内作出执行裁定。

第五十八条　人民法院发现有下列情形之一的，在作出裁定前可以听取被执行人和行政机关的意见：

（一）明显缺乏事实根据的；

（二）明显缺乏法律、法规依据的；

（三）其他明显违法并损害被执行人合法权益的。

人民法院应当自受理之日起三十日内作出是否执行的裁定。裁定不予执行的，应当说明理由，并在五日内将不予执行的裁定送达行政机关。

行政机关对人民法院不予执行的裁定有异议的，可以自收到裁定之日起十五日内向上一级人民法院申请复议，上一级人民法院应当自收到复议申请之日起三十日内作出是否执行的裁定。

第五十九条 因情况紧急，为保障公共安全，行政机关可以申请人民法院立即执行。经人民法院院长批准，人民法院应当自作出执行裁定之日起五日内执行。

第六十条 行政机关申请人民法院强制执行，不缴纳申请费。强制执行的费用由被执行人承担。

人民法院以划拨、拍卖方式强制执行的，可以在划拨、拍卖后将强制执行的费用扣除。

依法拍卖财物，由人民法院委托拍卖机构依照《中华人民共和国拍卖法》的规定办理。

划拨的存款、汇款以及拍卖和依法处理所得的款项应当上缴国库或者划入财政专户，不得以任何形式截留、私分或者变相私分。

第六章　法律责任

第六十一条 行政机关实施行政强制，有下列情形之一的，由上级行政机关或者有关部门责令改正，对直接负责的主管人员和其他直接责任人员依法给予处分：

（一）没有法律、法规依据的；

（二）改变行政强制对象、条件、方式的；

（三）违反法定程序实施行政强制的；

（四）违反本法规定，在夜间或者法定节假日实施行政强制执行的；

（五）对居民生活采取停止供水、供电、供热、供燃气等方式迫使当事人履行相关行政决定的；

（六）有其他违法实施行政强制情形的。

第六十二条 违反本法规定，行政机关有下列情形之一的，由上级行政机关或者有关部门责令改正，对直接负责的主管人员和其他直接责任人员依法给予处分：

（一）扩大查封、扣押、冻结范围的；

（二）使用或者损毁查封、扣押场所、设施或者财物的；

（三）在查封、扣押法定期间不作出处理决定或者未依法及时解除查封、扣押的；

（四）在冻结存款、汇款法定期间不作出处理决定或者未依法及时解除冻结的。

第六十三条 行政机关将查封、扣押的财物或者划拨的存款、汇款以及拍卖和依法处理所得的款项，截留、私分或者变相私分的，由财政部门或者有关部门予以追缴；对直接负责的主管人员和其他直接责任人员依法给予记大过、降级、撤职或者开除的处分。

行政机关工作人员利用职务上的便利，将查封、扣押的场所、设施或者财物据为己有的，由上级行政机关或者有关部门责令改正，依法给予记大过、降级、撤职或者开除的处分。

第六十四条 行政机关及其工作人员利用行政强制权为单位或者个人谋取利益的，由上级行政机关或者有关部门责令改正，对直接负责的主管人员和其他直接责任人员依法给予处分。

第六十五条 违反本法规定，金融机构有下列行为之一的，由金融业监督管理机构责令改正，对直接负责的主管人员和其他直接责任人员依法给予处分：

（一）在冻结前向当事人泄露信息的；

（二）对应当立即冻结、划拨的存款、汇款不冻结或者不划拨，致使存款、汇款转移的；

（三）将不应当冻结、划拨的存款、汇款予以冻结或者划拨的；

（四）未及时解除冻结存款、汇款的。

第六十六条 违反本法规定，金融机构将款项划入国库或者财政专户以外的其他账户的，由金融业监督管理机构责令改正，并处以违法划拨款项二倍的罚款；对直接负责的主管人员和其他直接责任人员依法给予处分。

违反本法规定，行政机关、人民法院指令金融机构将款项划入国库或者财政专户以外的其他账户的，对直接负责的主管人员和其他直接责任人员依法给予处分。

第六十七条 人民法院及其工作人员在强制执行中有违法行为或者扩大强制执行范围的，对直接负责的主管人员和其他直接责任人员依法给予处分。

第六十八条 违反本法规定，给公民、法人或者其他组织造成损失的，依法给予赔偿。

违反本法规定，构成犯罪的，依法追究刑事责任。

第七章 附 则

第六十九条 本法中十日以内期限的规定是指工作日，不含法定节假日。

第七十条 法律、行政法规授权的具有管理公共事务职能的组织在法定授权范围内，以自己的名义实施行政强制，适用本法有关行政机关的规定。

第七十一条 本法自2012年1月1日起施行。

气象灾害防御条例

（2010年1月20日经国务院第98次常务会议通过，2010年1月27日中华人民共和国国务院令第570号公布，自2010年4月1日起施行。根据2017年10月7日 《国务院关于修改部分行政法规的决定》修订）

第一章 总 则

第一条 为了加强气象灾害的防御，避免、减轻气象灾害造成的损失，保障人民生命财产安全，根据《中华人民共和国气象法》，制定本条例。

第二条 在中华人民共和国领域和中华人民共和国管辖的其他海域内从事气象灾害防御活动的，应当遵守本条例。

本条例所称气象灾害，是指台风、暴雨（雪）、寒潮、大风（沙尘暴）、低温、高温、干旱、雷电、冰雹、霜冻和大雾等所造成的灾害。

水旱灾害、地质灾害、海洋灾害、森林草原火灾等因气象因素引发的衍生、次生灾害的防御工作，适用有关法律、行政法规的规定。

第三条 气象灾害防御工作实行以人为本、科学防御、部门联动、社会参与的原则。

第四条 县级以上人民政府应当加强对气象灾害防御工作的组织、领导和协调，将气象灾害的防御纳入本级国民经济和社会发展规划，所需经费纳入本级财政预算。

第五条 国务院气象主管机构和国务院有关部门应当按照职责分工，共同做好全国气象灾害防御工作。

地方各级气象主管机构和县级以上地方人民政府有关部门应当按照职责分工，共同做好本行政区域的气象灾害防御工作。

第六条 气象灾害防御工作涉及两个以上行政区域的，有关地方人民政府、有关部门应当建立联防制度，加强信息沟通和监督检查。

第七条 地方各级人民政府、有关部门应当采取多种形式，向社会宣传普及气象灾害防御知识，提高公众的防灾减灾意识和能力。

学校应当把气象灾害防御知识纳入有关课程和课外教育内容，培养和提高学生的气象灾害防范意识和自救互救能力。教育、气象等部门应当对学校开展的气象灾害防御教育进行指导和监督。

第八条 国家鼓励开展气象灾害防御的科学技术研究，支持气象灾害防御先进技术的推广和应用，加强国际合作与交流，提高气象灾害防御的科技水平。

第九条 公民、法人和其他组织有义务参与气象灾害防御工作，在气象灾害发生后开展自救互救。

对在气象灾害防御工作中做出突出贡献的组织和个人，按照国家有关规定给予表彰和奖励。

第二章 预 防

第十条 县级以上地方人民政府应当组织气象等有关部门对本行政区域内发生的气象灾害的种类、次数、强度和造成的损失等情况开展气象灾害普查，建立气象灾害数据库，按照气象灾害的种类进行气象灾害风险评估，并根据气象灾害分布情况和气象灾害风险评估结果，划定气象灾害风险区域。

第十一条 国务院气象主管机构应当会同国务院有关部门，根据气象灾害风险评估结果和气象灾害风险区域，编制国家气象灾害防御规划，报国务院批准后组织实施。

县级以上地方人民政府应当组织有关部门，根据上一级人民政府的气象灾害防御规划，结合本地气象灾害特点，编制本行政区域的气象灾害防御规划。

第十二条 气象灾害防御规划应当包括气象灾害发生发展规律和现状、防御原则和目标、易发区和易发时段、防御设施建设和管理以及防御措施等内容。

第十三条 国务院有关部门和县级以上地方人民政府应当按照气象灾害防御规划，加强气象灾害防御设施建设，做好气象灾害防御工作。

第十四条 国务院有关部门制定电力、通信等基础设施的工程建设标准，应当考虑气象灾害的影响。

第十五条 国务院气象主管机构应当会同国务院有关部门，根据气象灾害防御需要，编制国家气象灾害应急预案，报国务院批准。

县级以上地方人民政府、有关部门应当根据气象灾害防御规划，结合本地气象灾害的特点和可能造成的危害，组织制定本行政区域的气象灾害应急预案，报上一级人民政府、有关部门备案。

第十六条 气象灾害应急预案应当包括应急预案启动标准、应急组织指挥体系与职责、预防与预警机制、应急处置措施和保障措施等内容。

第十七条 地方各级人民政府应当根据本地气象灾害特点，组织开展气象灾害应急演练，提高应急救援能力。居民委员会、村民委员会、企业事业单位应当协助本地人民政府做好气象灾害防御知识的宣传和气象灾害应急演练工作。

第十八条 大风（沙尘暴）、龙卷风多发区域的地方各级人民政府、有关部门应当加强防护林和紧急避难场所等建设，并定期组织开展建（构）筑物防风避险的监督检查。

台风多发区域的地方各级人民政府、有关部门应当加强海塘、堤防、避风港、防护林、避风锚地、紧急避难场所等建设，并根据台风情况做好人员转移等准备工作。

第十九条 地方各级人民政府、有关部门和单位应当根据本地降雨情况，定期组织开展各种排水设施检查，及时疏通河道和排水管网，加固病险水库，加强对地质灾害易发区和堤防等重要险段的巡查。

第二十条 地方各级人民政府、有关部门和单位应当根据本地降雪、冰冻发生情况，加强电力、通信线路的巡查，做好交通疏导、积雪（冰）清除、线路维护等准备工作。

有关单位和个人应当根据本地降雪情况，做好危旧房屋加固、粮草储备、牲畜转移等准备工作。

第二十一条 地方各级人民政府、有关部门和单位应当在高温来临前做好供电、供水和防暑医药供应的准备工作，并合理调整工作时间。

第二十二条 大雾、霾多发区域的地方各级人民政府、有关部门和单位应当加强对机场、港口、高速公路、航道、渔场等重要场所和交通要道的大雾、霾的监测设施建设，做好交通疏导、调度和防护等准备工作。

第二十三条 各类建（构）筑物、场所和设施安装雷电防护装置应当符合国家有关防雷标准的规定。新建、改建、扩建建（构）筑物、场所和设施的雷电防护装置应当与主体工程同时设计、同时施工、同时投入使用。

新建、改建、扩建建设工程雷电防护装置的设计、施工，可以由取得相应建设、公路、水路、铁路、民航、水利、电力、核电、通信等专业工程设计、施工资质的单位承担。

油库、气库、弹药库、化学品仓库和烟花爆竹、石化等易燃易爆建设工程和场所，雷电易发区内的矿区、旅游景点或者投入使用的建（构）筑物、设施等需要单独安装雷电防护装置的场所，以及雷电风险高且没有防雷标准规范、需要进行特殊论证的大型项目，其雷电防护装置的设计审核和竣工验收由县级以上地方气象主管机构负责。未经设计审核或者设计审核不合格的，不得施工；未经竣工验收或者竣工验收不合格的，不得交付使用。

房屋建筑、市政基础设施、公路、水路、铁路、民航、水利、电力、核电、通信等建设工程的主管部门，负责相应领域内建设工程的防雷管理。

第二十四条 从事雷电防护装置检测的单位应当具备下列条件，取得国务院气象主管机构或者省、自治区、直辖市气象主管机构颁发的资质证：

（一）有法人资格；

（二）有固定的办公场所和必要的设备、设施；

（三）有相应的专业技术人员；

（四）有完备的技术和质量管理制度；

（五）国务院气象主管机构规定的其他条件。

第二十五条 地方各级人民政府、有关部门应当根据本地气象灾害发生情况，加强农村地区气象灾害预防、监测、信息传播等基础设施建设，采取综合措施，做好农村气象灾害防御工作。

第二十六条 各级气象主管机构应当在本级人民政府的领导和协调下，根据实际情况组织开展人工影响天气工作，减轻气象灾害的影响。

第二十七条 县级以上人民政府有关部门在国家重大建设工程、重大区域性经济开发项目和大型太阳能、风能等气候资源开发利用项目以及城乡规划编制中，应当统筹考虑气候可行性和气象灾害的风险性，避免、减轻气象灾害的影响。

第三章 监测、预报和预警

第二十八条 县级以上地方人民政府应当根据气象灾害防御的需要，建设应急移动气象灾害监测设施，健全应急监测队伍，完善气象灾害监测体系。

县级以上人民政府应当整合完善气象灾害监测信息网络，实现信息资源共享。

第二十九条 各级气象主管机构及其所属的气象台站应当完善灾害性天气的预报系统，提高灾害性天气预报、警报的准确率和时效性。

各级气象主管机构所属的气象台站、其他有关部门所属的气象台站和与灾害性天气监测、预报有关的单位应当根据气象灾害防御的需要，按照职责开展灾害性天气的监测工作，并及时向气象主管机构和有关灾害防御、救助部门提供雨情、水情、风情、旱情等监测信息。

各级气象主管机构应当根据气象灾害防御的需要组织开展跨地区、跨部门的气象灾害联合监测，并将人口密集区、农业主产区、地质灾害易发区域、重要江河流域、森林、草原、渔场作为气象灾害监测的重点区域。

第三十条 各级气象主管机构所属的气象台站应当按照职责向社会统一发布灾害性天气警报和气象灾害预警信号，并及时向有关灾害防御、救助部门通报；其他组织和个人不得向社会发布灾害性天气警报和气象灾害预警信号。

气象灾害预警信号的种类和级别，由国务院气象主管机构规定。

第三十一条 广播、电视、报纸、电信等媒体应当及时向社会播发或者刊登当地气象主管机构所属的气象台站提供的适时灾害性天气警报、气象灾害预警信号，并根据当地气象台站的要求及时增播、插播或者刊登。

第三十二条 县级以上地方人民政府应当建立和完善气象灾害预警信息发布系统，并根据气象灾害防御的需要，在交通枢纽、公共活动场所等人口密集区域和气象灾害易发区域建立灾害性天气警报、气象灾害预警信号接收和播发设施，并保证设施的正常运转。

乡（镇）人民政府、街道办事处应当确定人员，协助气象主管机构、民政部门开展气象灾害防御知识宣传、应急联络、信息传递、灾害报告和灾情调查等工作。

第三十三条 各级气象主管机构应当做好太阳风暴、地球空间暴等空间天气灾害的监测、预报和预警工作。

第四章 应急处置

第三十四条 各级气象主管机构所属的气象台站应当及时向本级人民政府和有关部门报告灾害性天气预报、警报情况和气象灾害预警信息。

县级以上地方人民政府、有关部门应当根据灾害性天气警报、气象灾害预警信号和气象灾害应急预案启动标准，及时作出启动相应应急预案的决定，向社会公布，并报告上一级人民政府；必要时，可以越级上报，并向当地驻军和可能受到危害的毗邻地区的人民政府通报。

发生跨省、自治区、直辖市大范围的气象灾害，并造成较大危害时，由国务院决定启动国家气象灾害应急预案。

第三十五条 县级以上地方人民政府应当根据灾害性天气影响范围、强度，将可能造成人员伤亡或者重大财产损失的区域临时确定为气象灾害危险区，并及时予以公告。

第三十六条 县级以上地方人民政府、有关部门应当根据气象灾害发生情况，依照《中华人民共和国突发事件应对法》的规定及时采取应急处置措施；情况紧急时，及时动员、组织受到灾害威胁的人员转移、疏散，开展自救互救。

对当地人民政府、有关部门采取的气象灾害应急处置措施，任何单位和个人应当配合实施，不得妨碍气象灾害救助活动。

第三十七条 气象灾害应急预案启动后，各级气象主管机构应当组织所属的气象台站加强对气象灾害的监测和评估，启用应急移动气象灾害监测设施，开展现场气象服务，及时向本级人民政府、有关部门报告灾害性天气实况、变化趋势和评估结果，为本级人民政府组织防御气象灾害提供决策依据。

第三十八条 县级以上人民政府有关部门应当按照各自职责，做好相应的应急工作。

民政部门应当设置避难场所和救济物资供应点，开展受灾群众救助工作，并按照规定职责核查灾情、发布灾情信息。

卫生主管部门应当组织医疗救治、卫生防疫等卫生应急工作。

交通运输、铁路等部门应当优先运送救灾物资、设备、药物、食品，及时抢修被毁的道路交通设施。

住房城乡建设部门应当保障供水、供气、供热等市政公用设施的安全运行。

电力、通信主管部门应当组织做好电力、通信应急保障工作。

国土资源部门应当组织开展地质灾害监测、预防工作。

农业主管部门应当组织开展农业抗灾救灾和农业生产技术指导工作。

水利主管部门应当统筹协调主要河流、水库的水量调度，组织开展防汛抗旱工作。

公安部门应当负责灾区的社会治安和道路交通秩序维护工作，协助组织灾区群众进行紧急转移。

第三十九条　气象、水利、国土资源、农业、林业、海洋等部门应当根据气象灾害发生的情况，加强对气象因素引发的衍生、次生灾害的联合监测，并根据相应的应急预案，做好各项应急处置工作。

第四十条　广播、电视、报纸、电信等媒体应当及时、准确地向社会传播气象灾害的发生、发展和应急处置情况。

第四十一条　县级以上人民政府及其有关部门应当根据气象主管机构提供的灾害性天气发生、发展趋势信息以及灾情发展情况，按照有关规定适时调整气象灾害级别或者作出解除气象灾害应急措施的决定。

第四十二条　气象灾害应急处置工作结束后，地方各级人民政府应当组织有关部门对气象灾害造成的损失进行调查，制定恢复重建计划，并向上一级人民政府报告。

第五章　法律责任

第四十三条　违反本条例规定，地方各级人民政府、各级气象主管机构和其他有关部门及其工作人员，有下列行为之一的，由其上级机关或者监察机关责令改正；情节严重的，对直接负责的主管人员和其他直接责任人员依法给予处分；构成犯罪的，依法追究刑事责任：

（一）未按照规定编制气象灾害防御规划或者气象灾害应急预案的；

（二）未按照规定采取气象灾害预防措施的；

（三）向不符合条件的单位颁发雷电防护装置检测资质证的；

（四）隐瞒、谎报或者由于玩忽职守导致重大漏报、错报灾害性天气警报、气象灾害预警信号的；

（五）未及时采取气象灾害应急措施的；

（六）不依法履行职责的其他行为。

第四十四条　违反本条例规定，有下列行为之一的，由县级以上地方人民政府或者有关部门责令改正；构成违反治安管理行为的，由公安机关依法给予处罚；构成犯罪的，依法追究刑事责任：

（一）未按照规定采取气象灾害预防措施的；

（二）不服从所在地人民政府及其有关部门发布的气象灾害应急处置决定、命令，或者不配合实施其依法采取的气象灾害应急措施的。

第四十五条 违反本条例规定，有下列行为之一的，由县级以上气象主管机构或者其他有关部门按照权限责令停止违法行为，处5万元以上10万元以下的罚款；有违法所得的，没收违法所得；给他人造成损失的，依法承担赔偿责任：

（一）无资质或者超越资质许可范围从事雷电防护装置检测的；

（二）在雷电防护装置设计、施工、检测中弄虚作假的。

（三）违反本条例第二十三条第三款的规定，雷电防护装置未经设计审核或者设计审核不合格施工的，未经竣工验收或者竣工验收不合格交付使用的

第四十六条 违反本条例规定，有下列行为之一的，由县级以上气象主管机构责令改正，给予警告，可以处5万元以下的罚款；构成违反治安管理行为的，由公安机关依法给予处罚：

（一）擅自向社会发布灾害性天气警报、气象灾害预警信号的；

（二）广播、电视、报纸、电信等媒体未按照要求播发、刊登灾害性天气警报和气象灾害预警信号的；

（三）传播虚假的或者通过非法渠道获取的灾害性天气信息和气象灾害灾情的。

第六章　附　　则

第四十七条 中国人民解放军的气象灾害防御活动，按照中央军事委员会的规定执行。

第四十八条 本条例自2010年4月1日起施行。

通用航空飞行管制条例

（2003年1月10日中华人民共和国国务院中华人民共和国中央军事委员会令第371号公布。自2003年5月1日起施行。）

第一章 总 则

第一条 为了促进通用航空事业的发展，规范通用航空飞行活动，保证飞行安全，根据《中华人民共和国民用航空法》和《中华人民共和国飞行基本规则》，制定本条例。

第二条 在中华人民共和国境内从事通用航空飞行活动，必须遵守本条例。在中华人民共和国境内从事升放无人驾驶自由气球和系留气球活动，适用本条例的有关规定。

第三条 本条例所称通用航空，是指除军事、警务、海关缉私飞行和公共航空运输飞行以外的航空活动，包括从事工业、农业、林业、渔业、矿业、建筑业的作业飞行和医疗卫生、抢险救灾、气象探测、海洋监测、科学实验、遥感测绘、教育训练、文化体育、旅游观光等方面的飞行活动。

第四条 从事通用航空飞行活动的单位、个人，必须按照《中华人民共和国民用航空法》的规定取得从事通用航空活动的资格，并遵守国家有关法律、行政法规的规定。

第五条 飞行管制部门按照职责分工，负责对通用航空飞行活动实施管理，提供空中交通管制服务。相关飞行保障单位应当积极协调配合，做好有关服务保障工作，为通用航空飞行活动创造便利条件。

第二章 飞行空域的划设与使用

第六条 从事通用航空飞行活动的单位、个人使用机场飞行空域、航路、航线，应当按照国家有关规定向飞行管制部门提出申请，经批准后方可实施。

第七条 从事通用航空飞行活动的单位、个人，根据飞行活动要求，需要划设临时飞行空域的，应当向有关飞行管制部门提出划设临时飞行空域的申请。划设临时飞行空域的申请应当包括下列内容：

（一）临时飞行空域的水平范围、高度；

（二）飞入和飞出临时飞行空域的方法；

（三）使用临时飞行空域的时间；

（四）飞行活动性质；

（五）其他有关事项。

第八条 划设临时飞行空域，按照下列规定的权限批准：

（一）在机场区域内划设的，由负责该机场飞行管制的部门批准；

（二）超出机场区域在飞行管制分区内划设的，由负责该分区飞行管制的部门批准；

（三）超出飞行管制分区在飞行管制区内划设的，由负责该管制区飞行管制的部门批准；

（四）在飞行管制区间划设的，由中国人民解放军空军批准。

批准划设临时飞行空域的部门应当将划设的临时飞行空域报上一级飞行管制部门备案，并通报有关单位。

第九条 划设临时飞行空域的申请，应当在拟使用临时飞行空域7个工作日前向有关飞行管制部门提出；负责批准该临时飞行空域的飞行管制部门应当在拟使用临时飞行空域3个工作日前作出批准或者不予批准的决定，并通知申请人。

第十条 临时飞行空域的使用期限应当根据通用航空飞行的性质和需要确定，通常不得超过12个月。

因飞行任务的要求，需要延长临时飞行空域使用期限的，应当报经批准该临时飞行空域的飞行管制部门同意。

通用航空飞行任务完成后，从事通用航空飞行活动的单位、个人应当及时报告有关飞行管制部门，其申请划设的临时飞行空域即行撤销。

第十一条 已划设的临时飞行空域，从事通用航空飞行活动的其他单位、个人因飞行需要，经批准划设该临时飞行空域的飞行管制部门同意，也可以使用。

第三章 飞行活动的管理

第十二条 从事通用航空飞行活动的单位、个人实施飞行前，应当向当地飞行管制部门提出飞行计划申请，按照批准权限，经批准后方可实施。

第十三条 飞行计划申请应当包括下列内容：

（一）飞行单位；

（二）飞行任务性质；

（三）机长（飞行员）姓名、代号（呼号）和空勤组人数；

（四）航空器型别和架数；

（五）通信联络方法和二次雷达应答机代码；

（六）起飞、降落机场和备降场；

（七）预计飞行开始、结束时间；

（八）飞行气象条件；

（九）航线、飞行高度和飞行范围；

（十）其他特殊保障需求。

第十四条 从事通用航空飞行活动的单位、个人有下列情形之一的，必须在提出飞行计划申请时，提交有效的任务批准文件：

（一）飞出或者飞入我国领空的（公务飞行除外）；

（二）进入空中禁区或者国（边）界线至我方一侧10公里之间地带上空飞行的；

（三）在我国境内进行航空物探或者航空摄影活动的；

（四）超出领海（海岸）线飞行的；

（五）外国航空器或者外国人使用我国航空器在我国境内进行通用航空飞行活动的。

第十五条 使用机场飞行空域、航路、航线进行通用航空飞行活动，其飞行计划申请由当地飞行管制部门批准或者由当地飞行管制部门报经上级飞行管制部门批准。

使用临时飞行空域、临时航线进行通用航空飞行活动，其飞行计划申请按照下列规定的权限批准：

（一）在机场区域内的，由负责该机场飞行管制的部门批准；

（二）超出机场区域在飞行管制分区内的，由负责该分区飞行管制的部门批准；

（三）超出飞行管制分区在飞行管制区内的，由负责该区域飞行管制的部门批准；

（四）超出飞行管制区的，由中国人民解放军空军批准。

第十六条 飞行计划申请应当在拟飞行前1天15时前提出；飞行管制部门应当在拟飞行前1天21时前作出批准或者不予批准的决定，并通知申请人。

执行紧急救护、抢险救灾、人工影响天气或者其他紧急任务的，可以提出临时飞行计划申请。临时飞行计划申请最迟应当在拟飞行1小时前提出；飞行管制部门应当在拟起飞时刻15分钟前作出批准或者不予批准的决定，并通知申请人。

第十七条 在划设的临时飞行空域内实施通用航空飞行活动的，可以在申请划设临时飞行空域时一并提出15天以内的短期飞行计划申请，不再逐日申请；但是每日飞行开始前和结束后，应当及时报告飞行管制部门。

第十八条 使用临时航线转场飞行的，其飞行计划申请应当在拟飞行2天前向当地飞行管制部门提出；飞行管制部门应当在拟飞行前1天18时前作出批准或者不予批准的决定，并通知申请人，同时按照规定通报有关单位。

第十九条 飞行管制部门对违反飞行管制规定的航空器，可以根据情况责令改正或者停止其飞行。

第四章 飞行保障

第二十条 通信、导航、雷达、气象、航行情报和其他飞行保障部门应当认真履行职责，密切协同，统筹兼顾，合理安排，提高飞行空域和时间的利用率，保障通用航空飞行顺利实施。

第二十一条 通信、导航、雷达、气象、航行情报和其他飞行保障部门对于紧急救护、抢险救灾、人工影响天气等突发性任务的飞行，应当优先安排。

第二十二条 从事通用航空飞行活动的单位、个人组织各类飞行活动，应当制定安全保障措施，严格按照批准的飞行计划组织实施，并按照要求报告飞行动态。

第二十三条 从事通用航空飞行活动的单位、个人，应当与有关飞行管制部门建立可靠的通信联络。

在划设的临时飞行空域内从事通用航空飞行活动时，应当保持空地联络畅通。

第二十四条 在临时飞行空域内进行通用航空飞行活动，通常由从事通用航空飞行活动的单位、个人负责组织实施，并对其安全负责。

第二十五条 飞行管制部门应当按照职责分工或者协议，为通用航空飞行活动提供空中交通管制服务。

第二十六条 从事通用航空飞行活动需要使用军用机场的，应当将使用军用机场的申请和飞行计划申请一并向有关部队司令机关提出，由有关部队司令机关作出批准或者不予批准的决定，并通知申请人。

第二十七条 从事通用航空飞行活动的航空器转场飞行，需要使用军用或者民用机场的，由该机场管理机构按照规定或者协议提供保障；使用军民合用机场的，由从事通用航空飞行活动的单位、个人与机场有关部门协商确定保障事宜。

第二十八条 在临时机场或者起降点飞行的组织指挥，通常由从事通用航空飞行活动的单位、个人负责。

第二十九条 从事通用航空飞行活动的民用航空器能否起飞、着陆和飞行，由机长（飞行员）根据适航标准和气象条件等最终确定，并对此决定负责。

第三十条 通用航空飞行保障收费标准，按照国家有关国内机场收费标准执行。

第五章 升放和系留气球的规定

第三十一条 升放无人驾驶自由气球或者系留气球，不得影响飞行安全。

本条例所称无人驾驶自由气球，是指无动力驱动、无人操纵、轻于空气、总质量大于4千克自由飘移的充气物体。

本条例所称系留气球，是指系留于地面物体上、直径大于1.8米或者体积容量大于3.2立方米、轻于空气的充气物体。

第三十二条 无人驾驶自由气球和系留气球的分类、识别标志和升放条件等，应当符合国家有关规定。

第三十三条 进行升放无人驾驶自由气球或者系留气球活动，必须经设区的市级以上气象主管机构会同有关部门批准。具体办法由国务院气象主管机构制定。

第三十四条 升放无人驾驶自由气球，应当在拟升放2天前持本条例第三十三条规定的批准文件向当地飞行管制部门提出升放申请；飞行管制部门应当在拟升放1天前作出批准或者不予批准的决定，并通知申请人。

第三十五条 升放无人驾驶自由气球的申请，通常应当包括下列内容：

（一）升放的单位、个人和联系方法；

（二）气球的类型、数量、用途和识别标志；

（三）升放地点和计划回收区；

（四）预计升放和回收（结束）的时间；

（五）预计飘移方向、上升的速度和最大高度。

第三十六条 升放无人驾驶自由气球，应当按照批准的申请升放，并及时向有关飞行管制部门报告升放动态；取消升放时，应当及时报告有关飞行管制部门。

第三十七条 升放系留气球，应当确保系留牢固，不得擅自施放。

系留气球升放的高度不得高于地面150米，但是低于距其水平距离50米范围内建筑物顶部的除外。

系留气球升放的高度超过地面50米的，必须加装快速放气装置，并设置识别标志。

第三十八条 升放的无人驾驶自由气球或者系留气球中发生下列可能危及飞行安全的情况时，升放单位、个人应当及时报告有关飞行管制部门和当地气象主管机构：

（一）无人驾驶自由气球非正常运行的；

（二）系留气球意外脱离系留的；

（三）其他可能影响飞行安全的异常情况。

加装快速放气装置的系留气球意外脱离系留时，升放系留气球的单位、个人应当在保证地面人员、财产安全的条件下，快速启动放气装置。

第三十九条 禁止在依法划设的机场范围内和机场净空保护区域内升放无人驾驶自由气球或者系留气球，但是国家另有规定的除外。

第六章　法律责任

第四十条 违反本条例规定，《中华人民共和国民用航空法》《中华人民共和国飞行基本规则》及有关行政法规对其处罚有规定的，从其规定；没有规定的，适用本章规定。

第四十一条 从事通用航空飞行活动的单位、个人违反本条例规定，有下列情形之一的，由有关部门按照职责分工责令改正，给予警告；情节严重的，处2万元以上10万元以下罚款，并可给予责令停飞1个月至3个月、暂扣直至吊销经营许可证、飞行执照的处罚；

造成重大事故或者严重后果的，依照刑法关于重大飞行事故罪或者其他罪的规定，依法追究刑事责任：

（一）未经批准擅自飞行的；

（二）未按批准的飞行计划飞行的；

（三）不及时报告或者漏报飞行动态的；

（四）未经批准飞入空中限制区、空中危险区的。

第四十二条　违反本条例规定，未经批准飞入空中禁区的，由有关部门按照国家有关规定处置。

第四十三条　违反本条例规定，升放无人驾驶自由气球或者系留气球，有下列情形之一的，由气象主管机构或者有关部门按照职责分工责令改正，给予警告；情节严重的，处1万元以上5万元以下罚款；造成重大事故或者严重后果的，依照刑法关于重大责任事故罪或者其他罪的规定，依法追究刑事责任：

（一）未经批准擅自升放的；

（二）未按照批准的申请升放的；

（三）未按照规定设置识别标志的；

（四）未及时报告升放动态或者系留气球意外脱离时未按照规定及时报告的；

（五）在规定的禁止区域内升放的。

第四十四条　按照本条例实施的罚款，应当全额上缴财政。

第七章　附　　则

第四十五条　本条例自2003年5月1日起施行。

气象设施和气象探测环境保护条例

（2012年8月22日国务院第214次常务会议通过，2012年8月29日中华人民共和国国务院令第623号公布。自2012年12月1日起施行。）

第一条 为了保护气象设施和气象探测环境，确保气象探测信息的代表性、准确性、连续性和可比较性，根据《中华人民共和国气象法》，制定本条例。

第二条 本条例所称气象设施，是指气象探测设施、气象信息专用传输设施和大型气象专用技术装备等。

本条例所称气象探测环境，是指为避开各种干扰，保证气象探测设施准确获得气象探测信息所必需的最小距离构成的环境空间。

第三条 气象设施和气象探测环境保护实行分类保护、分级管理的原则。

第四条 县级以上地方人民政府应当加强对气象设施和气象探测环境保护工作的组织领导和统筹协调，将气象设施和气象探测环境保护工作所需经费纳入财政预算。

第五条 国务院气象主管机构负责全国气象设施和气象探测环境的保护工作。地方各级气象主管机构在上级气象主管机构和本级人民政府的领导下，负责本行政区域内气象设施和气象探测环境的保护工作。

设有气象台站的国务院其他有关部门和省、自治区、直辖市人民政府其他有关部门应当做好本部门气象设施和气象探测环境的保护工作，并接受同级气象主管机构的指导和监督管理。

发展改革、国土资源、城乡规划、无线电管理、环境保护等有关部门按照职责分工负责气象设施和气象探测环境保护的有关工作。

第六条 任何单位和个人都有义务保护气象设施和气象探测环境，并有权对破坏气象设施和气象探测环境的行为进行举报。

第七条 地方各级气象主管机构应当会同城乡规划、国土资源等部门制定气象设施和气象探测环境保护专项规划，报本级人民政府批准后依法纳入城乡规划。

第八条 气象设施是基础性公共服务设施。县级以上地方人民政府应当按照气象设施建设规划的要求，合理安排气象设施建设用地，保障气象设施建设顺利进行。

第九条 各级气象主管机构应当按照相关质量标准和技术要求配备气象设施，设置必要的保护装置，建立健全安全管理制度。

地方各级气象主管机构应当按照国务院气象主管机构的规定，在气象设施附近显著位置设立保护标志，标明保护要求。

第十条 禁止实施下列危害气象设施的行为：

（一）侵占、损毁、擅自移动气象设施或者侵占气象设施用地；

（二）在气象设施周边进行危及气象设施安全的爆破、钻探、采石、挖砂、取土等活动；

（三）挤占、干扰依法设立的气象无线电台（站）、频率；

（四）设置影响大型气象专用技术装备使用功能的干扰源；

（五）法律、行政法规和国务院气象主管机构规定的其他危害气象设施的行为。

第十一条 大气本底站、国家基准气候站、国家基本气象站、国家一般气象站、高空气象观测站、天气雷达站、气象卫星地面站、区域气象观测站等气象台站和单独设立的气象探测设施的探测环境，应当依法予以保护。

第十二条 禁止实施下列危害大气本底站探测环境的行为：

（一）在观测场周边3万米探测环境保护范围内新建、扩建城镇、工矿区，或者在探测环境保护范围上空设置固定航线；

（二）在观测场周边1万米范围内设置垃圾场、排污口等干扰源；

（三）在观测场周边1 000米范围内修建建筑物、构筑物。

第十三条 禁止实施下列危害国家基准气候站、国家基本气象站探测环境的行为：

（一）在国家基准气候站观测场周边2 000米探测环境保护范围内或者国家基本气象站观测场周边1 000米探测环境保护范围内修建高度超过距观测场距离1/10的建筑物、构筑物；

（二）在观测场周边500米范围内设置垃圾场、排污口等干扰源；

（三）在观测场周边200米范围内修建铁路；

（四）在观测场周边100米范围内挖筑水塘等；

（五）在观测场周边50米范围内修建公路、种植高度超过1米的树木和作物等。

第十四条 禁止实施下列危害国家一般气象站探测环境的行为：

（一）在观测场周边800米探测环境保护范围内修建高度超过距观测场距离1/8的建筑物、构筑物；

（二）在观测场周边200米范围内设置垃圾场、排污口等干扰源；

（三）在观测场周边100米范围内修建铁路；

（四）在观测场周边50米范围内挖筑水塘等；

（五）在观测场周边30米范围内修建公路、种植高度超过1米的树木和作物等。

第十五条 高空气象观测站、天气雷达站、气象卫星地面站、区域气象观测站和单独设立的气象探测设施探测环境的保护，应当严格执行国家规定的保护范围和要求。

前款规定的保护范围和要求由国务院气象主管机构公布，涉及无线电频率管理的，国务院气象主管机构应当征得国务院无线电管理部门的同意。

第十六条 地方各级气象主管机构应当将本行政区域内气象探测环境保护要求报告本级人民政府和上一级气象主管机构，并抄送同级发展改革、国土资源、城乡规划、住房建设、无线电管理、环境保护等部门。

对不符合气象探测环境保护要求的建筑物、构筑物、干扰源等，地方各级气象主管机构应当根据实际情况，商有关部门提出治理方案，报本级人民政府批准并组织实施。

第十七条 在气象台站探测环境保护范围内新建、改建、扩建建设工程，应当避免危害气象探测环境；确实无法避免的，建设单位应当向国务院气象主管机构或者省、自治区、直辖市气象主管机构报告并提出相应的补救措施，经国务院气象主管机构或者省、自治区、直辖市气象主管机构书面同意。未征得气象主管机构书面同意或者未落实补救措施的，有关部门不得批准其开工建设。

在单独设立的气象探测设施探测环境保护范围内新建、改建、扩建建设工程的，建设单位应当事先报告当地气象主管机构，并按照要求采取必要的工程、技术措施。

第十八条 气象台站站址应当保持长期稳定，任何单位或者个人不得擅自迁移气象台站。

因国家重点工程建设或者城市（镇）总体规划变化，确需迁移气象台站的，建设单位或者当地人民政府应当向省、自治区、直辖市气象主管机构提出申请，由省、自治区、直辖市气象主管机构组织专家对拟迁新址的科学性、合理性进行评估，符合气象设施和气象探测环境保护要求的，在纳入城市（镇）控制性详细规划后，按照先建站后迁移的原则进行迁移。

申请迁移大气本底站、国家基准气候站、国家基本气象站的，由受理申请的省、自治区、直辖市气象主管机构签署意见并报送国务院气象主管机构审批；申请迁移其他气象台站的，由省、自治区、直辖市气象主管机构审批，并报送国务院气象主管机构备案。

气象台站迁移、建设费用由建设单位承担。

第十九条 气象台站探测环境遭到严重破坏，失去治理和恢复可能的，国务院气象主管机构或者省、自治区、直辖市气象主管机构可以按照职责权限和先建站后迁移的原则，决定迁移气象台站；该气象台站所在地地方人民政府应当保证气象台站迁移用地，并承担迁移、建设费用。地方人民政府承担迁移、建设费用后，可以向破坏探测环境的责任人追偿。

第二十条 迁移气象台站的，应当按照国务院气象主管机构的规定，在新址与旧址之间进行至少1年的对比观测。

迁移的气象台站经批准、决定迁移的气象主管机构验收合格，正式投入使用后，方可改变旧址用途。

第二十一条 因工程建设或者气象探测环境治理需要迁移单独设立的气象探测设施的，应当经设立该气象探测设施的单位同意，并按照国务院气象主管机构规定的技术要求进行复建。

第二十二条 各级气象主管机构应当加强对气象设施和气象探测环境保护的日常巡查和监督检查。各级气象主管机构可以采取下列措施：

（一）要求被检查单位或者个人提供有关文件、证照、资料；

（二）要求被检查单位或者个人就有关问题作出说明；

（三）进入现场调查、取证。

各级气象主管机构在监督检查中发现应当由其他部门查处的违法行为，应当通报有关部门进行查处。有关部门未及时查处的，各级气象主管机构可以直接通报、报告有关地方人民政府责成有关部门进行查处。

第二十三条 各级气象主管机构以及发展改革、国土资源、城乡规划、无线电管理、环境保护等有关部门及其工作人员违反本条例规定，有下列行为之一的，由本级人民政府或者上级机关责令改正，通报批评；对直接负责的主管人员和其他直接责任人员依法给予处分；构成犯罪的，依法追究刑事责任：

（一）擅自迁移气象台站的；

（二）擅自批准在气象探测环境保护范围内设置垃圾场、排污口、无线电台（站）等干扰源以及新建、改建、扩建建设工程危害气象探测环境的；

（三）有其他滥用职权、玩忽职守、徇私舞弊等不履行气象设施和气象探测环境保护职责行为的。

第二十四条 违反本条例规定，危害气象设施的，由气象主管机构责令停止违法行为，限期恢复原状或者采取其他补救措施；逾期拒不恢复原状或者采取其他补救措施的，由气象主管机构依法申请人民法院强制执行，并对违法单位处1万元以上5万元以下罚款，对违法个人处100元以上1 000元以下罚款；造成损害的，依法承担赔偿责任；构成违反治安管理行为的，由公安机关依法给予治安管理处罚；构成犯罪的，依法追究刑事责任。

挤占、干扰依法设立的气象无线电台（站）、频率的，依照无线电管理相关法律法规的规定处罚。

第二十五条 违反本条例规定，危害气象探测环境的，由气象主管机构责令停止违法行为，限期拆除或者恢复原状，情节严重的，对违法单位处2万元以上5万元以下罚款，对违法个人处200元以上5 000元以下罚款；逾期拒不拆除或者恢复原状的，由气象主管机构依法申请人民法院强制执行；造成损害的，依法承担赔偿责任。

　　在气象探测环境保护范围内，违法批准占用土地的，或者非法占用土地新建建筑物或者其他设施的，依照城乡规划、土地管理等相关法律法规的规定处罚。

　　第二十六条　本条例自2012年12月1日起施行。

施放气球管理办法

（2004年8月9日中国气象局令第9号公布，自2005年2月1日起施行。）

第一章　总　　则

第一条　为加强对施放气球活动的管理，保障航空飞行和人民生命财产安全，根据《通用航空飞行管制条例》及其他有关规定和施放气球管理工作的实际，制定本办法。

第二条　本办法所称气球，包括无人驾驶自由气球和系留气球。

无人驾驶自由气球，是指无动力驱动、无人操纵、轻于空气、总质量大于4千克自由漂移的充气物体。

系留气球，是指系留于地面物体上、直径大于1.8米或者体积容量大于3.2立方米、轻于空气的充气物体。

第三条　在中华人民共和国境内从事施放气球活动，应当遵守本办法及国家其他有关规定。

因气象业务从事施放气球活动，按照国务院气象主管机构的有关规定执行。

第四条　国务院气象主管机构及飞行管制等部门按照职责分工，负责管理和指导全国的施放气球活动。

地方各级气象主管机构及飞行管制等部门按照职责分工，在当地人民政府的指导和协调下，负责管理本行政区域内的施放气球活动。

第五条　从事施放气球活动，应当坚持安全第一的原则，严格执行国家制定的有关技术规范、标准和规程。

第二章　施放气球单位的管理

第六条　对施放气球单位实行资质认定制度。

未按规定取得《施放气球资质证》的单位不得从事施放气球活动。

第七条　申请施放气球的单位应当具备下列条件：

（一）有独立的法人资格；

（二）有固定的工作场所，危险气体的运输、使用和存放必须符合国家有关规定；

（三）有4名以上经省级或者设区的市级气象学会考试合格并取得《施放气球资格证》的作业人员，其中至少有1名具有相关专业中级以上技术职称的人员；

（四）有必需的器材和设备；

（五）有健全的安全保障制度和措施。

第八条　从事施放气球活动的单位，应当向所在地的设区的市级或者省、自治区、直辖市气象主管机构（以下简称认定机构）提出书面申请，并提供下列申请材料：

（一）《施放气球资质证申请表》；

（二）法人资格证原件及复印件；

（三）人员登记表、有关人员资格证原件及复印件；

（四）施放气球的器材和设备清单；

（五）安全保障责任制度和措施；

（六）法律、法规规定的其他材料。

认定机构应当根据《中华人民共和国行政许可法》第三十二条的规定，决定受理或者不予受理申请，并出具书面凭证。不予受理申请的，应当说明理由。

第九条　认定机构受理申请后，应当根据需要，指派两名以上工作人员进行现场核查。

第十条　申请单位的申请符合法定条件的，认定机构应当自受理申请之日起二十日内作出行政许可决定，自决定之日起十日内向申请单位颁发加盖认定机构印章的《施放气球资质证》。二十日内不能作出决定的，经本级气象主管机构负责人批准，可以延长十日，并将延长期限的理由告知申请人。

认定机构依法作出不予行政许可的书面决定的，应当说明理由，并告知申请单位依法享有申请行政复议或者提起行政诉讼的权利。

第十一条　《施放气球资质证》有效期为3年，并实行年检制度。取得资质的单位，应当在每年的4月底前将上一年度施放气球的情况及《施放气球资质证》等材料报认定机构审验。对年检不合格的单位，限期进行整改，整改期间不得从事施放气球活动。

取得施放气球资质的单位，应当在有效期届满三十日前向原认定机构申请延续。认定机构应当根据该单位的申请，在有效期届满前作出是否准予延续的决定。

第十二条　取得施放气球资质的单位，出现下列行为之一的，由认定机构注销其资质证：

（一）有效期届满未延续的；

（二）法人依法终止的；

（三）资质证书依法被撤销的；

（四）出现重大安全责任事故的；

（五）年检不合格的；

（六）违反本办法规定达三次以上的。

第三章　施放气球作业的条件与申请

第十三条　施放气球活动实行许可制度。

施放气球单位施放无人驾驶自由气球至少提前5天、施放系留气球至少提前3天向施放所在地的设区的市级气象主管机构或者其委托的县级气象主管机构（以下简称许可机构）提出申请，并按要求如实填写《施放气球作业申报表》，提供《施放气球资质证》原件及复印件等材料。

第十四条　申请材料不齐全或者不符合有关规定的，许可机构应当当场告知申请单位需要补正的全部内容，并按照《中华人民共和国行政许可法》第三十二条第（一）项、第（二）项、第（三）项、第（五）项的规定，决定受理或者不予受理申请，出具书面凭证。不予受理申请的，应当说明理由。

第十五条　受理申请的许可机构应当按照职责，对申请单位的资质、施放环境、施放期间的气象条件等条件进行审查。符合规定条件的，许可机构应当自受理申请之日起2日内作出书面行政许可决定。

许可机构依法作出不予行政许可的书面决定，应当说明理由，并告知申请单位依法享有申请行政复议或者提起行政诉讼的权利。

取消施放活动的，施放气球单位应当及时向许可机构报告；更改施放时间、地点或者数量的，施放气球单位应当按照本办法规定重新提出申请。

第十六条　施放气球活动必须在许可机构批准的范围内进行，可能危及飞行安全的施放气球活动由许可机构会同飞行管制部门批准施放范围。

第十七条　施放气球必须符合下列安全要求：

（一）储运气体及充灌、回收球必须严格遵守消防、危险化学品安全使用管理等有关规定；

（二）施放气球的地点应当与高大建筑物、树木、架空电线、通信线和其他障碍物保持安全的距离，避免碰撞、摩擦和缠绕等；

（三）在施放气球的球体或者附属物上必须设置识别标志；

（四）施放气球必须符合适宜的气象条件；

（五）系留气球升放的高度不得高于地面150米，但是低于距其水平距离50米范围内建筑物顶部的除外；

（六）施放系留气球必须确保系留牢固；

（七）施放系留气球必须加装快速放气装置。

第十八条　施放气球必须由经取得《施放气球资格证》的作业人员进行操作。

施放现场应当有专人值守，以预防和处理意外情况。执法人员发现现场无人值守的，可以采取相应措施。

第四章　监督管理

第十九条　县级以上气象主管机构负责对本行政区域内施放气球活动的监督管理。

施放气球单位应当主动接受气象主管机构的监督管理与安全检查，并按照要求做好有关工作。

利用气球开展各种活动的单位和个人，不得使用无《施放气球资质证》的单位施放气球。

第二十条　省级或者设区的市级气象学会负责本行政区域内施放气球作业人员的从业资格认定工作。

省级或者设区的市级气象主管机构应当对本级气象学会开展施放气球作业人员的从业资格认定工作进行指导和监督。

第二十一条　县级以上气象主管机构可以对施放气球场所进行实地检查。检查时，检查人员可以查阅或者要求被检查单位报送有关材料；被检查单位应当如实提供有关情况和材料。

第二十二条　县级以上气象主管机构应当对下列内容进行监督检查：

（一）施放气球单位是否具有资质证，作业人员是否取得资格证；

（二）施放气球单位是否按照规定程序进行申报并获得批准；

（三）施放气球的时间、地点、种类和数量等是否与所批准的内容相符合；

（四）施放气球单位和作业人员、技术人员是否遵守有关技术规范、标准和规程；

（五）气球的施放是否符合有关安全要求和条件。

第二十三条　在施放气球过程中，如发生无人驾驶自由气球非正常运行、系留气球意外脱离系留或者其他安全事故，施放单位应当立即停止施放活动，及时向飞行管制部门、所在地气象主管机构报告，并做好有关事故的处理工作。

第五章　罚　则

第二十四条　申请单位隐瞒有关情况、提供虚假材料申请资质认定或者施放活动许可的，认定机构或者许可机构不予受理或者不予许可，并给予警告。申请单位在一年内不得再次申请资质认定或者施放活动许可。

第二十五条　被许可单位以欺骗、贿赂等不正当手段取得资质或者施放活动许可的，认定机构或者许可机构按照权限给予警告，可以处3万元以下罚款；已取得资质或者施放活动许可的，撤销其《施放气球资质证》或者施放活动许可决定；构成犯罪的，依法追究刑事责任。

第二十六条 违反本办法规定，有下列行为之一的，由县级以上气象主管机构按照权限责令改正，给予警告，可以处3万元以下罚款；给他人造成损失的，依法承担赔偿责任；构成犯罪的，依法追究刑事责任：

（一）涂改、伪造、倒卖、出租、出借《施放气球资质证》《施放气球资格证》或者许可文件的；

（二）向负责监督检查的机构隐瞒有关情况、提供虚假材料或者拒绝提供反映其活动情况的真实材料的。

第二十七条 违反本办法规定，未取得施放气球资质证从事施放气球活动，由县级以上气象主管机构按照权限责令停止违法行为，处1万元以上3万元以下罚款；给他人造成损失的，依法承担赔偿责任；构成犯罪的，依法追究刑事责任。

第二十八条 违反本办法规定，有下列行为之一的，由气象主管机构或者有关部门按照职责分工责令改正，给予警告；情节严重的，处1万元以上5万元以下罚款；造成重大事故或者严重后果的，依照刑法关于重大责任事故罪或者其他罪的规定，依法追究刑事责任：

（一）未经批准擅自施放的；

（二）未按照批准的申请施放的；

（三）未按照规定设置识别标志的；

（四）未及时报告异常施放动态或者系留气球意外脱离时未按照规定及时报告的；

（五）在规定的禁止区域内施放的。

第二十九条 违反本办法规定，有下列行为之一的，由县级以上气象主管机构按照权限责令改正，给予警告，可以处1万元以下罚款；情节严重的，处1万元以上3万元以下罚款；造成重大事故或者严重后果的，依照刑法关于重大责任事故罪或者其他罪的规定，依法追究刑事责任：

（一）年检不合格的施放气球单位在整改期间施放气球的；

（二）违反施放气球技术规范和标准的；

（三）未指定专人值守的；

（四）施放系留气球未加装快速放气装置的；

（五）利用气球开展各种活动的单位和个人，使用无《施放气球资质证》的单位施放气球的；

（六）在安全事故发生后隐瞒不报、谎报、故意迟延不报、故意破坏现场，或者拒绝接受调查以及拒绝提供有关情况和资料的；

（七）违反施放气球安全要求的其他行为。

第三十条 气象主管机构的工作人员弄虚作假、玩忽职守、滥用职权、徇私舞弊，尚不构成犯罪的，由所在单位给予行政处分；构成犯罪的，依法追究刑事责任。

第六章 附 则

第三十一条 本办法所称的"大于"，包括本数；"小于"，不包括本数。

第三十二条 本办法规定的时间期限以工作日计算，不含法定节假日。

第三十三条 《施放气球资质证》由国务院气象主管机构监制。

第三十四条 对于群放单个总质量小于4千克的无人驾驶自由气球、施放直径小于1.8米或者体积容量小于3.2立方米的系留气球的管理，参照本办法执行。

第三十五条 本办法自2005年2月1日起施行。2003年6月6日中国气象局发布的《施放气球管理办法》同时废止。

气象灾害预警信号发布与传播办法

（2007年6月12日中国气象局令第16号公布，自公布之日起施行。）

第一条 为了规范气象灾害预警信号发布与传播，防御和减轻气象灾害，保护国家和人民生命财产安全，依据《中华人民共和国气象法》《国家突发公共事件总体应急预案》，制定本办法。

第二条 在中华人民共和国领域和中华人民共和国管辖的其他海域发布与传播气象灾害预警信号，必须遵守本办法。

本办法所称气象灾害预警信号（以下简称预警信号），是指各级气象主管机构所属的气象台站向社会公众发布的预警信息。

预警信号由名称、图标、标准和防御指南组成，分为台风、暴雨、暴雪、寒潮、大风、沙尘暴、高温、干旱、雷电、冰雹、霜冻、大雾、霾、道路结冰等。

第三条 预警信号的级别依据气象灾害可能造成的危害程度、紧急程度和发展态势一般划分为四级：Ⅳ级（一般）、Ⅲ级（较重）、Ⅱ级（严重）、Ⅰ级（特别严重），依次用蓝色、黄色、橙色和红色表示，同时以中英文标识。

本办法根据不同种类气象灾害的特征、预警能力等，确定不同种类气象灾害的预警信号级别。

第四条 国务院气象主管机构负责全国预警信号发布、解除与传播的管理工作。

地方各级气象主管机构负责本行政区域内预警信号发布、解除与传播的管理工作。

其他有关部门按照职责配合气象主管机构做好预警信号发布与传播的有关工作。

第五条 地方各级人民政府应当加强预警信号基础设施建设，建立畅通、有效的预警信息发布与传播渠道，扩大预警信息覆盖面，并组织有关部门建立气象灾害应急机制和系统。

学校、机场、港口、车站、高速公路、旅游景点等人口密集公共场所的管理单位应当设置或者利用电子显示装置及其他设施传播预警信号。

第六条 国家依法保护预警信号专用传播设施，任何组织或者个人不得侵占、损毁或者擅自移动。

第七条 预警信号实行统一发布制度。

各级气象主管机构所属的气象台站按照发布权限、业务流程发布预警信号，并指明气象灾害预警的区域。发布权限和业务流程由国务院气象主管机构另行制定。

其他任何组织或者个人不得向社会发布预警信号。

第八条 各级气象主管机构所属的气象台站应当及时发布预警信号，并根据天气变化情况，及时更新或者解除预警信号，同时通报本级人民政府及有关部门、防灾减灾机构。

当同时出现或者预报可能出现多种气象灾害时，可以按照相对应的标准同时发布多种预警信号。

第九条 各级气象主管机构所属的气象台站应当充分利用广播、电视、固定网、移动网、因特网、电子显示装置等手段及时向社会发布预警信号。在少数民族聚居区发布预警信号时除使用汉语言文字外，还应当使用当地通用的少数民族语言文字。

第十条 广播、电视等媒体和固定网、移动网、因特网等通信网络应当配合气象主管机构及时传播预警信号，使用气象主管机构所属的气象台站直接提供的实时预警信号，并标明发布预警信号的气象台站的名称和发布时间，不得更改和删减预警信号的内容，不得拒绝传播气象灾害预警信号，不得传播虚假、过时的气象灾害预警信号。

第十一条 地方各级人民政府及其有关部门在接到气象主管机构所属的气象台站提供的预警信号后，应当及时公告，向公众广泛传播，并按照职责采取有效措施做好气象灾害防御工作，避免或者减轻气象灾害。

第十二条 气象主管机构应当组织气象灾害预警信号的教育宣传工作，编印预警信号宣传材料，普及气象防灾减灾知识，增强社会公众的防灾减灾意识，提高公众自救、互救能力。

第十三条 违反本办法规定，侵占、损毁或者擅自移动预警信号专用传播设施的，由有关气象主管机构依照《中华人民共和国气象法》第三十五条的规定追究法律责任。

第十四条 违反本办法规定，有下列行为之一的，由有关气象主管机构依照《中华人民共和国气象法》第三十八条的规定追究法律责任：

（一）非法向社会发布与传播预警信号的；

（二）广播、电视等媒体和固定网、移动网、因特网等通信网络不使用气象主管机构所属的气象台站提供的实时预警信号的。

第十五条 气象工作人员玩忽职守，导致预警信号的发布出现重大失误的，对直接责任人员和主要负责人给予行政处分；构成犯罪的，依法追究刑事责任。

第十六条 地方各级气象主管机构所属的气象台站发布预警信号，适用本办法所附《气象灾害预警信号及防御指南》中的各类预警信号标准。

省、自治区、直辖市制定地方性法规、地方政府规章或者规范性文件时，可以根据本行政区域内气象灾害的特点，选用或者增设本办法规定的预警信号种类，设置不同信号标准，并经国务院气象主管机构审查同意。

第十七条 国务院气象主管机构所属的气象台站发布的预警信号标准由国务院气象主管机构另行制定。

第十八条 本办法自发布之日起施行。

气象灾害预警信号及防御指南

一、台风预警信号

台风预警信号分四级，分别以蓝色、黄色、橙色和红色表示。

（一）台风蓝色预警信号

图标：

标准：24小时内可能或者已经受热带气旋影响，沿海或者陆地平均风力达6级以上，或者阵风8级以上并可能持续。

防御指南：

1. 政府及相关部门按照职责做好防台风准备工作；

2. 停止露天集体活动和高空等户外危险作业；

3. 相关水域水上作业和过往船舶采取积极的应对措施，如回港避风或者绕道航行等；

4. 加固门窗、围板、棚架、广告牌等易被风吹动的搭建物，切断危险的室外电源。

（二）台风黄色预警信号

图标：

标准：24小时内可能或者已经受热带气旋影响，沿海或者陆地平均风力达8级以上，或者阵风10级以上并可能持续。

防御指南：

1. 政府及相关部门按照职责做好防台风应急准备工作；

2. 停止室内外大型集会和高空等户外危险作业；

3. 相关水域水上作业和过往船舶采取积极的应对措施，加固港口设施，防止船舶走锚、搁浅和碰撞；

4. 加固或者拆除易被风吹动的搭建物，人员切勿随意外出，确保老人小孩留在家中最安全的地方，危房人员及时转移。

（三）台风橙色预警信号

图标：

标准：12小时内可能或者已经受热带气旋影响，沿海或者陆地平均风力达10级以上，或者阵风12级以上并可能持续。

防御指南：

1. 政府及相关部门按照职责做好防台风抢险应急工作；

2. 停止室内外大型集会、停课、停业（除特殊行业外）；

3. 相关水域水上作业和过往船舶应当回港避风，加固港口设施，防止船舶走锚、搁浅和碰撞；

4. 加固或者拆除易被风吹动的搭建物，人员应当尽可能待在防风安全的地方，当台风中心经过时风力会减小或者静止一段时间，切记强风将会突然吹袭，应当继续留在安全处避风，危房人员及时转移；

5. 相关地区应当注意防范强降水可能引发的山洪、地质灾害。

（四）台风红色预警信号

图标：

标准：6小时内可能或者已经受热带气旋影响，沿海或者陆地平均风力达12级以上，或者阵风达14级以上并可能持续。

防御指南：

1. 政府及相关部门按照职责做好防台风应急和抢险工作；

2. 停止集会、停课、停业（除特殊行业外）；

3. 回港避风的船舶要视情况采取积极措施，妥善安排人员留守或者转移到安全地带；

4. 加固或者拆除易被风吹动的搭建物，人员应当待在防风安全的地方，当台风中心经过时风力会减小或者静止一段时间，切记强风将会突然吹袭，应当继续留在安全处避风，危房人员及时转移；

5. 相关地区应当注意防范强降水可能引发的山洪、地质灾害。

二、暴雨预警信号

暴雨预警信号分四级，分别以蓝色、黄色、橙色、红色表示。

（一）暴雨蓝色预警信号

图标：

标准：12小时内降雨量将达50毫米以上，或者已达50毫米以上且降雨可能持续。

防御指南：

1. 政府及相关部门按照职责做好防暴雨准备工作；

2. 学校、幼儿园采取适当措施，保证学生和幼儿安全；

3. 驾驶人员应当注意道路积水和交通阻塞，确保安全；

4.检查城市、农田、鱼塘排水系统，做好排涝准备。

（二）暴雨黄色预警信号

图标：

标准：6小时内降雨量将达50毫米以上，或者已达50毫米以上且降雨可能持续。

防御指南：

1. 政府及相关部门按照职责做好防暴雨工作；

2. 交通管理部门应当根据路况在强降雨路段采取交通管制措施，在积水路段实行交通引导；

3. 切断低洼地带有危险的室外电源，暂停在空旷地方的户外作业，转移危险地带人员和危房居民到安全场所避雨；

4. 检查城市、农田、鱼塘排水系统，采取必要的排涝措施。

（三）暴雨橙色预警信号

图标：

标准：3小时内降雨量将达50毫米以上，或者已达50毫米以上且降雨可能持续。

防御指南：

1. 政府及相关部门按照职责做好防暴雨应急工作；

2. 切断有危险的室外电源，暂停户外作业；

3. 处于危险地带的单位应当停课、停业，采取专门措施保护已到校学生、幼儿和其他上班人员的安全；

4. 做好城市、农田的排涝，注意防范可能引发的山洪、滑坡、泥石流等灾害。

（四）暴雨红色预警信号

图标：

标准：3小时内降雨量将达100毫米以上，或者已达100毫米以上且降雨可能持续。

防御指南：

1. 政府及相关部门按照职责做好防暴雨应急和抢险工作；

2. 停止集会、停课、停业（除特殊行业外）；

3. 做好山洪、滑坡、泥石流等灾害的防御和抢险工作。

三、暴雪预警信号

暴雪预警信号分四级，分别以蓝色、黄色、橙色、红色表示。

（一）暴雪蓝色预警信号

图标：

标准：12小时内降雪量将达4毫米以上，或者已达4毫米以上且降雪持续，可能对交通或者农牧业有影响。

防御指南：

1. 政府及有关部门按照职责做好防雪灾和防冻害准备工作；

2. 交通、铁路、电力、通信等部门应当进行道路、铁路、线路巡查维护，做好道路清扫和积雪融化工作；

3. 行人注意防寒防滑，驾驶人员小心驾驶，车辆应当采取防滑措施；

4. 农牧区和种养殖业要储备饲料，做好防雪灾和防冻害准备；

5. 加固棚架等易被雪压的临时搭建物。

（二）暴雪黄色预警信号

图标：

标准：12小时内降雪量将达6毫米以上，或者已达6毫米以上且降雪持续，可能对交通或者农牧业有影响。

防御指南：

1．政府及相关部门按照职责落实防雪灾和防冻害措施；

2．交通、铁路、电力、通信等部门应当加强道路、铁路、线路巡查维护，做好道路清扫和积雪融化工作；

3．行人注意防寒防滑，驾驶人员小心驾驶，车辆应当采取防滑措施；

4．农牧区和种养殖业要备足饲料，做好防雪灾和防冻害准备；

5．加固棚架等易被雪压的临时搭建物。

（三）暴雪橙色预警信号

图标：

标准：6小时内降雪量将达10毫米以上，或者已达10毫米以上且降雪持续，可能或者已经对交通或者农牧业有较大影响。

防御指南：

1．政府及相关部门按照职责做好防雪灾和防冻害的应急工作；

2．交通、铁路、电力、通信等部门应当加强道路、铁路、线路巡查维护，做好道路清扫和积雪融化工作；

3．减少不必要的户外活动；

4．加固棚架等易被雪压的临时搭建物，将户外牲畜赶入棚圈喂养。

（四）暴雪红色预警信号

图标：

标准：6小时内降雪量将达15毫米以上，或者已达15毫米以上且降雪持续，可能或者已经对交通或者农牧业有较大影响。

防御指南：

1．政府及相关部门按照职责做好防雪灾和防冻害的应急和抢险工作；

2．必要时停课、停业（除特殊行业外）；

3．必要时飞机暂停起降，火车暂停运行，高速公路暂时封闭；

4．做好牧区等救灾救济工作。

四、寒潮预警信号

寒潮预警信号分四级，分别以蓝色、黄色、橙色、红色表示。

（一）寒潮蓝色预警信号

图标：

标准：48小时内最低气温将要下降8℃以上，最低气温小于等于4℃，陆地平均风力可达5级以上；或者已经下降8℃以上，最低气温小于等于4℃，平均风力达5级以上，并可能持续。

防御指南：

1. 政府及有关部门按照职责做好防寒潮准备工作；

2. 注意添衣保暖；

3. 对热带作物、水产品采取一定的防护措施；

4. 做好防风准备工作。

（二）寒潮黄色预警信号

图标：

标准：24小时内最低气温将要下降10℃以上，最低气温小于等于4℃，陆地平均风力可达6级以上；或者已经下降10℃以上，最低气温小于等于4℃，平均风力达6级以上，并可能持续。

防御指南：

1. 政府及有关部门按照职责做好防寒潮工作；

2. 注意添衣保暖，照顾好老、弱、病人；

3. 对牲畜、家禽和热带、亚热带水果及有关水产品、农作物等采取防寒措施；

4. 做好防风工作。

（三）寒潮橙色预警信号

图标：

标准：24小时内最低气温将要下降12℃以上，最低气温小于等于0℃，陆地平均风力可达6级以上；或者已经下降12℃以上，最低气温小于等于0℃，平均风力达6级以上，并可能持续。

防御指南：

1. 政府及有关部门按照职责做好防寒潮应急工作；

2. 注意防寒保暖；

3. 农业、水产业、畜牧业等要积极采取防霜冻、冰冻等防寒措施，尽量减少损失；

4. 做好防风工作。

（四）寒潮红色预警信号

图标：

标准：24小时内最低气温将要下降16℃以上，最低气温小于等于0℃，陆地平均风力可达6级以上；或者已经下降16℃以上，最低气温小于等于0℃，平均风力达6级以上，并可能持续。

防御指南：

1. 政府及相关部门按照职责做好防寒潮的应急和抢险工作；

2. 注意防寒保暖；

3. 农业、水产业、畜牧业等要积极采取防霜冻、冰冻等防寒措施，尽量减少损失；

4. 做好防风工作。

五、大风预警信号

大风（除台风外）预警信号分四级，分别以蓝色、黄色、橙色、红色表示。

（一）大风蓝色预警信号

图标：

标准：24小时内可能受大风影响，平均风力可达6级以上，或者阵风7级以上；或者已经受大风影响，平均风力为6～7级，或者阵风7～8级并可能持续。

防御指南：

1. 政府及相关部门按照职责做好防大风工作；

2. 关好门窗，加固围板、棚架、广告牌等易被风吹动的搭建物，妥善安置易受大风影响的室外物品，遮盖建筑物资；

3. 相关水域水上作业和过往船舶采取积极的应对措施，如回港避风或者绕道航行等；

4. 行人注意尽量少骑自行车，刮风时不要在广告牌、临时搭建物等下面逗留；

5. 有关部门和单位注意森林、草原等防火。

（二）大风黄色预警信号

图标：

标准：12小时内可能受大风影响，平均风力可达8级以上，或者阵风9级以上；或者已经受大风影响，平均风力为8～9级，或者阵风9～10级并可能持续。

防御指南：

1. 政府及相关部门按照职责做好防大风工作；

2. 停止露天活动和高空等户外危险作业，危险地带人员和危房居民尽量转到避风场所避风；

3. 相关水域水上作业和过往船舶采取积极的应对措施，加固港口设施，防止船舶走锚、搁浅和碰撞；

4. 切断户外危险电源，妥善安置易受大风影响的室外物品，遮盖建筑物资；

5. 机场、高速公路等单位应当采取保障交通安全的措施，有关部门和单位注意森林、草原等防火。

（三）大风橙色预警信号

图标：

标准：6小时内可能受大风影响，平均风力可达10级以上，或者阵风11级以上；或者已经受大风影响，平均风力为10～11级，或者阵风11～12级并可能持续。

防御指南：

1. 政府及相关部门按照职责做好防大风应急工作；

2. 房屋抗风能力较弱的中小学校和单位应当停课、停业，人员减少外出；

3. 相关水域水上作业和过往船舶应当回港避风，加固港口设施，防止船舶走锚、搁浅和碰撞；

4. 切断危险电源，妥善安置易受大风影响的室外物品，遮盖建筑物资；

5. 机场、铁路、高速公路、水上交通等单位应当采取保障交通安全的措施，有关部门和单位注意森林、草原等防火。

（四）大风红色预警信号

图标：

标准：6小时内可能受大风影响，平均风力可达12级以上，或者阵风13级以上；或者已经受大风影响，平均风力为12级以上，或者阵风13级以上并可能持续。

防御指南：

1．政府及相关部门按照职责做好防大风应急和抢险工作；

2．人员应当尽可能停留在防风安全的地方，不要随意外出；

3．回港避风的船舶要视情况采取积极措施，妥善安排人员留守或者转移到安全地带；

4．切断危险电源，妥善安置易受大风影响的室外物品，遮盖建筑物资；

5．机场、铁路、高速公路、水上交通等单位应当采取保障交通安全的措施，有关部门和单位注意森林、草原等防火。

六、沙尘暴预警信号

沙尘暴预警信号分三级，分别以黄色、橙色、红色表示。

（一）沙尘暴黄色预警信号

图标：

标准：12小时内可能出现沙尘暴天气（能见度小于1 000米），或者已经出现沙尘暴天气并可能持续。

防御指南：

1．政府及相关部门按照职责做好防沙尘暴工作；

2．关好门窗，加固围板、棚架、广告牌等易被风吹动的搭建物，妥善安置易受大风影响的室外物品，遮盖建筑物资，做好精密仪器的密封工作；

3．注意携带口罩、纱巾等防尘用品，以免沙尘对眼睛和呼吸道造成损伤；

4．呼吸道疾病患者、对风沙较敏感人员不要到室外活动。

（二）沙尘暴橙色预警信号

图标：

标准：6小时内可能出现强沙尘暴天气（能见度小于500米），或者已经出现强沙尘暴天气并可能持续。

防御指南：

1．政府及相关部门按照职责做好防沙尘暴应急工作；

2. 停止露天活动和高空、水上等户外危险作业；

3. 机场、铁路、高速公路等单位做好交通安全的防护措施，驾驶人员注意沙尘暴变化，小心驾驶；

4. 行人注意尽量少骑自行车，户外人员应当戴好口罩、纱巾等防尘用品，注意交通安全。

（三）沙尘暴红色预警信号

图标：

标准：6小时内可能出现特强沙尘暴天气（能见度小于50米），或者已经出现特强沙尘暴天气并可能持续。

防御指南：

1. 政府及相关部门按照职责做好防沙尘暴应急抢险工作；

2. 人员应当留在防风、防尘的地方，不要在户外活动；

3. 学校、幼儿园推迟上学或者放学，直至特强沙尘暴结束；

4. 飞机暂停起降，火车暂停运行，高速公路暂时封闭。

七、高温预警信号

高温预警信号分三级，分别以黄色、橙色、红色表示。

（一）高温黄色预警信号

图标：

标准：连续三天日最高气温将在35℃以上。

防御指南：

1. 有关部门和单位按照职责做好防暑降温准备工作；

2. 午后尽量减少户外活动；

3. 对老、弱、病、幼人群提供防暑降温指导；

4. 高温条件下作业和白天需要长时间进行户外露天作业的人员应当采取必要的防护措施。

（二）高温橙色预警信号

图标：

标准：24小时内最高气温将升至37℃以上。

防御指南：

1．有关部门和单位按照职责落实防暑降温保障措施；

2．尽量避免在高温时段进行户外活动，高温条件下作业的人员应当缩短连续工作时间；

3．对老、弱、病、幼人群提供防暑降温指导，并采取必要的防护措施；

4．有关部门和单位应当注意防范因用电量过高，以及电线、变压器等电力负载过大而引发的火灾。

（三）高温红色预警信号

图标：

标准：24小时内最高气温将升至40℃以上。

防御指南：

1．有关部门和单位按照职责采取防暑降温应急措施；

2．停止户外露天作业（除特殊行业外）；

3．对老、弱、病、幼人群采取保护措施；

4．有关部门和单位要特别注意防火。

八、干旱预警信号

干旱预警信号分二级，分别以橙色、红色表示。干旱指标等级划分，以国家标准《气象干旱等级》（GB/T 20481—2006）中的综合气象干旱指数为标准。

（一）干旱橙色预警信号

图标：

标准：预计未来一周综合气象干旱指数达到重旱（气象干旱为25～50年一遇），或者某一县（区）有40%以上的农作物受旱。

防御指南：

1．有关部门和单位按照职责做好防御干旱的应急工作；

2．有关部门启用应急备用水源，调度辖区内一切可用水源，优先保障城乡居民生活用水和牲畜饮水；

3．压减城镇供水指标，优先经济作物灌溉用水，限制大量农业灌溉用水；

4．限制非生产性高耗水及服务业用水，限制排放工业污水；

5．气象部门适时进行人工增雨作业。

（二）干旱红色预警信号

图标：

标准：预计未来一周综合气象干旱指数达到特旱（气象干旱为50年以上一遇），或者某一县（区）有60%以上的农作物受旱。

防御指南：

1．有关部门和单位按照职责做好防御干旱的应急和救灾工作；

2．各级政府和有关部门启动远距离调水等应急供水方案，采取提外水、打深井、车载送水等多种手段，确保城乡居民生活和牲畜饮水；

3．限时或者限量供应城镇居民生活用水，缩小或者阶段性停止农业灌溉供水；

4．严禁非生产性高耗水及服务业用水，暂停排放工业污水；

5．气象部门适时加大人工增雨作业力度。

九、雷电预警信号

雷电预警信号分三级，分别以黄色、橙色、红色表示。

（一）雷电黄色预警信号

图标：

标准：6小时内可能发生雷电活动，可能会造成雷电灾害事故。

防御指南：

1．政府及相关部门按照职责做好防雷工作；

2．密切关注天气，尽量避免户外活动。

（二）雷电橙色预警信号

图标：

标准：2小时内发生雷电活动的可能性很大，或者已经受雷电活动影响，且可能持续，出现雷电灾害事故的可能性比较大。

防御指南：

1. 政府及相关部门按照职责落实防雷应急措施；

2. 人员应当留在室内，并关好门窗；

3. 户外人员应当躲入有防雷设施的建筑物或者汽车内；

4. 切断危险电源，不要在树下、电杆下、塔吊下避雨；

5. 在空旷场地不要打伞，不要把农具、羽毛球拍、高尔夫球杆等扛在肩上。

（三）雷电红色预警信号

图标：

标准：2小时内发生雷电活动的可能性非常大，或者已经有强烈的雷电活动发生，且可能持续，出现雷电灾害事故的可能性非常大。

防御指南：

1. 政府及相关部门按照职责做好防雷应急抢险工作；

2. 人员应当尽量躲入有防雷设施的建筑物或者汽车内，并关好门窗；

3. 切勿接触天线、水管、铁丝网、金属门窗、建筑物外墙，远离电线等带电设备和其他类似金属装置；

4. 尽量不要使用无防雷装置或者防雷装置不完备的电视、电话等电器；

5. 密切注意雷电预警信息的发布。

十、冰雹预警信号

冰雹预警信号分二级，分别以橙色、红色表示。

（一）冰雹橙色预警信号

图标：

标准：6小时内可能出现冰雹天气，并可能造成雹灾。

防御指南：

1. 政府及相关部门按照职责做好防冰雹的应急工作；

2. 气象部门做好人工防雹作业准备并择机进行作业；

3. 户外行人立即到安全的地方暂避；

4. 驱赶家禽、牲畜进入有顶棚的场所，妥善保护易受冰雹袭击的汽车等室外物品或者设备；

5. 注意防御冰雹天气伴随的雷电灾害。

（二）冰雹红色预警信号

图标：

标准：2小时内出现冰雹可能性极大，并可能造成重雹灾。

防御指南：

1. 政府及相关部门按照职责做好防冰雹的应急和抢险工作；

2. 气象部门适时开展人工防雹作业；

3. 户外行人立即到安全的地方暂避；

4. 驱赶家禽、牲畜进入有顶棚的场所，妥善保护易受冰雹袭击的汽车等室外物品或者设备；

5. 注意防御冰雹天气伴随的雷电灾害。

十一、霜冻预警信号

霜冻预警信号分三级，分别以蓝色、黄色、橙色表示。

（一）霜冻蓝色预警信号

图标：

标准：48小时内地面最低温度将要下降到0℃以下，对农业将产生影响，或者已经降到0℃以下，对农业已经产生影响，并可能持续。

防御指南：

1. 政府及农林主管部门按照职责做好防霜冻准备工作；

2. 对农作物、蔬菜、花卉、瓜果、林业育种要采取一定的防护措施；

3．农村基层组织和农户要关注当地霜冻预警信息，以便采取措施加强防护。

（二）霜冻黄色预警信号

图标：

标准：24小时内地面最低温度将要下降到零下3℃以下，对农业将产生严重影响，或者已经降到零下3℃以下，对农业已经产生严重影响，并可能持续。

防御指南：

1．政府及农林主管部门按照职责做好防霜冻应急工作；

2．农村基层组织要广泛发动群众，防灾抗灾；

3．对农作物、林业育种要积极采取田间灌溉等防霜冻、冰冻措施，尽量减少损失；

4．对蔬菜、花卉、瓜果要采取覆盖、喷洒防冻液等措施，减轻冻害。

（三）霜冻橙色预警信号

图标：

标准：24小时内地面最低温度将要下降到零下5℃以下，对农业将产生严重影响，或者已经降到零下5℃以下，对农业已经产生严重影响，并将持续。

防御指南：

1．政府及农林主管部门按照职责做好防霜冻应急工作；

2．农村基层组织要广泛发动群众，防灾抗灾；

3．对农作物、蔬菜、花卉、瓜果、林业育种要采取积极的应对措施，尽量减少损失。

十二、大雾预警信号

大雾预警信号分三级，分别以黄色、橙色、红色表示。

（一）大雾黄色预警信号

图标：

标准：12小时内可能出现能见度小于500米的雾，或者已经出现能见度小于500米、大于等于200米的雾并将持续。

防御指南：

1．有关部门和单位按照职责做好防雾准备工作；

2．机场、高速公路、轮渡码头等单位加强交通管理，保障安全；

3．驾驶人员注意雾的变化，小心驾驶；

4．户外活动注意安全。

（二）大雾橙色预警信号

图标：

标准：6小时内可能出现能见度小于200米的雾，或者已经出现能见度小于200米、大于等于50米的雾并将持续。

防御指南：

1．有关部门和单位按照职责做好防雾工作；

2．机场、高速公路、轮渡码头等单位加强调度指挥；

3．驾驶人员必须严格控制车、船的行进速度；

4．减少户外活动。

（三）大雾红色预警信号

图标：

标准：2小时内可能出现能见度小于50米的雾，或者已经出现能见度小于50米的雾并将持续。

防御指南：

1．有关部门和单位按照职责做好防雾应急工作；

2．有关单位按照行业规定适时采取交通安全管制措施，如机场暂停飞机起降，高速公路暂时封闭，轮渡暂时停航等；

3．驾驶人员根据雾天行驶规定，采取雾天预防措施，根据环境条件采取合理行驶方式，并尽快寻找安全停放区域停靠；

4．不要进行户外活动。

十三、霾预警信号

霾预警信号分二级，分别以黄色、橙色表示。

（一）霾黄色预警信号

图标：

标准：12小时内可能出现能见度小于3 000米的霾，或者已经出现能见度小于3 000米的霾且可能持续。

防御指南：

1. 驾驶人员小心驾驶；

2. 因空气质量明显降低，人员需适当防护；

3. 呼吸道疾病患者尽量减少外出，外出时可带上口罩。

（二）霾橙色预警信号

图标：

标准：6小时内可能出现能见度小于2 000米的霾，或者已经出现能见度小于2 000米的霾且可能持续。

防御指南：

1. 机场、高速公路、轮渡码头等单位加强交通管理，保障安全；

2. 驾驶人员谨慎驾驶；

3. 空气质量差，人员需适当防护；

4. 人员减少户外活动，呼吸道疾病患者尽量避免外出，外出时可带上口罩。

十四、道路结冰预警信号

道路结冰预警信号分三级，分别以黄色、橙色、红色表示。

（一）道路结冰黄色预警信号

图标：

标准：当路表温度低于0℃，出现降水，12小时内可能出现对交通有影响的道路结冰。

防御指南：

1. 交通、公安等部门要按照职责做好道路结冰应对准备工作；

2. 驾驶人员应当注意路况，安全行驶；

3. 行人外出尽量少骑自行车，注意防滑。

（二）道路结冰橙色预警信号

图标：

标准：当路表温度低于0℃，出现降水，6小时内可能出现对交通有较大影响的道路结冰。

防御指南：

1. 交通、公安等部门要按照职责做好道路结冰应急工作；

2. 驾驶人员必须采取防滑措施，听从指挥，慢速行使；

3. 行人出门注意防滑。

（三）道路结冰红色预警信号

图标：

标准：当路表温度低于0℃，出现降水，2小时内可能出现或者已经出现对交通有很大影响的道路结冰。

防御指南：

1. 交通、公安等部门做好道路结冰应急和抢险工作；

2. 交通、公安等部门注意指挥和疏导行驶车辆，必要时关闭结冰道路交通；

3. 人员尽量减少外出。

防雷装置设计审核和竣工验收规定

（2011年7月22日中国气象局令第21号公布，自2011年9月1日起施行。）

第一章　总　　则

第一条　为了规范雷电防护装置（以下简称防雷装置）设计审核和竣工验收工作，维护国家利益，保护人民生命财产和公共安全，依据《中华人民共和国气象法》《中华人民共和国行政许可法》和《气象灾害防御条例》等有关规定，制定本规定。

第二条　县级以上地方气象主管机构负责本行政区域内防雷装置的设计审核和竣工验收工作。未设气象主管机构的县（市），由上一级气象主管机构负责防雷装置的设计审核和竣工验收工作。

第三条　防雷装置的设计审核和竣工验收工作应当遵循公开、公平、公正以及便民、高效和信赖保护的原则。

第四条　下列建（构）筑物、场所和设施的防雷装置应当经过设计审核和竣工验收：

（一）《建筑物防雷设计规范》规定的第一、二、三类防雷建筑物；

（二）油库、气库、加油加气站、液化天然气、油（气）管道站场、阀室等爆炸和火灾危险环境及设施；

（三）邮电通信、交通运输、广播电视、医疗卫生、金融证券、文化教育、不可移动文物、体育、旅游、游乐场所等社会公共服务场所和设施以及各类电子信息系统；

（四）按照有关规定应当安装防雷装置的其他场所和设施。

第五条　防雷装置设计未经审核同意的，不得交付施工。防雷装置竣工未经验收合格的，不得投入使用。

新建、改建、扩建工程的防雷装置必须与主体工程同时设计、同时施工、同时投入使用。

第六条　防雷装置设计审核和竣工验收的程序、文书等应当依法予以公示。

第二章　防雷装置设计审核

第七条　防雷装置设计实行审核制度。建设单位应当向气象主管机构提出申请，填写《防雷装置设计审核申报表》（附表1、附表2）。

建设单位申请新建、改建、扩建建（构）筑物设计文件审查时，应当同时申请防雷装置设计审核。

第八条 申请防雷装置初步设计审核应当提交以下材料：

（一）《防雷装置设计审核申请书》（附表3）；

（二）总规划平面图；

（三）设计单位和人员的资质证和资格证书的复印件；

（四）防雷装置初步设计说明书、初步设计图纸及相关资料；

需要进行雷电灾害风险评估的项目，应当提交雷电灾害风险评估报告。

第九条 申请防雷装置施工图设计审核应当提交以下材料：

（一）《防雷装置设计审核申请书》（附表3）；

（二）设计单位和人员的资质证和资格证书的复印件；

（三）防雷装置施工图设计说明书、施工图设计图纸及相关资料；

（四）设计中所采用的防雷产品相关资料；

（五）经当地气象主管机构认可的防雷专业技术机构出具的防雷装置设计技术评价报告。

防雷装置未经过初步设计的，应当提交总规划平面图；经过初步设计的，应当提交《防雷装置初步设计核准意见书》（附表4）。

第十条 防雷装置设计审核申请符合以下条件的，应当受理。

（一）设计单位和人员取得国家规定的资质、资格；

（二）申请单位提交的申请材料齐全且符合法定形式；

（三）需要进行雷电灾害风险评估的项目，提交了雷电灾害风险评估报告。

第十一条 防雷装置设计审核申请材料不齐全或者不符合法定形式的，气象主管机构应当在收到申请材料之日起五个工作日内一次告知申请单位需要补正的全部内容，并出具《防雷装置设计审核资料补正通知》（附表5、附表6）。逾期不告知的，收到申请材料之日起即视为受理。

第十二条 气象主管机构应当在收到全部申请材料之日起五个工作日内，按照《中华人民共和国行政许可法》第三十二条的规定，根据本规定的受理条件做出受理或者不予受理的书面决定，并对决定受理的申请出具《防雷装置设计审核受理回执》（附表7）。对不予受理的，应当书面说明理由。

第十三条 防雷装置设计审核内容：

（一）申请材料的合法性；

（二）防雷装置设计文件是否符合国家有关标准和国务院气象主管机构规定的使用要求。

第十四条 气象主管机构应当在受理之日起二十个工作日内完成审核工作。

防雷装置设计文件经审核符合要求的，气象主管机构应当办结有关审核手续，颁发《防雷装置设计核准意见书》（附表8）。施工单位应当按照经核准的设计图纸进行施工。在施工中需要变更和修改防雷设计的，应当按照原程序重新申请设计审核。

防雷装置设计经审核不符合要求的，气象主管机构出具《防雷装置设计修改意见书》（附表9）。申请单位进行设计修改后，按照原程序重新申请设计审核。

第三章　防雷装置竣工验收

第十五条　防雷装置实行竣工验收制度。建设单位应当向气象主管机构提出申请，填写《防雷装置竣工验收申请书》（附表10）。

新建、改建、扩建建（构）筑物竣工验收时，建设单位应当通知当地气象主管机构同时验收防雷装置。

第十六条　防雷装置竣工验收应当提交以下材料：

（一）《防雷装置竣工验收申请书》（附表10）；

（二）《防雷装置设计核准意见书》；

（三）施工单位的资质证和施工人员的资格证书的复印件；

（四）取得防雷装置检测资质的单位出具的《防雷装置检测报告》；

（五）防雷装置竣工图纸等技术资料；

（六）防雷产品出厂合格证、安装记录和符合国务院气象主管机构规定的使用要求的证明文件。

第十七条　防雷装置竣工验收申请符合以下条件的，应当受理。

（一）防雷装置设计取得当地气象主管机构核发的《防雷装置设计核准意见书》；

（二）施工单位和人员取得国家规定的资质和资格；

（三）申请单位提交的申请材料齐全且符合法定形式。

第十八条　防雷装置竣工验收申请材料不齐全或者不符合法定形式的，气象主管机构应当在收到申请材料之日起五个工作日内一次告知申请单位需要补正的全部内容，并出具《防雷装置竣工验收资料补正通知》（附表11）。逾期不告知的，收到申请材料之日起即视为受理。

第十九条　气象主管机构应当在收到全部申请材料之日起五个工作日内，按照《中华人民共和国行政许可法》第三十二条的规定，根据本规定的受理条件作出受理或者不予受理的书面决定，并对决定受理的申请出具《防雷装置竣工验收受理回执》（附表12）。对不予受理的，应当书面说明理由。

第二十条　防雷装置竣工验收内容：

（一）申请材料的合法性；

（二）安装的防雷装置是否符合国家有关标准和国务院气象主管机构规定的使用要求；

（三）安装的防雷装置是否按照核准的施工图施工完成。

第二十一条 气象主管机构应当在受理之日起十个工作日内作出竣工验收结论。

防雷装置经验收符合要求的，气象主管机构应当办结有关验收手续，出具《防雷装置验收意见书》（附表13）。

防雷装置验收不符合要求的，气象主管机构应当出具《防雷装置整改意见书》（附表14）。整改完成后，按照原程序重新申请验收。

第四章　监督管理

第二十二条 申请单位不得以欺骗、贿赂等手段提出申请或者通过许可；不得涂改、伪造防雷装置设计审核和竣工验收有关材料或者文件。

第二十三条 县级以上地方气象主管机构应当加强对防雷装置设计审核和竣工验收的监督与检查，建立健全监督制度，履行监督责任。公众有权查阅监督检查记录。

第二十四条 上级气象主管机构应当加强对下级气象主管机构防雷装置设计审核和竣工验收工作的监督检查，及时纠正违规行为。

第二十五条 县级以上地方气象主管机构进行防雷装置设计审核和竣工验收的监督检查时，不得妨碍正常的生产经营活动，不得索取或者收受任何财物和谋取其他利益。

第二十六条 单位和个人发现违法从事防雷装置设计审核和竣工验收活动时，有权向县级以上地方气象主管机构举报，县级以上地方气象主管机构应当及时核实、处理。

第二十七条 县级以上地方气象主管机构履行监督检查职责时，有权采取下列措施：

（一）要求被检查的单位或者个人提供有关建筑物建设规划许可、防雷装置设计图纸等文件和资料，进行查询或者复制；

（二）要求被检查的单位或者个人就有关建筑物防雷装置的设计、安装、检测、验收和投入使用的情况作出说明；

（三）进入有关建筑物进行检查。

第二十八条 县级以上地方气象主管机构进行防雷装置设计审核和竣工验收监督检查时，有关单位和个人应当予以支持和配合，并提供工作方便，不得拒绝与阻碍依法执行公务。

第二十九条 从事防雷装置设计审核和竣工验收的监督检查人员应当经过培训，经考核合格后，方可从事监督检查工作。

第五章 罚 则

第三十条 申请单位隐瞒有关情况、提供虚假材料申请设计审核或者竣工验收许可的，有关气象主管机构不予受理或者不予行政许可，并给予警告。

第三十一条 申请单位以欺骗、贿赂等不正当手段通过设计审核或者竣工验收的，有关气象主管机构按照权限给予警告，撤销其许可证书，可以处1万元以上3万元以下罚款；构成犯罪的，依法追究刑事责任。

第三十二条 违反本规定，有下列行为之一的，由县级以上气象主管机构按照权限责令改正，给予警告，可以处5万元以上10万元以下罚款；给他人造成损失的，依法承担赔偿责任；构成犯罪的，依法追究刑事责任：

（一）涂改、伪造防雷装置设计审核和竣工验收有关材料或者文件的；

（二）向监督检查机构隐瞒有关情况、提供虚假材料或者拒绝提供反映其活动情况的真实材料的；

（三）防雷装置设计未经有关气象主管机构核准，擅自施工的；

（四）防雷装置竣工未经有关气象主管机构验收合格，擅自投入使用的。

第三十三条 县级以上地方气象主管机构在监督检查工作中发现违法行为构成犯罪的，应当移送有关机关，依法追究刑事责任；尚构不成犯罪的，应当依法给予行政处罚。

第三十四条 国家工作人员在防雷装置设计审核和竣工验收工作中由于玩忽职守，导致重大雷电灾害事故的，由所在单位依法给予行政处分；构成犯罪的，依法追究刑事责任。

第三十五条 违反本规定，导致雷击造成火灾、爆炸、人员伤亡以及国家或者他人财产重大损失的，由主管部门给予直接责任人行政处分；构成犯罪的，依法追究刑事责任。

第六章 附 则

第三十六条 各省、自治区、直辖市气象主管机构可以根据本规定制定实施细则，并报国务院气象主管机构备案。

第三十七条 本规定自2011年9月1日起施行。2005年4月1日中国气象局公布的《防雷装置设计审核和竣工验收规定》同时废止。

附：《中华人民共和国行政许可法》有关条文

第三十二条 行政机关对申请人提出的行政许可申请，应当根据下列情况分别作出处理：

（一）申请事项依法不需要取得行政许可的，应当即时告知申请人不受理；

（二）申请事项依法不属于本行政机关职权范围的，应当即时作出不予受理的决定，并告知申请人向有关行政机关申请；

（三）申请材料存在可以当场更正的错误的，应当允许申请人当场更正；

（四）申请材料不齐全或者不符合法定形式的，应当当场或者在五日内一次告知申请人需要补正的全部内容，逾期不告知的，自收到申请材料之日起即为受理；

（五）申请事项属于本行政机关职权范围，申请材料齐全、符合法定形式，或者申请人按照本行政机关的要求提交全部补正申请材料的，应当受理行政许可申请。

行政机关受理或者不予受理行政许可申请，应当出具加盖本行政机关专用印章和注明日期的书面凭证。

附表： 1.《防雷装置设计审核申报表》（初步设计）

2.《防雷装置设计审核申报表》（施工图设计）

3.《防雷装置设计审核申请书》（初步设计\施工图设计）

4.《防雷装置初步设计核准意见书》

5.《防雷装置设计审核资料补正通知》（初步设计）

6.《防雷装置设计审核资料补正通知》（施工图设计）

7.《防雷装置设计审核受理回执》（初步设计\施工图设计）

8.《防雷装置设计核准意见书》

9.《防雷装置设计修改意见书》

10.《防雷装置竣工验收申请书》

11.《防雷装置竣工验收资料补正通知》

12.《防雷装置竣工验收受理回执》

13.《防雷装置验收意见书》

14.《防雷装置整改意见书》

附表1:

防雷装置设计审核申报表

（初 步 设 计）

申请单位名称（公章）		联系电话		传真	
		联系人		手机	
项目名称					
项目地址					
设计单位名称		联系人		联系电话	
建设规模	建筑单体　　栋（座）；总建筑面积　　平方米； 最高建筑高度　　米；总占地面积　　平方米。				
建设项目使用性质					

送审资料：

1. 《防雷装置设计审核申请书》；
2. 总规划平面图；
3. 设计单位和人员资质、资格证书的复印件；
4. 初步设计说明书（包括：气象资料、设计依据、计算公式、直击雷防护措施、雷击电磁脉冲防护措施、防雷产品选型等）及初步设计图纸（包括：接地平面图、接闪器布置平面图、SPD设计示意图、建筑图、结构图等）；
5. 建筑、结构、消防、空调、给排水、强电、弱电等初步设计资料；
6. 雷电灾害风险评估报告。

申请单位应将送审资料按统一规格装订成册，连同本表送气象主管机构审核。

送审资料还缺第　　项，请尽快补齐。

经办人：　　　　　　　　　　　　　　　　　　　　　　　　　年　月　日

送审资料齐备，同意报审。项目编号：（　　）雷初审字〔　　〕第号。

经办人：　　　　　　　　　　　　　　　　　　　　　　　　　年　月　日

填表时间：　　年　月　日

附表2：

防雷装置设计审核申报表

（施工图设计）

申请单位名称（公章）				联系电话		传真		
				联系人		手机		
项目名称				预计开工时间				
项目地址				预计竣工时间				
设计单位名称				联系人		联系电话		

建筑物名称	结构类型（见说明二）	层数（层）	高度（米）	建筑面积（平方米）	使用类别（见说明三）	电源情况（见说明四）	土壤情况（见说明五）	防雷图号

项目简要说明	

说明	一、送审资料：
	1. 《防雷装置设计审核申请书》；
	2. 设计单位和人员资质、资格证书的复印件；
	3. 防雷装置施工图设计说明书、施工图设计图纸两套及其电子文档；
	4. 经规划部门批准的总平面图各两套（原件或复印件，复印件需加盖建设单位公章）；
	5. 建筑施工图及其电子文档；
	6. 结构施工图；
	7. 其他与防雷建设有关的施工图（水、电、消防、煤气、金属构架大样、SPD安装等）；
	8. 工业建筑物应有生产工艺流程图、物料存储方式、危险品场所分布等资料；
	9. 储罐材质、壁厚、储存物形态、储存工作压力数据等资料；
	10. 防雷产品相关资料；
	11. 经过初步设计的，提交《防雷装置初步设计核准书》；
	12. 经当地气象主管机构认可的防雷专业技术机构出具的有关技术评价意见。
	申请单位应将送审资料按统一规格装订成册，连同本表送气象主管机构审核。
	二、结构类型填写：A、砖木；B、混合；C、钢筋混凝土；D、钢结构
	三、使用类别填写：
	A1. 甲类厂房、仓库　 B1. 教育、医疗、科研、体育馆　 C1. 高级综合建筑　 D1. 一般综合建筑
	A2. 乙类厂房、仓库　 B2. 影剧院、会堂、俱乐部、旅游　 C2. 高层住宅　 D2. 住宅、公寓
	A3. 丙类仓库　 B3. 金融、商业、宾招、娱乐场所　 C3. 大型厂房、丙类厂房　 D3. 一般厂房、仓库
	A4. 油、气罐站（区）、锅炉房　 B4. 交通、通讯、供水、供电、供气　 C4. 特殊地形建筑物　 D4. 其他
	四、电源情况填写：A. 架空进线　　 B. 自设变配电室　　 C. 埋地进线
	五、土壤情况填写：A. 岩石　　　 B. 坚土　　　　 C. 普通土　　　 D. 软土

送审资料，还缺第　项，请尽快补齐。	
经办人：	年　月　日

送审资料齐备，同意报审。编号：（　）雷审字〔　〕第　号。	
经办人：	年　月　日

填表时间：　　年　月　日

附表3：

防雷装置设计审核

申　请　书

申请单位（公章）：

申请项目：

设计阶段：<u>初步设计\施工图设计</u>

申请日期：　　　　年　　月　　日

项目情况	名称			
	地址			
	建设规模	建筑单体栋（座）；总建筑面积平方米； 最高建筑高度米；总占地面积平方米。		
	使用性质			
建设单位	名称			
	地址		邮政编码	
	联系人		联系电话	
设计单位	名称			
	地址		邮政编码	
	资质证编号		资质等级	
	资格证编号		联系电话	

易燃易爆品、化学危险品情况

品名	数量（吨/每年）				
	生产	使用	储存	运输	经营

电子信息系统情况	
系统名称	系统结构及设备配置

设计简介：

经办人：　　　　　　　　　　　　　　　　　年　月　日

申请单位（公章）：

经办人：　　　　　　　　　　　　　　　　　年　月　日

办理结果：

气象主管机构（公章）：　　　　　　经办人：　　　　　　　　　年　月　日

附表4:

防雷装置初步设计核准意见书

项目编号:( )雷初审字〔 〕第号

_____(单位):

你单位报来的_____防雷装置初步设计资料,经审核,符合国家现行技术规范和相关法律法规的要求,准予按此初步设计进行施工图设计。

(公章)

年 月 日

附表5：

防雷装置设计审核资料补正通知

（初步设计）

项目编号：（　　　）雷初审字〔　　　〕第号

＿＿＿＿＿＿＿＿＿＿＿＿＿＿＿＿＿＿（单位）：

你单位报来的＿＿＿＿＿＿＿＿＿＿＿＿＿＿＿＿＿防雷装置初步设计资料收悉，资料尚未齐备，请尽快补齐以下打"√"的资料，以便办理审核手续。

□《防雷装置设计审核申请书》；

□设计单位资质证书的复印件；

□设计人员资格证书的复印件；

□总规划平面图；

□防雷装置初步设计说明书（包括：气象资料、设计依据、计算公式、直击雷防护措施、雷击电磁脉冲防护措施、防雷产品选型等）；

□防雷装置初步设计图纸（包括：接地平面图、接闪器布置平面图、SPD设计示意图、建筑图、结构图等）；

□建筑初步设计资料；

□结构初步设计资料；

□消防初步设计资料；

□空调初步设计资料；

□给排水初步设计资料；

□强电专业初步设计资料；

□弱电专业初步设计资料；

□雷电灾害风险评估报告；

□其他资料。

（公章）

年　月　日

附表6：

防雷装置设计审核资料补正通知

（施工图设计）

项目编号：（　　）雷审字〔　　〕第号

_____（单位）：

你单位报来的_____防雷装置施工图设计资料收悉，资料尚未齐备，请尽快补齐以下打"√"的资料，以便办理审核手续。

□《防雷装置设计审核申请书》；

□设计单位资质证书的复印件；

□设计人员资格证书的复印件；

□《防雷装置初步设计核准意见书》；

□防雷装置设计图纸套，电子文档____份；

□经规划部门批准的总平面图套（原件或复印件，复印件需加盖建设单位公章）；

□建筑施工图____套，电子文档____份；

□防雷装置施工图设计说明；

□结构施工图一套；

□电气施工图一套；

□消防施工图一套；

□煤气管道施工图一套；

□金属构架大样图；

□信息系统SPD安装图；

□防雷产品相关资料；

□设计技术评价报告；

□其他资料。

（公章）

年　月　日

附表7:

项目受理号：

防雷装置设计审核受理回执
（初步设计\施工图设计）

申请单位：

组织机构代码：　　　　　　　　　　经手人：

申请事项：

收件日期：　　　　　　　　　　　　办结期限：

注意事项

1．本回执为收取资料及领取办理结果的凭证，为了能够顺利地办理有关手续，请务必妥善保管本回执。

2．如申请事项需要修改、补充资料，或经现场勘验后需要进行整改等，办结期限另行通知。

3．凭项目受理号或组织机构代码，在办事窗口或互联网上方便的查询到相关信息。

4．如申请事项已经办结，请您携带本人身份证件和受理回执到办事窗口领取结果。

受理机构（公章）：　　　　　　　　受理日期：　　年　月　日

经办人：　　　　　　　　　　　　　查询电话：

查询网址：　　　　　　　　　　　　投诉电话：

附表8:

防雷装置设计核准意见书

项目编号:( )雷审字〔 〕第号

_____（单位）:

你单位报来的_____防雷装置设计资料,经审核,符合国家现行技术规范和相关法律法规的要求,准予办理防雷装置施工手续。

（公章）

年　月　日

附表9：

防雷装置设计修改意见书

项目编号：（　　）雷审字〔　　〕第号

_____（单位）：

你单位报来的_____防雷装置（初步设计\施工图设计）资料，经审核，不符合有关要求，请按以下意见修改后再报审。

修改意见如下（可另附页）：

（公章）

年　月　日

附表10：

防雷装置竣工验收

申　请　书

申请单位（公章）：

申请项目：

申请时间：　　　年　月　日

项目名称				
项目地址				
《防雷装置设计核准意见书》编号				
《防雷装置检测报告》编号				
开工时间		竣工时间		
建设单位	名称			
	地址		邮政编码	
	联系人		联系电话	
设计单位	名称			
	地址		邮政编码	
	联系人		联系电话	
	资质证编号		资质等级	
施工单位	名称			
	地址		邮政编码	
	资质证编号		资质等级	
	资格证编号			
	现场负责人		联系电话	
项目概况	防雷类别			
	注：对建设工程而言，应有单体建筑名称、数量、总建筑面积等信息。			

送审材料：

1. 《防雷装置竣工验收申请书》；   2. 《防雷装置设计核准意见书》；

3. 施工单位和人员的资质、资格证书；   4. 防雷装置竣工图；

5. 防雷产品安装记录；   6. 防雷产品出厂合格证书；

7. 防雷产品测试报告；   8. 《防雷装置检测报告》

建设单位（公章）： 经办人： 年　月　日	施工单位（公章）： 经办人： 年　月　日

防雷装置检测机构（公章）：

经办人：   年　月　日

气象主管机构（公章）：

经办人：   年　月　日

办理结果：

经办人：   年　月　日

附表11:

防雷装置竣工验收资料补正通知

项目编号：（　　）雷验字〔　　〕第号

_____（单位）：

你单位报来的_____防雷装置竣工验收资料收悉，资料尚未齐备，请尽快补齐以下打"√"的资料，以便办理验收手续。

□《防雷装置竣工验收申请书》；

□《防雷装置设计核准意见书》；

□施工单位和人员资质、资格证书的复印件；

□防雷装置竣工图；

□防雷产品安装记录；

□防雷产品出厂合格证书；

□防雷产品测试报告；

□防雷装置检测报告；

□其他材料。

（公章）

年　月　日

附表12：

项目受理号：

防雷装置竣工验收受理回执

申请单位：

组织机构代码：　　　　　　　　　经手人：

申请事项：

收件日期：　　　　　　　　　　　办结期限：

注意事项

1. 本回执为收取资料及领取办理结果的凭证，为了能够顺利地办理有关手续，请务必妥善保管本回执。

2. 如申请事项需要修改、补充资料，或经现场勘验后需要进行整改等，办结期限另行通知。

3. 凭项目受理号或组织机构代码，在办事窗口或互联网上方便的查询到相关信息。

4. 如申请事项已经办结，请您携带本人身份证件和受理回执到办事窗口领取结果。

受理机构（公章）：　　　　　　　受理日期：　　年　月　日

经办人：　　　　　　　　　　　　查询电话：

查询网址：　　　　　　　　　　　投诉电话：

附表13：

防雷装置验收意见书

项目名称：

建设单位名称：

项目地址：

经验收，上述防雷装置符合国家有关标准和国务院气象主管机构规定的使用要求。

（公章）：

年　月　日

附：防雷装置检测报告编号：

附表14：

防雷装置整改意见书

_____（单位）：

你单位承建的_____防雷装置，经现场验收，不符合国家现行技术规范标准和质量标准，请根据以下整改意见尽快组织整改，整改完成后再办理验收手续。

整改意见如下：

1._____

2._____

3._____

4._____

5._____

（公章）

年　月　日

防雷减灾管理办法

（中国气象局令第24号，2013年5月31日公布，自2013年6月1日起施行。）

第一章 总 则

第一条 为了加强雷电灾害防御工作，规范雷电灾害管理，提高雷电灾害防御能力和水平，保护国家利益和人民生命财产安全，维护公共安全，促进经济建设和社会发展，依据《中华人民共和国气象法》《中华人民共和国行政许可法》和《气象灾害防御条例》等法律、法规的有关规定，制定本办法。

第二条 在中华人民共和国领域和中华人民共和国管辖的其他海域内从事雷电灾害防御活动的组织和个人，应当遵守本办法。

本办法所称雷电灾害防御（以下简称防雷减灾），是指防御和减轻雷电灾害的活动，包括雷电和雷电灾害的研究、监测、预警、风险评估、防护以及雷电灾害的调查、鉴定等。

第三条 防雷减灾工作，实行安全第一、预防为主、防治结合的原则。

第四条 国务院气象主管机构负责组织管理和指导全国防雷减灾工作。

地方各级气象主管机构在上级气象主管机构和本级人民政府的领导下，负责组织管理本行政区域内的防雷减灾工作。

国务院其他有关部门和地方各级人民政府其他有关部门应当按照职责做好本部门和本单位的防雷减灾工作，并接受同级气象主管机构的监督管理。

第五条 国家鼓励和支持防雷减灾的科学技术研究和开发，推广应用防雷科技研究成果，加强防雷标准化工作，提高防雷技术水平，开展防雷减灾科普宣传，增强全民防雷减灾意识。

第六条 外国组织和个人在中华人民共和国领域和中华人民共和国管辖的其他海域从事防雷减灾活动，应当经国务院气象主管机构会同有关部门批准，并在当地省级气象主管机构备案，接受当地省级气象主管机构的监督管理。

第二章 监测与预警

第七条 国务院气象主管机构应当组织有关部门按照合理布局、信息共享、有效利用的原则，规划全国雷电监测网，避免重复建设。

地方各级气象主管机构应当组织本行政区域内的雷电监测网建设，以防御雷电灾害。

第八条　各级气象主管机构应当加强雷电灾害预警系统的建设工作，提高雷电灾害预警和防雷减灾服务能力。

第九条　各级气象主管机构所属气象台站应当根据雷电灾害防御的需要，按照职责开展雷电监测，并及时向气象主管机构和有关灾害防御、救助部门提供雷电监测信息。

有条件的气象主管机构所属气象台站可以开展雷电预报，并及时向社会发布。

第十条　各级气象主管机构应当组织有关部门加强对雷电和雷电灾害的发生机理等基础理论和防御技术等应用理论的研究，并加强对防雷减灾技术和雷电监测、预警系统的研究和开发。

第三章　防雷工程

第十一条　各类建（构）筑物、场所和设施安装的雷电防护装置（以下简称防雷装置），应当符合国家有关防雷标准和国务院气象主管机构规定的使用要求，并由具有相应资质的单位承担设计、施工和检测。

本办法所称防雷装置，是指接闪器、引下线、接地装置、电涌保护器及其连接导体等构成的，用以防御雷电灾害的设施或者系统。

第十二条　对从事防雷工程专业设计和施工的单位实行资质认定。

本办法所称防雷工程，是指通过勘察设计和安装防雷装置形成的雷电灾害防御工程实体。

防雷工程专业设计或者施工资质分为甲、乙、丙三级，由省、自治区、直辖市气象主管机构认定。

第十三条　防雷工程专业设计或者施工单位，应当按照有关规定取得相应的资质证书后，方可在其资质等级许可的范围内从事防雷工程专业设计或者施工。具体办法由国务院气象主管机构另行制定。

第十四条　防雷工程专业设计或者施工单位，应当按照相应的资质等级从事防雷工程专业设计或者施工。禁止无资质或者超出资质许可范围承担防雷工程专业设计或者施工。

第十五条　防雷装置的设计实行审核制度。

县级以上地方气象主管机构负责本行政区域内的防雷装置的设计审核。符合要求的，由负责审核的气象主管机构出具核准文件；不符合要求的，负责审核的气象主管机构提出整改要求，退回申请单位修改后重新申请设计审核。未经审核或者未取得核准文件的设计方案，不得交付施工。

第十六条　防雷工程的施工单位应当按照审核同意的设计方案进行施工，并接受当地气象主管机构监督管理。

在施工中变更和修改设计方案的，应当按照原申请程序重新申请审核。

第十七条 防雷装置实行竣工验收制度。

县级以上地方气象主管机构负责本行政区域内的防雷装置的竣工验收。

负责验收的气象主管机构接到申请后，应当根据具有相应资质的防雷装置检测机构出具的检测报告进行核实。符合要求的，由气象主管机构出具验收文件。不符合要求的，负责验收的气象主管机构提出整改要求，申请单位整改后重新申请竣工验收。未取得验收合格文件的防雷装置，不得投入使用。

第十八条 出具检测报告的防雷装置检测机构，应当对隐蔽工程进行逐项检测，并对检测结果负责。检测报告作为竣工验收的技术依据。

第四章　防雷检测

第十九条 投入使用后的防雷装置实行定期检测制度。防雷装置应当每年检测一次，对爆炸和火灾危险环境场所的防雷装置应当每半年检测一次。

第二十条 防雷装置检测机构的资质由省、自治区、直辖市气象主管机构负责认定。

第二十一条 防雷装置检测机构对防雷装置检测后，应当出具检测报告。不合格的，提出整改意见。被检测单位拒不整改或者整改不合格的，防雷装置检测机构应当报告当地气象主管机构，由当地气象主管机构依法作出处理。

防雷装置检测机构应当执行国家有关标准和规范，出具的防雷装置检测报告必须真实可靠。

第二十二条 防雷装置所有人或受托人应当指定专人负责，做好防雷装置的日常维护工作。发现防雷装置存在隐患时，应当及时采取措施进行处理。

第二十三条 已安装防雷装置的单位或者个人应当主动委托有相应资质的防雷装置检测机构进行定期检测，并接受当地气象主管机构和当地人民政府安全生产管理部门的管理和监督检查。

第五章　雷电灾害调查、鉴定

第二十四条 各级气象主管机构负责组织雷电灾害调查、鉴定工作。

其他有关部门和单位应当配合当地气象主管机构做好雷电灾害调查、鉴定工作。

第二十五条 遭受雷电灾害的组织和个人，应当及时向当地气象主管机构报告，并协助当地气象主管机构对雷电灾害进行调查与鉴定。

第二十六条 地方各级气象主管机构应当及时向当地人民政府和上级气象主管机构上报本行政区域内的重大雷电灾情和年度雷电灾害情况。

第二十七条 大型建设工程、重点工程、爆炸和火灾危险环境、人员密集场所等项目应当进行雷电灾害风险评估，以确保公共安全。

各级地方气象主管机构按照有关规定组织进行本行政区域内的雷电灾害风险评估工作。

第六章 防雷产品

第二十八条 防雷产品应当符合国务院气象主管机构规定的使用要求。

第二十九条 防雷产品应当由国务院气象主管机构授权的检测机构测试，测试合格并符合相关要求后方可投入使用。

申请国务院气象主管机构授权的防雷产品检测机构，应当按照国家有关规定通过计量认证、获得资格认可。

第三十条 防雷产品的使用，应当到省、自治区、直辖市气象主管机构备案，并接受省、自治区、直辖市气象主管机构的监督检查。

第七章 罚 则

第三十一条 申请单位隐瞒有关情况、提供虚假材料申请资质认定、设计审核或者竣工验收的，有关气象主管机构不予受理或者不予行政许可，并给予警告。申请单位在一年内不得再次申请资质认定。

第三十二条 被许可单位以欺骗、贿赂等不正当手段取得资质、通过设计审核或者竣工验收的，有关气象主管机构按照权限给予警告，可以处1万元以上3万元以下罚款；已取得资质、通过设计审核或者竣工验收的，撤销其许可证书；被许可单位三年内不得再次申请资质认定；构成犯罪的，依法追究刑事责任。

第三十三条 违反本办法规定，有下列行为之一的，由县级以上气象主管机构按照权限责令改正，给予警告，可以处5万元以上10万元以下罚款；给他人造成损失的，依法承担赔偿责任；构成犯罪的，依法追究刑事责任：

（一）涂改、伪造、倒卖、出租、出借、挂靠资质证书、资格证书或者许可文件的；

（二）向负责监督检查的机构隐瞒有关情况、提供虚假材料或者拒绝提供反映其活动情况的真实材料的。

第三十四条 违反本办法规定，有下列行为之一的，由县级以上气象主管机构按照权限责令改正，给予警告，可以处5万元以上10万元以下罚款；给他人造成损失的，依法承担赔偿责任：

（一）不具备防雷装置检测、防雷工程专业设计或者施工资质，擅自从事相关活动的；

（二）超出防雷装置检测、防雷工程专业设计或者施工资质等级从事相关活动的；

（三）防雷装置设计未经当地气象主管机构审核或者审核未通过，擅自施工的；

（四）防雷装置未经当地气象主管机构验收或者未取得验收文件，擅自投入使用的。

第三十五条 违反本办法规定，有下列行为之一的，由县级以上气象主管机构按照权限责令改正，给予警告，可以处1万元以上3万元以下罚款；给他人造成损失的，依法承担赔偿责任；构成犯罪的，依法追究刑事责任：

（一）应当安装防雷装置而拒不安装的；

（二）使用不符合使用要求的防雷装置或者产品的；

（三）已有防雷装置，拒绝进行检测或者经检测不合格又拒不整改的；

（四）对重大雷电灾害事故隐瞒不报的。

第三十六条 违反本办法规定，导致雷击造成火灾、爆炸、人员伤亡以及国家财产重大损失的，由主管部门给予直接责任人行政处分；构成犯罪的，依法追究刑事责任。

第三十七条 防雷工作人员由于玩忽职守，导致重大雷电灾害事故的，由所在单位依法给予行政处分；致使国家利益和人民生命财产遭到重大损失，构成犯罪的，依法追究刑事责任。

第八章 附 则

第三十八条 从事防雷专业技术的人员应当取得资格证书。

省级气象学会负责本行政区域内防雷专业技术人员的资格认定工作。防雷专业技术人员应当通过省级气象学会组织的考试，并取得相应的资格证书。

省级气象主管机构应当对本级气象学会开展防雷专业技术人员的资格认定工作进行监督管理。

第三十九条 本办法自2011年9月1日起施行。2005年2月1日中国气象局公布的《防雷减灾管理办法》同时废止。